찾아보고 발견하며 배우고 즐기는
바다 대백과사전!

지은이 DK『바다 대백과사전!』편집위원회
편집 선임 | 제니 식
미술 편집 선임 | 스테판 포도로데키
편집 | 켈시 비소, 애니 모스, 비키 리처즈, 애나 스트라이페트 리머릭
미술 편집 | 믹 게이츠, 레나타 랍티포바, 그레고리 매카시, 린 몰딩
디자인 | 소피아 MTT, 타냐 머로트라
제작 | 로버트 던, 시안 청
편집 주간 | 프란체스카 베인스
미술 편집 주간 | 필립 레츠
발행 | 앤드루 매킨타이어
어소시에이트 퍼블리싱 디렉터 | 리즈 윌러
아트 디렉터 | 캐런 셀프
퍼블리싱 디렉터 | 조너선 멧케프
집필 | 데릭 하비, 니컬라 템플, 존 우드워드
일러스트 | 앤드루 베킷, 애덤 벤턴, 피터 불, 배리 크라우처, 장미쉘 지라르드, 개리 해나, 제이슨 하딩, 존(KJA), 애런 루이스, 피터 미니스터, 소피안 모민, 스튜어트 잭슨카터, 사이먼 테그

옮긴이 이한음
서울대학교에서 생물학을 공부했고, 과학 저술가이자 전문 번역가로 일하고 있다.

찾아보고 발견하며 배우고 즐기는
바다 대백과사전!

1판 1쇄 펴냄 2022년 5월 31일
1판 3쇄 펴냄 2025년 3월 31일

지은이 DK『바다 대백과사전!』편집위원회
옮긴이 이한음
펴낸이 박상희 편집주간 박지은 편집 김지호 디자인 김혜림
펴낸곳 (주)비룡소 출판등록 1994.3.17.(제16-849호)
주소 06027 서울시 강남구 도산대로1길 62 강남출판문화센터 4층
전화 02)515-2000 팩스 02)515-2007 홈페이지 www.bir.co.kr
제품명 어린이용 각양장 도서 제조자명 Oriental Press 제조국명 아랍 에미리트 두바이 사용연령 3세 이상

Original Title: Knowledge Encyclopedia Ocean!: Our Watery World as You've Never Seen It Before
First published in Great Britain in 2020 by
Dorling Kindersley Limited
One Embassy Gardens, 8 Viaduct Gardens, London, SW11 7BW

Copyright © Dorling Kindersley Limited, 2020
A Penguin Random House Company
All rights reserved.

Korean Translation Copyright © 2022 by BIR Publishing Co., Ltd.
This Korean translation edition is published by arrangement with
Dorling Kindersley Limited, London.

이 책의 한국어판 저작권은 저작권사와 독점 계약한 (주)비룡소에 있습니다.
저작권법에 의해 한국 내에서 보호를 받는 저작물이므로 무단 전재와 무단 복제를 금합니다.
ISBN 978-89-491-5376-6 74450/ ISBN 978-89-491-5371-1 (세트)

www.dk.com

DK
찾아보고 발견하며 배우고 즐기는
바다 대백과사전!

차례

해양학

바닷물 — 8
- 지구의 바다는 어떻게 생겨났을까? — 10
- 해양 생물은 어떻게 진화했을까? — 14
- 해저 — 16
- 화산섬 — 18
- 세이셸 제도 — 20
- 해류 — 22
- 파도 — 24
- 열대 저기압 — 26
- 조석 — 28

먼바다

먼바다(원양) — 32
- 먹이 사슬 — 34
- 바닷물 한 방울 — 36
- 대왕쥐가오리 — 38
- 보라줄무늬원양해파리 — 40
- 몸이 부드러운 동물들 — 42
- 상자해파리 — 44
- 큰꼬치고기 — 46
- 먼바다의 어류 — 48
- 참돌고래 — 50
- 고래류 — 52
- 나그네앨버트로스 — 54
- 사르가소해 — 56
- 약광층 — 58
- 심해의 거인들 — 60
- 무광층 — 62
- 열수 분출구 — 64
- 해저 탐사 — 66
- 이주 — 68

얕은 바다

유광층 — 72
- 켈프 숲 — 74
- 해초 밭 — 76
- 갑오징어 — 78
- 연체동물 — 80
- 공작갯가재 — 82
- 갑각류 — 84
- 투구게 — 86
- 공작넙치 — 88
- 바닥고기(저서어류) — 90
- 큰귀상어 — 92
- 상어 — 94
- 정어리 떼 대이동 — 96
- 산호초 — 98
- 청줄청소놀래기 — 100
- 산호초의 생물들 — 102
- 가까운 이웃 — 104
- 난파선 — 106

바닷가

해안 110
- 조수 웅덩이 112
- 해안 침식 114
- 파도의 힘 116
- 모래 해안 118
- 해안의 게 120
- 푸른바다거북 122
- 맹그로브 숲 124
- 개펄(갯벌) 126
- 강어귀 128
- 바닷새 집단 번식지 130
- 해안의 새 132

극지 바다

얼음장 같은 물 136
- 해빙 138
- 얼음 밑 140
- 추운 곳에 사는 생물 142
- 대왕고래 144
- 일각돌고래(외뿔고래) 146
- 범고래 148
- 바다코끼리 150
- 물범 152
- 얼음 위 사냥꾼 154
- 펭귄 156
- 극지 바닷새 158
- 맵시 있는 수영 선수 160

바다와 우리

인간의 영향 164
- 유정 굴착 장치 166
- 풍력 168
- 양식 170
- 저인망 어선 172
- 장대 낚시 174
- 배 176
- 오염 178
- 플라스틱 오염 180
- 기후 변화 182
- 바다 관측 184

바다 지도

전 세계 대양 188
- 북극해 190
- 대서양 192
- 인도양 194
- 태평양 196
- 남극해 198

- 낱말 풀이 200
- 찾아보기 204

크기와 비교 기준
각 동물의 크기를 나타낼 때는 비교할 수 있도록 사람도 함께 그려 넣었다. 성인 남성의 키, 손 길이, 엄지 길이를 비교 기준으로 삼았다. 이 책에 실린 동물의 크기는 대개 최댓값을 나타낸다. 따로 밝히지 않는 한, 크기는 동물의 머리끝이나 부리 끝에서 몸 끝까지의 길이를 가리킨다. 동물에 따라서는 꼬리나 촉수의 끝까지를 가리키기도 한다. 길이보다는 몸의 평균 폭이 모습을 가리키는 데 더 유용한 동물도 있으며, 그런 동물은 폭을 적었다.

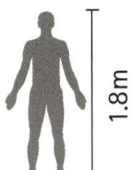 1.8m
 18cm
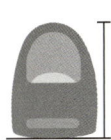 2cm

해양학

지구의 바다는 거의 지구 자체만큼 오래되었고, 40억여 년 전 생겨난 뒤 계속 진화해 왔다. 물은 끊임없이 움직인다. 매일 조석의 주기에 따라 해안으로 밀려들었다가 빠져나가면서 지구 전체를 끊임없이 흐른다.

바닷물

지구의 물은 대부분 대양에 속한다. 수심이 몇 킬로미터에 달하기도 하는 거대한 해양 분지를 가득 채우고 있다. 강과 호수를 이루는 민물과 달리 바닷물은 짜다. 그리고 따뜻한 열대 바다에서 얼어붙을 듯한 극지 바다에 이르기까지 해역마다 수온이 다르다. 물은 바다, 공기, 육지 사이를 끊임없이 흐른다. 지구 전체에서 물의 순환이 일어난다.

물이란 무엇일까?

물은 가장 성능 좋은 현미경으로도 보이지 않을 만큼 아주 작은 분자로 이루어져 있다. 물 한 방울에는 물 분자가 10해(10^{20})개 넘게 들어 있다. 물 분자는 산소 원자 한 개와 수소 원자 두 개가 강한 화학 결합으로 이어진 것이다.

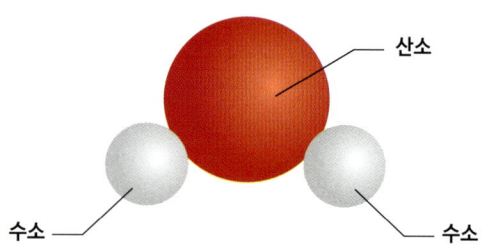

짠물

바닷물 1리터에는 소금이 평균 약 35그램 들어 있다. 이 소금에는 여러 화학 물질이 섞여 있다. 소금의 80퍼센트 이상은 나트륨(소듐)과 염소라는 두 원소로 이루어져 있다. 이 두 원소는 결합해서 염화 나트륨을 만든다. 음식의 맛을 내는 소금의 주성분이다. 그러나 바닷물에서 얻는 소금에는 다른 화학 물질도 조금씩 섞여 있다.

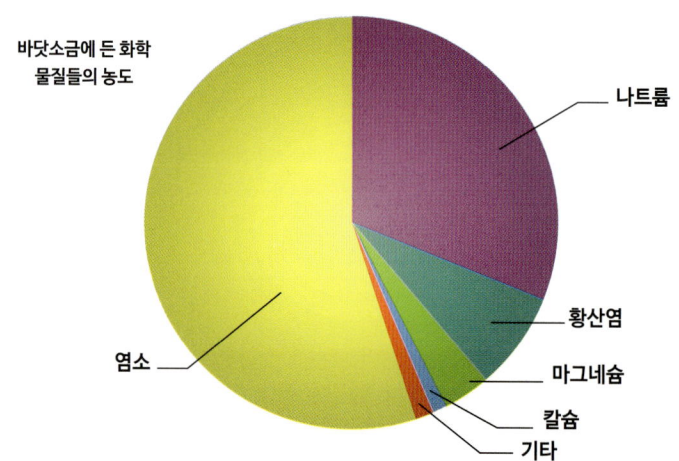

물은 얼마나 많을까?

지구는 파란 행성이다. 우주에서 보면 지표면을 물이 드넓게 뒤덮고 있어서 지구가 파랗게 보이기 때문이다. 바닷물이 차지한 면적은 약 13억 세제곱킬로미터이며, 지구 표면의 대부분을 덮고 있다. 해양 분지는 평균 수심이 약 6킬로미터다. 바닷물에 비하면 강과 호수, 내해 등의 물은 다 합쳐도 얼마 되지 않는다.

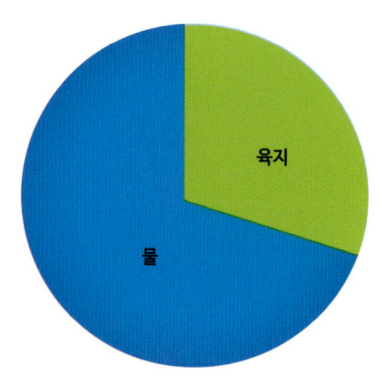

지표수
지표면의 70퍼센트 이상은 물로 덮여 있다. 그래서 지구는 우주에서 파랗게 보인다.

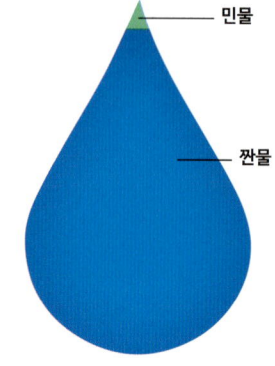

바닷물
지구 물의 97퍼센트는 바닷물이다. 빙하, 지하수, 강과 호수를 이루는 민물이 나머지 3퍼센트를 차지한다.

바다는 왜 파랄까?

물은 무색이고 투명하기에, 햇빛이 뚫고 들어갈 수 있다. 그러나 우리에게 하얗게 보이는 햇빛은 사실 무지개 빛깔이 섞인 것이다. 각 빛깔은 물을 뚫고 들어갈 수 있는 깊이가 다르다. 파란빛은 다른 빛들보다 더 깊이, 약 100미터까지 뚫고 들어갈 수 있다. 바다에서 햇빛이 드는 곳이 파랗게 보이는 이유가 그 때문이다. 더 아래는 햇빛이 뚫고 들어가지 못하기에 컴컴하다.

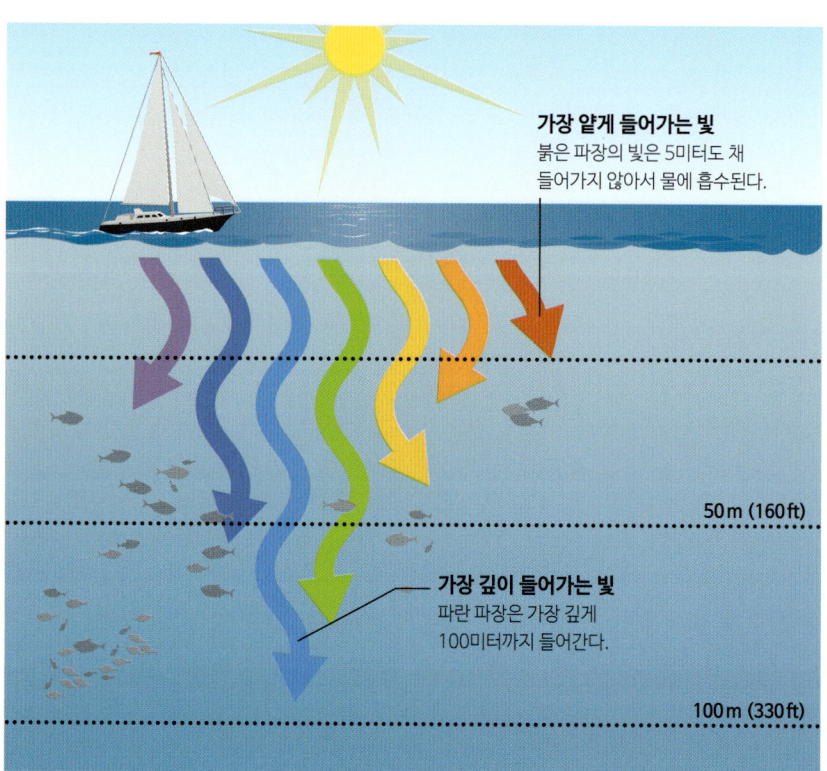

뜨거운 바다와 차가운 바다

바다의 수온은 전 세계에서 다양하다. 적도 쪽은 태양의 열기를 더 강하게 받으므로 수면이 더 따뜻하며, 극지방으로 갈수록 수온은 점점 낮아진다. 그러나 세계 어디에서든 간에 깊이 들어갈수록 수온은 낮아지며, 열대 해역이라도 바다 밑은 늘 아주 차갑다.

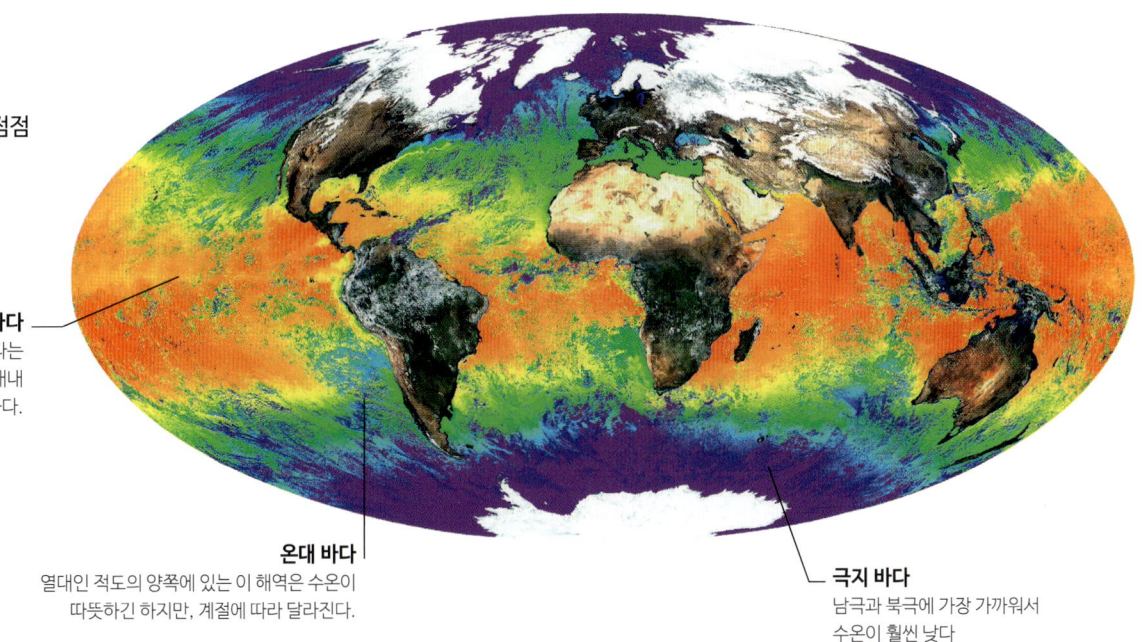

열대 바다
적도 바다는 일 년 내내 따뜻하다.

온대 바다
열대인 적도의 양쪽에 있는 이 해역은 수온이 따뜻하긴 하지만, 계절에 따라 달라진다.

극지 바다
남극과 북극에 가장 가까워서 수온이 훨씬 낮다.

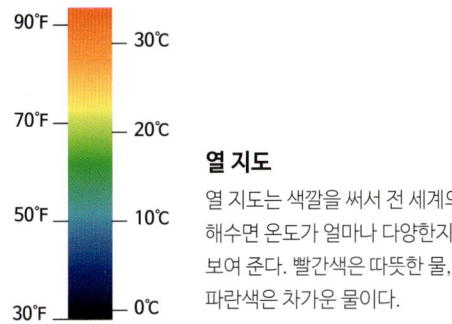

열 지도
열 지도는 색깔을 써서 전 세계의 해수면 온도가 얼마나 다양한지를 보여 준다. 빨간색은 따뜻한 물, 파란색은 차가운 물이다.

물의 순환

약 45억 년 전 지구가 형성된 이래로, 지구에 있는 물의 양은 거의 변함없이 유지되었다. 그러나 이 물은 끊임없이 움직인다. 또 액체, 기체인 수증기, 고체인 얼음으로 상태도 계속 바뀐다. 이 과정을 물 순환이라고 한다. 물 순환은 태양이 일으킨다. 물은 태양의 열기 때문에 해수면에서 증발하고, 이윽고 비로 내려서 바다로 돌아온다.

수증기가 구름을 만든다
수증기는 올라가면서 식고, 곧 물방울이 된다. 이 물방울은 아주 작아서 공중에 떠다니면서 구름을 이룬다.

물이 비가 되어 내린다
시간이 흐르면서 작은 물방울들은 합쳐져서 더 큰 물방울이 된다. 물방울은 점점 커지면서 무거워지다가 이윽고 비나 눈이 되어 내린다. 이 비나 눈의 약 78퍼센트는 바다에 내리며, 나머지는 육지에 내린다.

바다뿐 아니라 육지의 강과 호수에서도 물이 증발한다.

물이 증발한다
태양의 열은 바닷물을 데우며, 그때 바닷물의 일부는 액체 상태에서 기체 상태(수증기)로 바뀐다. 이를 증발이라고 한다.

물이 바다로 흘러든다
땅에 내린 빗물은 강을 통하거나 흙으로 스며들었다가 암석 틈새를 지나서 이윽고 바다로 흘러든다.

해양학 ○ 지구의 바다는 어떻게 생겨났을까?

수십 억 년 전에는 달이 지구에 훨씬 가까이 있어서 조석의 차가 훨씬 더 컸다.

녹은 지표면
지표면이 완전히 굳기 전까지는 뜨거운 녹은 암석들이 대량으로 흘러 다녔다.

층 형성
가벼운 암석은 지표면에 뜨고 무거운 금속은 가라앉아서 지구의 중심핵이 되었다.

1 45억 4000만 년 전
우주의 암석과 얼음 덩어리들이 충돌하여, 중력을 받아서 공 모양으로 뭉치면서 지구가 형성되었다. 충돌 에너지 때문에 초기 지구의 표면은 아주 뜨거웠고, 녹은 용암으로 덮여 있었다. 화산이 뿜어내는 가스들은 지구 주위를 덮어서 대기를 형성했다.

크레이터
이 시기 지구에는 소행성들이 계속 충돌하면서 표면에 우둘투둘한 모양의 크레이터들이 생겼다. 지구 물의 대부분이 지구에 충돌한 혜성에서 왔다는 이론도 있다.

2 44억 년 전
지구가 식으면서 표면의 녹은 암석이 굳어 지각이 되었다. 이어서 대기의 수증기가 응축하여 비가 되어 내리기 시작했다. 빗물은 지각의 암석으로 된 분지를 채웠다. 오늘날 대양의 초기 형태였다. 해저 위로 솟은 가벼운 암석은 최초의 대륙이 되었다.

지구의 바다는 어떻게 생겨났을까?

수십 억 년에 걸쳐서 해저가 움직이고, 해안선이 달라지고, 대륙이 이동하고 쪼개짐에 따라서 지구의 바다는 변해 왔다.

바다의 이야기는 약 45억 년 전 우주의 암석과 얼음 덩어리들이 서로 충돌하면서 지구가 생길 때 시작되었다. 이 격렬한 활동이 일어나는 시기에 얼음은 증발했다가 지구가 식기 시작하자 응축하여 액체, 즉 물이 되었다. 이 물은 비가 되어 계속 내렸고, 땅을 뒤덮어서 최초의 바다를 이루었다. 이 초기의 바다는 수십 억 년에 걸쳐서 많은 변화를 겪었다. 새로운 땅덩어리가 생기고 합쳐지고 쪼개짐에 따라서 바다도 커지고 작아지고 하면서 모양이 바뀌었고, 지구 전체가 얼음으로 뒤덮일 때는 얼어붙기도 했다.

40억 년 전 최초의 단세포 생물이 진화했다. 아마 바다에서 출현했을 것이다.

지구가 형성될 때 뜨겁고 격렬하게 요동치던 시기를 **명왕 누대(하데스대)**라고 한다. 그리스 신화에서 지하 세계를 다스리는 신인 하데스의 이름을 땄다.

43억 7500만 년 오스트레일리아에서 발견된 **지르콘 결정**의 나이. 지금까지 **지구에서 발견된 가장 오래된 광물**이다.

11

떠다니는 구름
지금처럼 수증기로 이루어진 구름이 하늘에 떠 있었다.

빙모
남북극 주위의 넓은 땅은 빙원이라는 얼음으로 덮였다. 그러나 적도 쪽의 바다와 땅은 얼어붙지 않았다.

3 23억 년 전
지구에 물이 출현한 직후 생명이 진화했다. 이 단순한 생물 중 일부는 태양 에너지를 써서 이산화 탄소로부터 먹이를 만들었다. 그러면서 대기 이산화 탄소 농도가 낮아지자, 기온이 떨어졌다. 바다가 얼어붙으면서 지구는 두 차례 얼음 덩어리가 되기도 했다. 얼음 덩어리가 된 기간을 합치면 거의 1억 년에 달한다.

12 해양학 ○ 지구의 바다는 어떻게 생겨났을까?

2억 년 가장 오래된 해저의 나이.

거대한 땅덩어리
판게아는 북극에서 남극까지 뻗어 있었다.

세계적인 대양
판탈라사라는 하나의 세계적인 대양이 초대륙 판게아를 둘러싸고 있었다.

4 2억 5000만 년 전
지표면이 굳은 뒤로 수십 억 년 동안 지각(단단한 겉층)은 이리저리 움직이면서 바다와 대륙의 지리를 바꾸었다. 2억 5000만 년 전에는 모든 대륙이 하나로 모여서 초대륙인 판게아를 이루었다. 이 시기에는 복잡한 동식물들이 번성하고 있었지만, 해안선이 줄어들고, 기온이 상승하며, 화산이 분출하고, 바다의 화학적 조성이 바뀌면서 대량 멸종이 일어났다.

지각판
지구의 단단한 암석 표면은 형성된 직후에 삶은 달걀의 껍데기가 부서지듯이, 여러 조각으로 깨졌다. 각 조각을 지각판이라고 한다. 지각판 아래에 있는 뜨겁고 무거운 암석이 움직임에 따라서 지각판을 이루는 바다와 대륙도 움직인다.

초기 대서양
대륙들이 서로 멀어짐에 따라서 새로운 바다가 생겨났다. 남아메리카와 아프리카 사이에는 대서양이 형성되었다.

5 1억 5000만 년 전
판게아 대량 멸종이 일어난 지 1억 년 뒤, 생명은 회복되어 번성하고 있었고, 대양에는 거대한 파충류들이 돌아다녔다. 대륙들이 쪼개지면서 해안선이 늘어나고 바다도 더 많이 생겨났다. 그 결과 산호초 같은 해양 생물의 서식지도 늘었다.

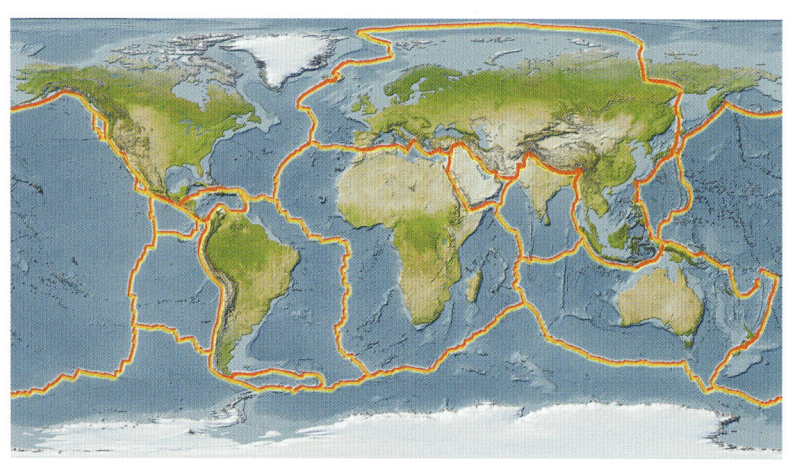

현재의 세계 지각판 지도

지각판이 움직임에 따라서 대륙들은 아주 느리게 움직인다. **손톱이 자라는 속도와 비슷하다.**

2억 년 전 판게아가 둘로 쪼개지기 시작하면서 **최초로 대서양이 생겨났다.**　　**95%** 판게아 시대에 일어난 **대량 멸종 사건으로 사라진 해양 생물의 비율.**

테티스해
판게아는 고대의 바다인 테티스해가 열리면서 북쪽 대륙과 남쪽 대륙으로 분리되었다.

지중해
지금의 지중해는 고대 테티스해의 남은 흔적이다. 대륙들이 현재의 위치로 이동해 지금처럼 줄어들었다.

6 현대 지구
대륙들이 지금 위치로 옮겨 감에 따라서, 오대양이 열렸다. 적도에 걸쳐 있는 대서양, 인도양, 태평양과 극지 주위에서 얼음으로 덮인 북극해와 남극해다. 지금도 대양은 느리게 움직이지만, 인간 활동의 영향도 받고 있다. 인간 활동은 해수면을 높이고, 해양 생물들을 위협한다.

넓어지는 바다
아메리카, 유럽, 아프리카 사이에 새로운 해저가 생기면서 대륙들을 서서히 양쪽으로 밀어낸다. 대서양은 지금도 점점 넓어지고 있다.

해양 생물은 어떻게 진화했을까?

수십 억 년 전 지구의 바다에서 최초의 생물이 출현했다. 그 생물로부터 단순한 작은 생물과 거대한 어류, 포유동물까지 온갖 생물이 진화했다.

최초의 생명체는 단순한 세포 하나로 이루어진 미생물이었다. 이 단순한 조상으로부터 경이로울 만치 다양한 생물들이 출현했다. 수백만 세대에 걸쳐서 무수한 생물들이 서서히 진화하면서, 지구에서 가장 크고 가장 인상적인 동물들도 출현했다. 대륙과 대양이 움직이면서 지구 환경이 달라짐에 따라서, 해양 생물도 바뀌어 갔다. 고대 바다에는 지금과 전혀 다른 동물들도 살았다.

동물의 진화

복잡한 모습을 지닌 동물은 적어도 5억 년 전부터 바다에 살았다. 많은 친숙한 동물 집단들이 한꺼번에 진화한 캄브리아기 대폭발이라는 사건이 일어난 뒤부터다. 그 뒤로 기나긴 세월에 걸쳐서 이 초기 동물들로부터 날쌔게 헤엄치는 어류, 거대한 파충류, 먹이를 걸러 먹는 고래까지 진화했다. 이 모든 동물이 수중 생활에 적응해, 도움이 되는 새로운 형질들을 갖추면서 지금의 아주 다양한 동물들이 생겨났다.

10m 바다에 최초로 출현한 턱 있는 포식자 중 하나인 둔클레오스테우스의 몸길이.

아노말로카리스
새우의 먼 친척인 이 동물은 캄브리아기의 가장 큰 포식자로 알려져 있다.

플로우르도스테우스
플로우르도스테우스 같은 판피류는 뼈로 된 갑옷으로 몸을 보호했다.

1 단순한 생명
생명은 40억 년 전 단순한 세포 형태로 처음 출현한 듯하다. 최초의 해양 동물은 훨씬 뒤에 출현했다. 약 5억 7000만 년 전부터 동물 화석이 나타난다. 주로 해저에 살던 이 선캄브리아대 동물들은 둥글고 대칭이거나 잎 모양의 부드러운 몸을 지녔다.

푸니시아
선캄브리아대에 살던 동물 중에는 과학자들이 분류하기 어려울 정도로, 지금 동물과 너무나 다른 것들도 있었다. 푸니시아는 해면동물이나 말미잘의 친척이었을지도 모른다.

2 생명의 폭발
약 5억 4500만 년 전, 캄브리아기 대폭발이라는 시기에 다양한 동물들이 출현했다. 많은 현생 동물 집단들의 조상들이 이 시기에 출현했다. 단단한 껍데기로 덮인 작은 동물들이 많았으며, 대부분은 해저에 살았지만, 물에서 헤엄치는 종류도 있었다.

오토이아
입에 갈고리가 달려 있다. 해저에 사는 다른 동물을 잡는 데 썼을 것이다. 오늘날 일부 포식성 환형동물도 같은 방법으로 먹이를 잡는다.

3 어류의 시대
약 4억 년 전 바다에는 많은 종류의 어류가 살았다. 판피류라는 갑옷을 입은 어류는 강한 턱을 지녔고, 일부는 당시에 가장 사나운 포식자였다.

10,000종 화석으로 발견된 암모나이트 종의 수.

75% 6600만 년 전 공룡과 함께 멸종한 해양 생물 종의 비율.

15

고대 생명의 증거

우리는 화석을 통해 고대에 어떤 동물이 살았는지 안다. 화석은 암석에 남은 고대 생물의 잔해나 흔적이다. 화석이 든 암석을 연구함으로써, 과학자들은 화석의 연대를 추정하고 지구 생명의 역사에서 어떤 동물이 출현하고 사라졌는지를 알아낼 수 있다.

캐스트

고대 바다에서 만들어진 화석 중에는 암모나이트가 많다. 암모나이트의 껍데기가 가라앉아서 퇴적층에 모양이 찍혔고, 그 모양이 화석이 된 것이다. 암모나이트는 오징어와 문어의 친척이지만, 둘둘 말린 단단한 껍데기를 지녔다.

단단한 화석

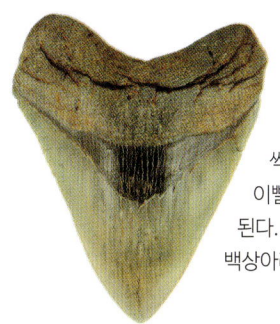

상어는 뼈대가 고무 같은 연골(물렁뼈)로 되어 있어서, 경골(굳뼈)보다 썩어 사라지기 쉽다. 하지만 이빨은 더 단단해서 보존이 잘 된다. 이 메갈로돈 이빨은 백상아리의 이빨보다 세 배 더 크다.

에우스테놉테론
살집 있는 두꺼운 지느러미를 지닌 이 물고기는 나중에 걷는 데 쓰는 다리를 갖추게 된 동물들의 친척이었다.

크레톡시리나
크레톡시리나 같은 상어는 뼈대가 물에 잘 뜨는 가벼운 연골이고, 최상위 해양 포식자였다.

톡소켈리스
공룡의 시대에는 거대한 거북도 출현했다. 육지에 사는 동물의 후손이었다.

아크로포카
일부 육상 포유류 집단은 원양 생활에 적합한 형태로 진화했다. 아크로포카 같은 최초의 물범은 개처럼 생긴 식육류의 후손이다.

피스코발라이나
이 고대 고래는 고래수염을 써서 먹이를 먹었다. 고래수염은 플랑크톤을 걸러 먹는 데 쓰는 촘촘한 빗처럼 생긴 이빨이다. 플랑크톤을 한꺼번에 많이 먹기 위해서 거대해졌다.

프테리고투스
이 커다란 육식 동물은 전갈과 거미의 친척이었다. 튼튼한 발톱으로 먹이를 움켜쥐었다.

4 파충류의 시대
약 1억 년 전 백악기에 육지에는 거대한 동식물이 번성했다. 공룡의 시대였다. 그리고 바다에는 공룡의 먼 친척 파충류인 거대한 플레시오사우루스, 모사사우루스, 거북 등이 살았다.

틸로사우루스
가장 큰 해양 파충류에 속했고, 14미터까지 자랐다. 모사사우루스 종류로서, 뱀의 먼 친척이다.

5 포유류의 시대
6600만 년 전 대량 멸종으로 거대한 파충류가 사라지자, 육지는 포유류가 지배했다. 바다에서도 고래가 출현했다. 고래의 거대한 몸집은 심해의 새로운 포식자가 된 거대한 상어에 맞서는 데 도움이 되었을 수도 있다.

메갈로돈
이 거대한 포식자는 지금의 백상아리와 비교하면 정말로 거대했다. 대개 이빨만 화석으로 남아 있기에 얼마나 크게 자랐는지 아무도 확신할 수 없지만, 10~18미터라고 추정한다.

해저

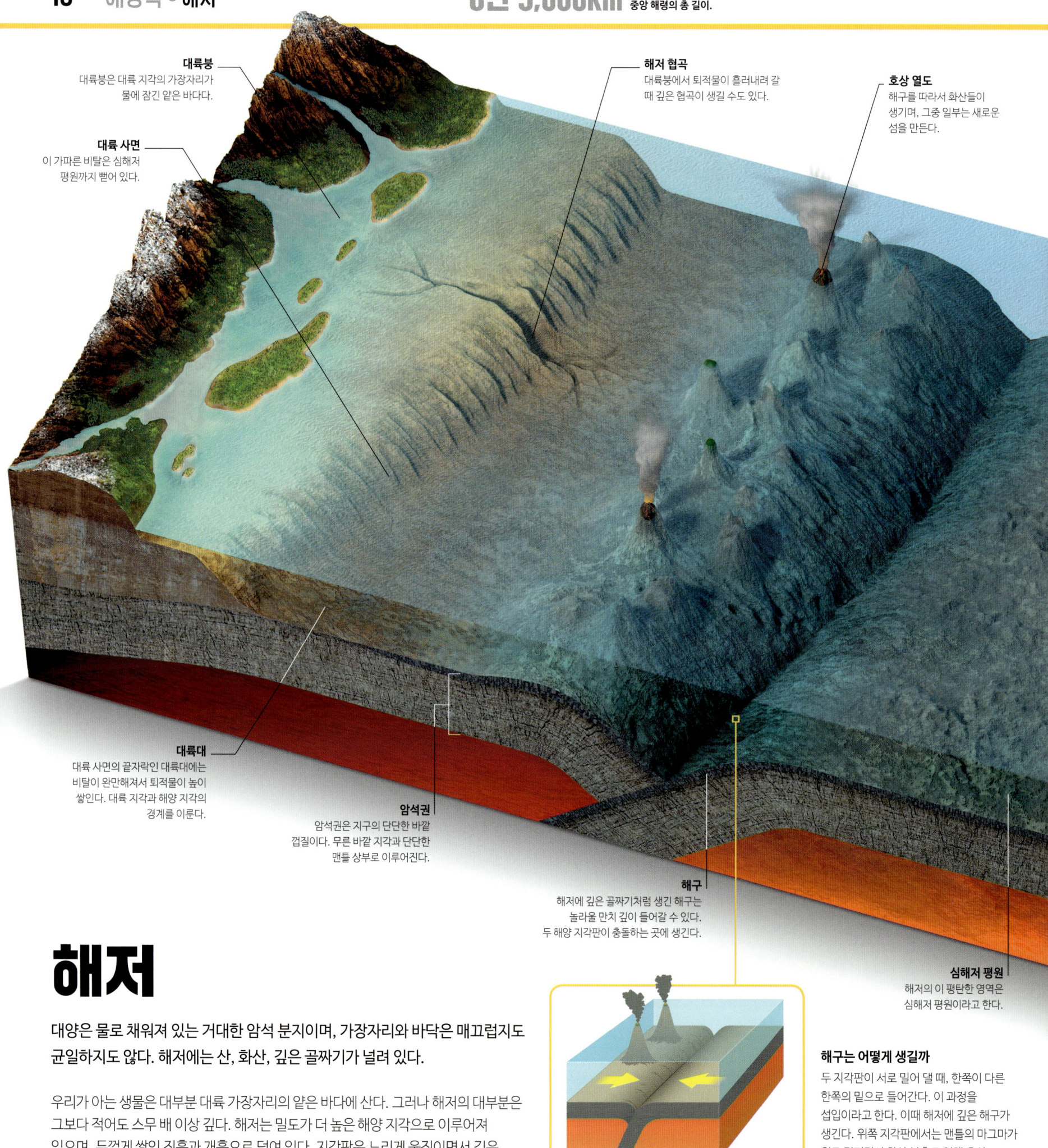

6만 5,000km 전 세계 대양에 뻗어 있는 중앙 해령의 총 길이.

대륙붕 대륙붕은 대륙 지각의 가장자리가 물에 잠긴 얕은 바다다.

대륙 사면 이 가파른 비탈은 심해저 평원까지 뻗어 있다.

해저 협곡 대륙붕에서 퇴적물이 흘러내려 갈 때 깊은 협곡이 생길 수도 있다.

호상 열도 해구를 따라서 화산들이 생기며, 그중 일부는 새로운 섬을 만든다.

대륙대 대륙 사면의 끝자락인 대륙대에는 비탈이 완만해져서 퇴적물이 높이 쌓인다. 대륙 지각과 해양 지각의 경계를 이룬다.

암석권 암석권은 지구의 단단한 바깥 껍질이다. 무른 바깥 지각과 단단한 맨틀 상부로 이루어진다.

해구 해저에 깊은 골짜기처럼 생긴 해구는 놀라울 만치 깊이 들어갈 수 있다. 두 해양 지각판이 충돌하는 곳에 생긴다.

심해저 평원 해저의 이 평탄한 영역은 심해저 평원이라고 한다.

대양은 물로 채워져 있는 거대한 암석 분지이며, 가장자리와 바닥은 매끄럽지도 균일하지도 않다. 해저에는 산, 화산, 깊은 골짜기가 널려 있다.

우리가 아는 생물은 대부분 대륙 가장자리의 얕은 바다에 산다. 그러나 해저의 대부분은 그보다 적어도 스무 배 이상 깊다. 해저는 밀도가 더 높은 해양 지각으로 이루어져 있으며, 두껍게 쌓인 진흙과 개흙으로 덮여 있다. 지각판은 느리게 움직이면서 깊은 해저의 많은 특징을 빚어낸다.

해구는 어떻게 생길까

두 지각판이 서로 밀어 댈 때, 한쪽이 다른 한쪽의 밑으로 들어간다. 이 과정을 섭입이라고 한다. 이때 해저에 깊은 해구가 생긴다. 위쪽 지각판에서는 맨틀의 마그마가 위로 밀리면서 화산 분출로 인해 호상 열도가 생기기도 한다.

2km 중앙 해령에서 가장 높은 봉우리의 높이.　　**6km** 해양 지각의 평균 두께.　　**80%** 화산 분출 중 바다에서 일어나는 비율.

해저의 특징

지각판은 암석권이라고 하는 단단한 암석으로 이루어진 두께 100킬로미터의 두꺼운 판이다. 맨틀이라는 층의 일부를 이루는 반쯤 녹은 암석 위에서 움직인다. 지각판들이 상호 작용하는 방식에 따라서, 해저의 일부가 깊은 해구로 가라앉거나 해령이라는 수중 산맥 형태로 새로운 해저 지형이 생기기도 한다. 이런 과정들을 통해서 해저는 끊임없이 생기고 없어지고는 한다.

움직이는 판
움직이는 지각판들이 맞닿는 곳에서는 지각에 단층이라는 대규모의 틈새가 생긴다. 변환 단층은 해령에서 매우 흔하게 볼 수 있다. 지각이 단층을 따라 갑작스럽게 움직이면 지진이 생긴다.

지각의 종류

지표면의 지각은 육지를 이루는 대륙 지각과 해저를 이루는 해양 지각으로 나뉘며, 양쪽은 두께가 다르다. 대륙 지각은 더 두껍지만 더 가벼운 암석으로 이루어져 있어서 높이 솟아올라 대륙을 이룬다. 반면에 해양 지각은 더 얇지만 더 무거운 암석으로 되어 있어서 가라앉아 해양 분지를 이룬다.

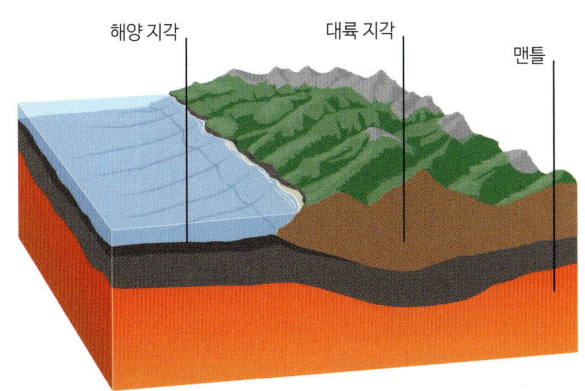

마리아나 해구

해구는 해양 지각의 섭입을 통해 생기며, 대양에서 가장 깊은 곳이다. 태평양에서 가장 깊은 곳인 마리아나 해구는 해수면에서 11킬로미터까지 들어간다. 심해저 평원의 평균 수심보다 두 배 이상 더 깊다. 세계에서 가장 높은 산인 에베레스트산을 마리아나 해구에 넣으면 꼭대기까지 푹 잠길 것이다.

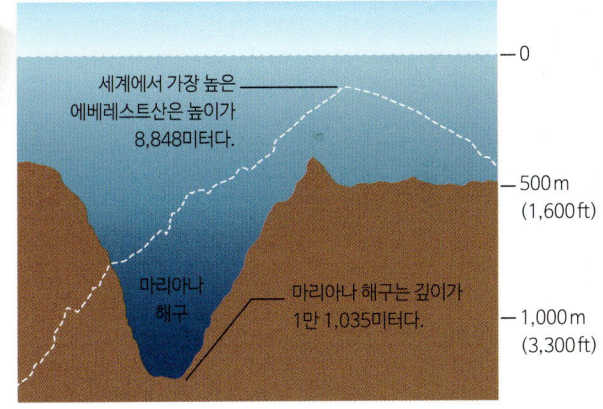

해저 지도 작성

과학자들은 음파 탐지기를 써서 해저를 조사한다. 배에서 바닥으로 음파를 쏜 뒤에 메아리가 돌아오는 데 걸리는 시간으로 수심을 계산한다. 이런 측정을 토대로 수심을 보여 주는 지도를 작성한다.

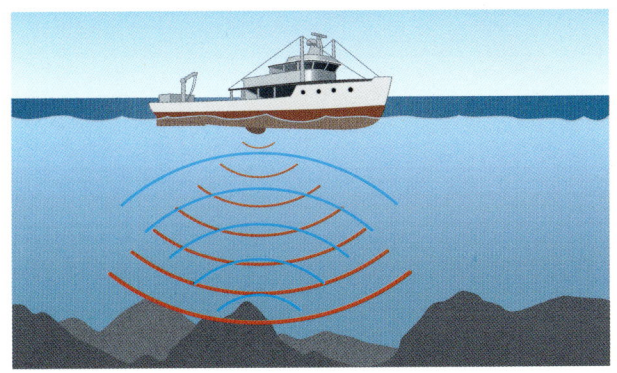

해령
이 수중 산맥은 솟아오른 많은 암석 봉우리들로 이루어진다.

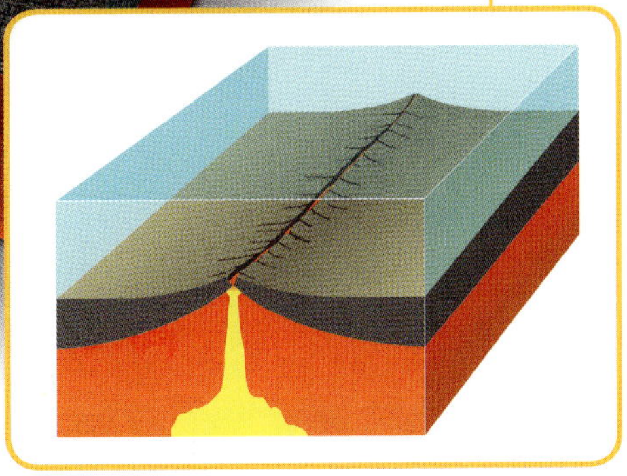

해령은 어떻게 생길까
지각판들이 서로 멀어질 때, 녹은 화산암이 지각 틈새로 솟아올라서 그 틈새를 메운다. 용암이 솟아올라 퍼지면서 굳으면 새로운 지각으로 이루어진 수중 산맥이 된다.

해양학 ○ 화산섬

7년 세계에서 가장 어린 화산섬인 통가의 홍가통가홍가하파이의 나이. 2014년 12월에 생겼다.

열도
지구의 단단한 바깥층(무른 지각과 두꺼운 맨틀의 가장 윗부분으로 이루어진다)은 암석권이라고 하며, 그 밑의 뜨거운 맨틀이 움직일 때 따라서 움직인다. 지각이 맨틀의 유달리 격렬하게 활동하는 열점 위를 지날 때, 녹은 암석이 지표면을 밀어 올리면서 원뿔 모양의 섬이 줄줄이 만들어진다. 수백만 년이 흐르는 동안, 각 섬은 자신이 태어난 열점에서 점점 멀어지면서 나이를 먹고 식으며, 이윽고 가라앉는다.

1 활화산
열점에서 솟아오르는 열 기둥은 지각을 녹이고 뜨거운 암석을 밀어 올림으로써 화산을 만든다. 긴 시간에 걸쳐 여러 차례 분출이 일어나면서 용암을 뿜어낸다. 이 용암은 굳어서 새로운 암석 섬을 만든다. 열도에서 가장 어린 섬이다.

2 생물이 번성하는 섬
지각이 움직이면서 섬을 열점에서 멀어지게 하면, 화산은 휴화산이 되고 땅이 식는다. 섬과 주변의 바다에는 다양한 동식물이 살게 된다.

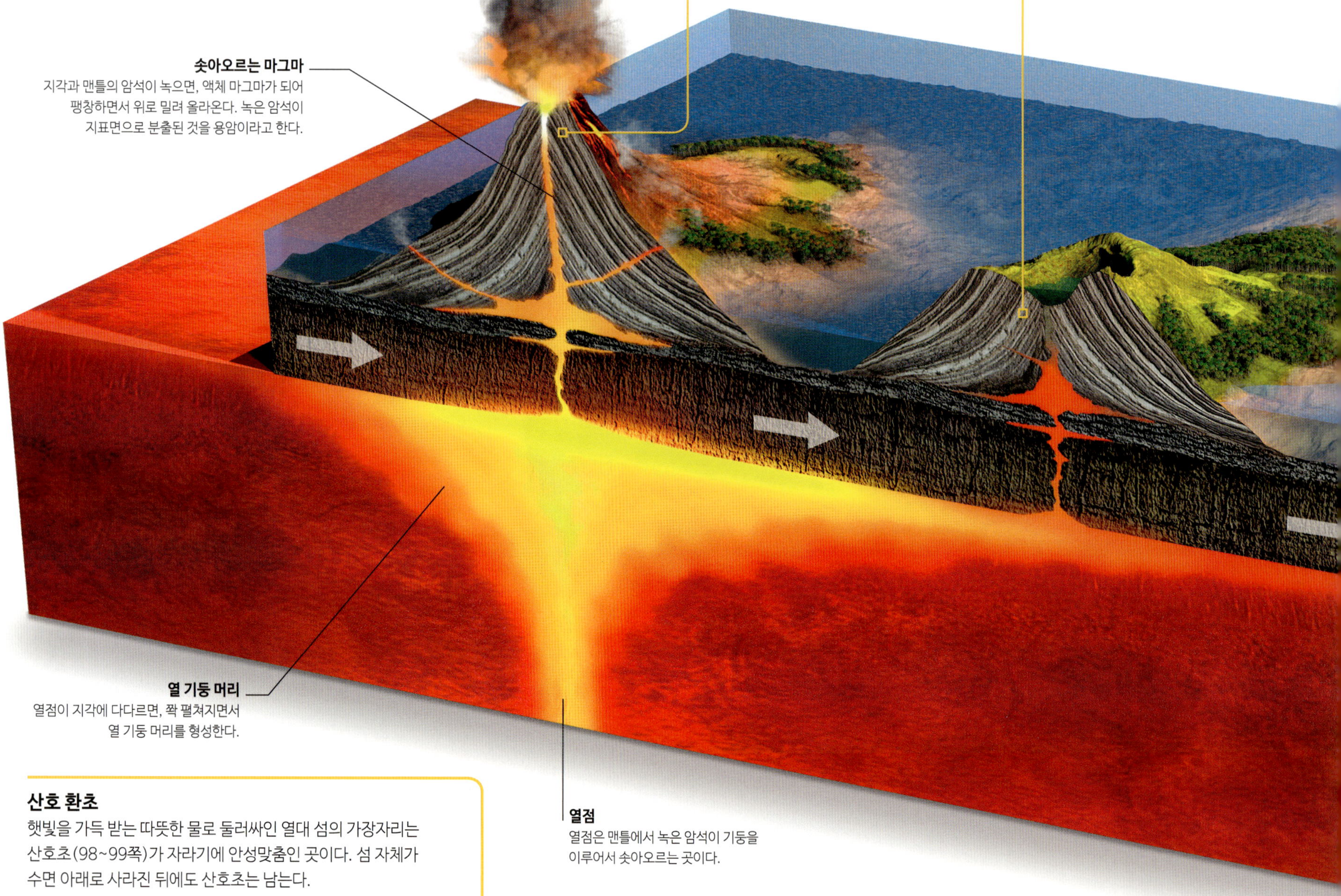

솟아오르는 마그마
지각과 맨틀의 암석이 녹으면, 액체 마그마가 되어 팽창하면서 위로 밀려 올라온다. 녹은 암석이 지표면으로 분출된 것을 용암이라고 한다.

열 기둥 머리
열점이 지각에 다다르면, 쫙 펼쳐지면서 열 기둥 머리를 형성한다.

열점
열점은 맨틀에서 녹은 암석이 기둥을 이루어서 솟아오르는 곳이다.

산호 환초
햇빛을 가득 받는 따뜻한 물로 둘러싸인 열대 섬의 가장자리는 산호초(98~99쪽)가 자라기에 안성맞춤인 곳이다. 섬 자체가 수면 아래로 사라진 뒤에도 산호초는 남는다.

1 거초
산호는 처음에 섬의 해안에서 물에 잠긴 바위에 붙어 자라기 시작한다. 이런 산호초를 거초라고 한다.

산호는 섬의 해안 주변에서 자란다

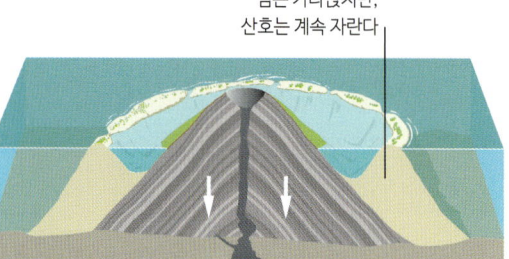

2 보초
산호초가 점점 자라는 반면, 섬은 점점 침식되어 가라앉으면서 보초가 형성된다. 깊은 물을 통해 섬과 떨어져 있는 산호초다.

섬은 가라앉지만, 산호는 계속 자란다

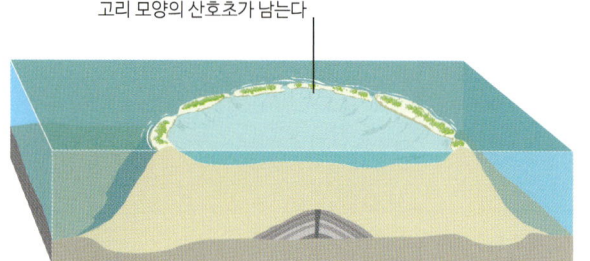

3 환초
섬이 바다 밑으로 사라지면, 가장자리를 고리 모양으로 둘러싼 산호초만 남는다. 이를 환초라고 하고, 그 안쪽은 초호가 된다.

고리 모양의 산호초가 남는다

1,000km 맨틀 열 기둥 상부의 **최대 폭**.

10,000m 해저에서부터 잰 **마우나케아의 높이**. 따라서 하와이 열도에 속한 이 섬은 실제로는 세계에서 가장 높은 산이다.

화산섬

지구의 드넓은 바다 여러 곳에는 해저에서 화산이 분출하면서 솟아오른 거대한 원뿔 모양의 암석들이 많이 있다. 이 원뿔 암석이 아주 높이 솟아올라서 수면 밖으로 나오면 섬이 된다.

바닥인 해저에서부터 높이를 재면, 대양의 이 섬들은 지구에서 가장 높은 산봉우리에 속한다. 그중 가장 높은 봉우리인 마우나케아는 에베레스트산보다 1,000미터 이상 더 높다. 이런 섬은 열점 위에서 형성된다. 녹은 암석의 열 기둥이 해저를 뚫고 나오는 곳이다.

해안 군집
섬의 해안 주위에서 자라는 산호초는 해양 생물의 중요한 서식지가 된다.

3 줄어드는 섬
섬의 암석은 시간이 흐르면서 침식된다. 바람, 비, 파도의 작용으로 표면이 마모되면서 점점 작고 낮아진다.

에워싸인 초호
침식이 일어남에 따라서 섬의 안쪽은 낮아지며, 안쪽에 바다와 분리되어 물에 잠긴 호수가 생긴다. 초호다.

4 해산
이윽고 섬 꼭대기는 해수면 아래로 사라진다. 이렇게 수중에 남은 봉우리는 해산이라고 하며, 시간이 흐르면서 계속 침식된다.

암석권
맨틀의 맨 위쪽 부분은 지각과 함께 암석권을 만든다.

뜨거운 맨틀
맨틀은 지구 중심핵과 지각 사이에 있는 층이다. 암석권 바로 밑에 있는 맨틀 부분은 뜨겁고 움직이는 암석으로 이루어져 있다.

해양 지각
두께가 10킬로미터쯤 되는 이 층은 그 아래의 밀도가 더 높은 맨틀보다 더 단단하다. 대륙 지각보다는 훨씬 얇다.

이동하는 지각 구조 판
암석권은 맨틀의 뜨거운 흐름에 실려서 열점 위를 지나간다. 암석권은 1년에 몇 센티미터씩 이동한다.

현재 세계에서 가장 활발한 화산은 **킬라우에아**로서, **하와이 인근의 한 열점 위**에 놓여 있다. 1983년부터 2018년까지 계속 분출했다.

세이셸 제도

수중 열점을 통해 생기는 열도와 달리, 세이셸 제도의 섬들은 고대의 초대륙이 쪼개진 잔해다.

세이셸 제도는 아프리카 동부 해안에 있는 약 115개의 섬이다. 과거 초대륙이 쪼개질 때 마다가스카르와 인도 사이에 흩어진 대륙의 조각들이 침식되어 회색 화강암으로 이루어진 작은 섬들이 되었다. 섬마다 식물들이 무성하고 다양한 생물이 살고 있다. 독특한 하얀 모래 해안을 갖춘 산호섬들도 있다.

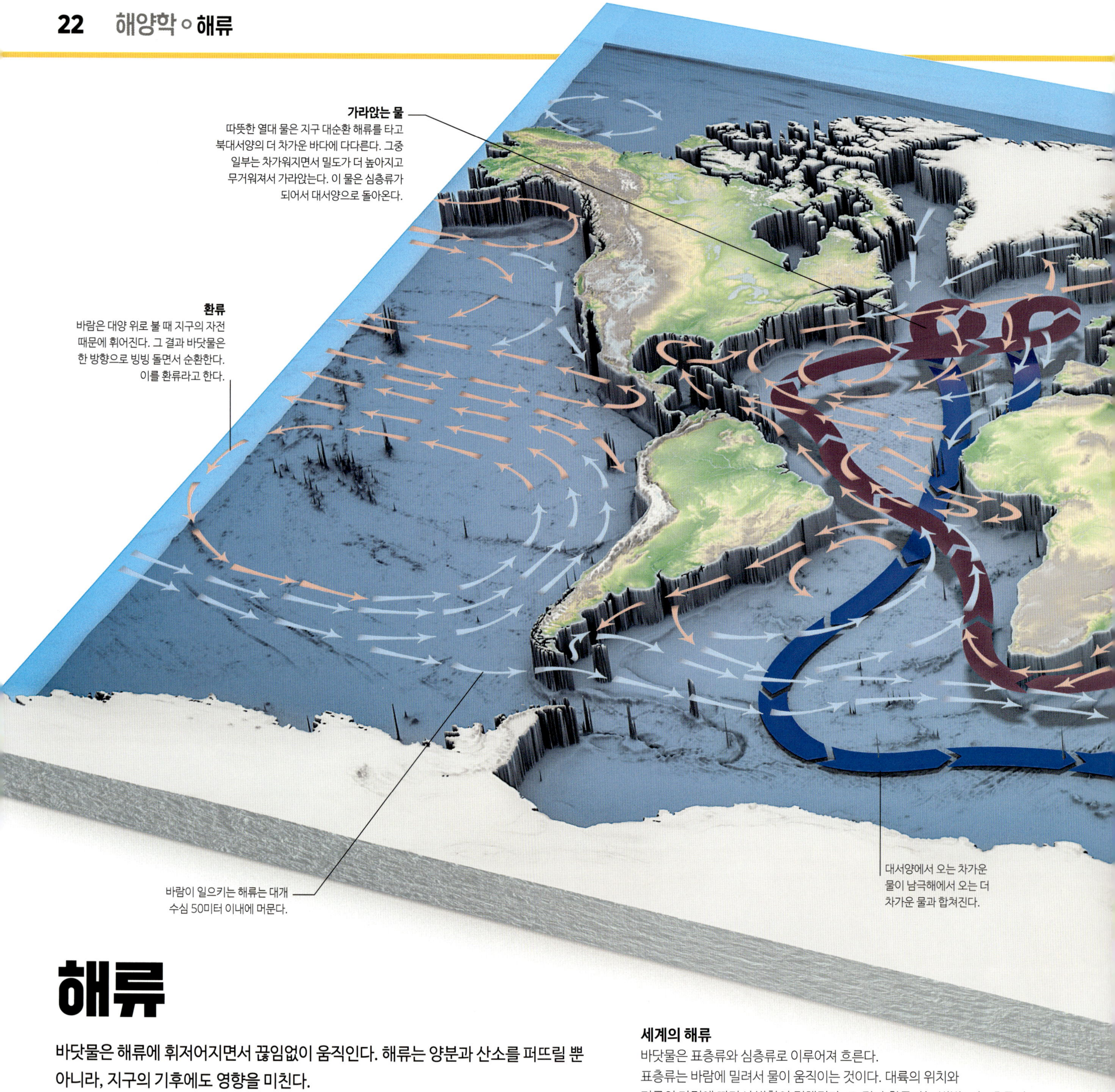

해양학 ○ 해류

가라앉는 물
따뜻한 열대 물은 지구 대순환 해류를 타고 북대서양의 더 차가운 바다에 다다른다. 그중 일부는 차가워지면서 밀도가 더 높아지고 무거워져서 가라앉는다. 이 물은 심층류가 되어서 대서양으로 돌아온다.

환류
바람은 대양 위로 불 때 지구의 자전 때문에 휘어진다. 그 결과 바닷물은 한 방향으로 빙빙 돌면서 순환한다. 이를 환류라고 한다.

바람이 일으키는 해류는 대개 수심 50미터 이내에 머문다.

대서양에서 오는 차가운 물이 남극해에서 오는 더 차가운 물과 합쳐진다.

해류

바닷물은 해류에 휘저어지면서 끊임없이 움직인다. 해류는 양분과 산소를 퍼뜨릴 뿐 아니라, 지구의 기후에도 영향을 미친다.

대양의 수면 위로 아주 멀리까지 부는 바람은 열대에서 더 차가운 곳으로 따뜻한 물을 밀어내고, 그 자리는 극지의 차가운 물이 돌아와서 메운다. 차가운 물은 주로 깊은 곳을 따라 흘러든다. 해류는 이런 식으로 물을 순환시킴으로써, 세계 각지의 기후가 너무 더워지거나 너무 추워지지 않도록 막는 역할을 한다. 바닷물의 수온이 그 위에 있는 공기에 영향을 미치기 때문이다. 바다 위에서 따뜻해지거나 차가워진 공기는 육지로 흐르면서 지구 전체의 기온과 기후를 조절한다.

세계의 해류
바닷물은 표층류와 심층류로 이루어져 흐른다. 표층류는 바람에 밀려서 물이 움직이는 것이다. 대륙의 위치와 지구의 자전에 따라서 방향이 정해진다. 그 결과 환류라는 빙빙 도는 흐름이 생긴다. 한편 심층류는 표층류 아래에서 순환한다. 차가운 물은 밀도가 더 높기에 가라앉아서 따뜻한 해역으로 움직이기 때문이다. 이 연결망을 대양 대순환 해류라고 한다.

일러두기

차가운 표층류 따뜻한 표층류 대양 대순환 해류

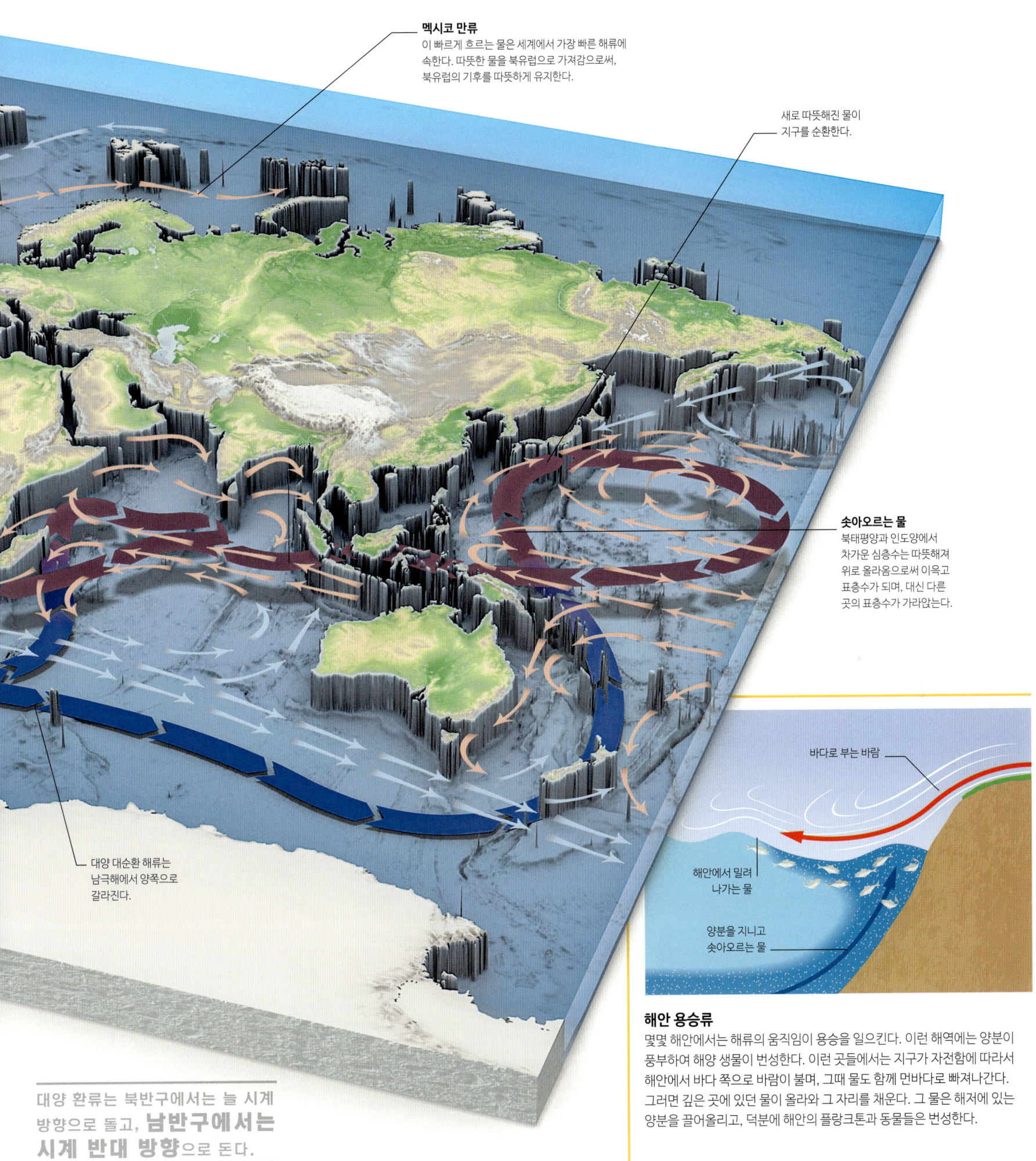

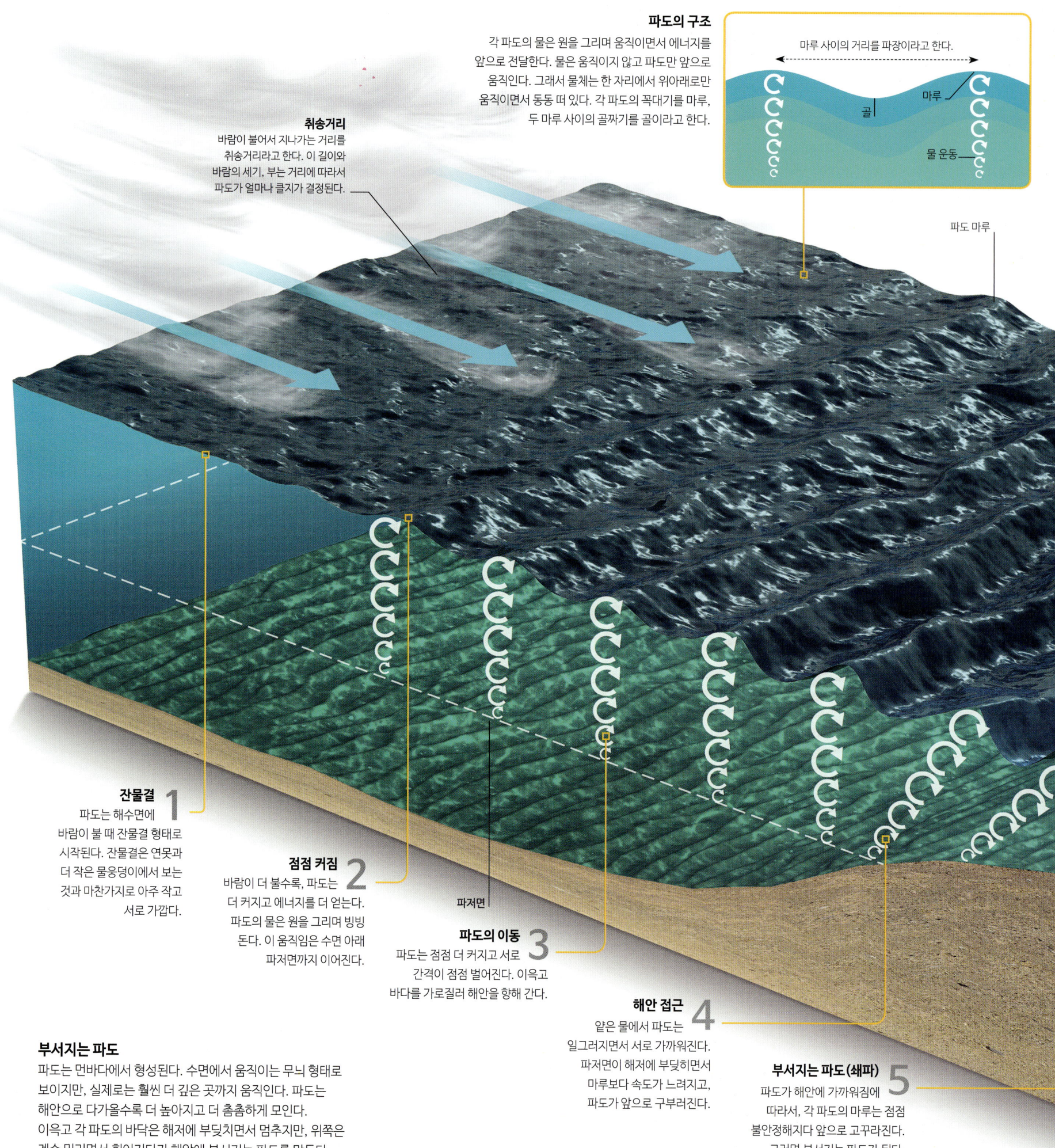

24m 2017년 포르투갈 해안을 덮친 가장 큰 파도의 높이.

네덜란드 연구진은 4.5미터에 달하는 인공 파도를 만들 수 있다. 범람 방지 방법을 연구하는 데 쓰인다.

파도

파도는 강력한 힘이 될 수 있다. 아주 높이 솟아오르고, 놀라울 만치 멀리까지 나아가고, 이윽고 해안에 다다라서 육지에 부딪힌다.

파도는 바람이 수면 위로 불면서 일어난다. 처음에는 잔물결 형태이며, 바람이 더 많이 불수록 잔물결은 더 커진다. 일단 생긴 파도는 에너지를 거의 잃지 않으면서 아주 먼 거리까지 나아갈 수 있다. 이윽고 파도는 해안에서 부서진다. 시작된 곳에서부터 수천 킬로미터 떨어진 해안까지 가기도 한다.

자라는 파도
파도는 나아가면서 점점 높아진다. 즉 대양을 아주 멀리까지 나아간 파도가 가장 높다는 뜻이다.

파도타기
서핑과 윈드서핑 같은 스포츠는 앞으로 나아가는 파도의 에너지를 이용하여 파도를 탄다.

이상 파랑
먼바다에서도 파도는 거대한 높이까지 다다를 수 있다. 강한 바람에 두 너울이 아주 가까워지면, 유달리 큰 '이상 파랑'이 생긴다. 배를 마구 내동댕이치고, 침몰시킬 수도 있다.

부서지는 파도
부서지는 파도는 물을 해안으로 밀어 올린다. 해안에서 파도가 부서지는 구간을 쇄파대라고 한다.

쳐오름과 쳐내림
파도가 해안에서 부서진 뒤, 물은 해안으로 죽 밀려 올라온다. 이를 물 쳐오름이라고 한다. 그런 뒤 물은 중력에 끌려서 바다로 돌아간다. 이를 쳐내림이라고 한다.

해양학 ○ 열대 저기압

> **30일** 1994년에 생긴 역사상 **가장 오래 유지된** 허리케인인 존의 존속 기간.

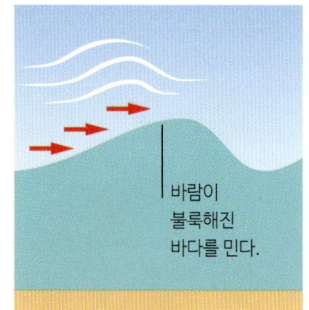

폭풍 해일
해양 폭풍의 저기압은 공기만 빨아들이는 것이 아니라, 그 아래의 물도 빨아들여서 수면이 볼록하게 솟아오른다. 이것이 폭풍 해일이다. 바람이 이 불룩해진 물을 해안 쪽으로 밀면, 조수와 파도가 평소보다 훨씬 높아짐으로써 많은 지역이 물에 잠긴다.

열대 저기압

최악의 날씨 중에는 바다에서 일어나는 것도 있다. 열대 저기압이라는 회전하는 거대한 폭풍은 먼바다에서 생기며, 육지를 덮치면 억수 같은 비와 강풍을 동반하여 지나는 길에 있는 모든 것을 쑥대밭으로 만든다.

이런 극단적인 날씨 사건은 계절적인 양상을 띠곤 하며, 세계 각지에서 다른 시기에 나타나기도 한다. 대양에서 생긴 폭풍은 해안가로 물을 밀어 올림으로써 육지에 영향을 미치곤 한다. 해저의 지진은 또 다른 재난도 일으킬 수 있다. 지진 해일이라는 거대한 파도가 훨씬 내륙까지 밀려들어서 엄청난 파괴를 일으킬 수 있다.

저기압의 성장
열대의 따뜻한 바다 위에서는 무거운 폭풍 구름이 생길 수 있다. 습한 공기가 폭풍 안으로 더 많이 빨려 들어서 위로 올라갈 때, 바람은 회전하기 시작한다. 이것이 열대 저기압이다. 카리브해에서 생기는 것은 허리케인, 동남아시아 해역에서 생기는 것은 태풍, 인도양에서 생기는 것은 사이클론이라고 부른다.

일러두기
→ 따뜻한 공기
→ 찬 공기

솟아오르는 따뜻한 공기
따뜻한 바닷물에 데워진 공기는 폭풍을 뚫고 솟아오른다.

내려가는 차가운 공기
더 차가운 공기는 구름 사이의 공간으로 해수면을 향해 내려간다.

빠른 바람
폭풍의 이 단계에서는 시간당 풍속이 61~120킬로미터에 달할 수 있다.

1 폭풍 구름이 생긴다
열대 바다는 기온이 높아서 바다에서 증발되는 물이 많다. 그 위의 공기는 습한 수증기로 가득해진다. 수증기를 품은 따뜻한 공기는 상승하면서 폭풍 구름을 형성하며, 구름은 비가 되어 내린다.

2 폭풍이 점점 커진다
수분이 채워진 공기가 상승할 때, 빈 아래쪽은 기압이 낮아져 저기압이 된다. 주변의 기압이 높은 곳에 있는 공기가 밀려든다. 이제 폭풍 구름은 점점 더 커지면서 뭉친다.

따뜻하고 습한 공기가 몰려든다.

까마득히 솟아오른 폭풍 뇌우들이 합쳐지기 시작한다.

3 폭풍이 회전을 시작한다
지구의 자전은 바람이 회전하도록 도우며, 이윽고 구름이 거대한 소용돌이 모양을 이루기 시작한다. 구름은 점점 높이 올라가고 바람은 더 빨라진다. 폭풍은 이제 태풍, 허리케인, 사이클론이라고 불린다.

> 태풍 팁은 지름이 2,220킬로미터로서 **역사상 가장 컸다.**

250km/h 가장 강한 5등급 사이클론의 최소 풍속.

80개 한 해에 전 세계에서 생기는 열대성 저기압의 평균 수.

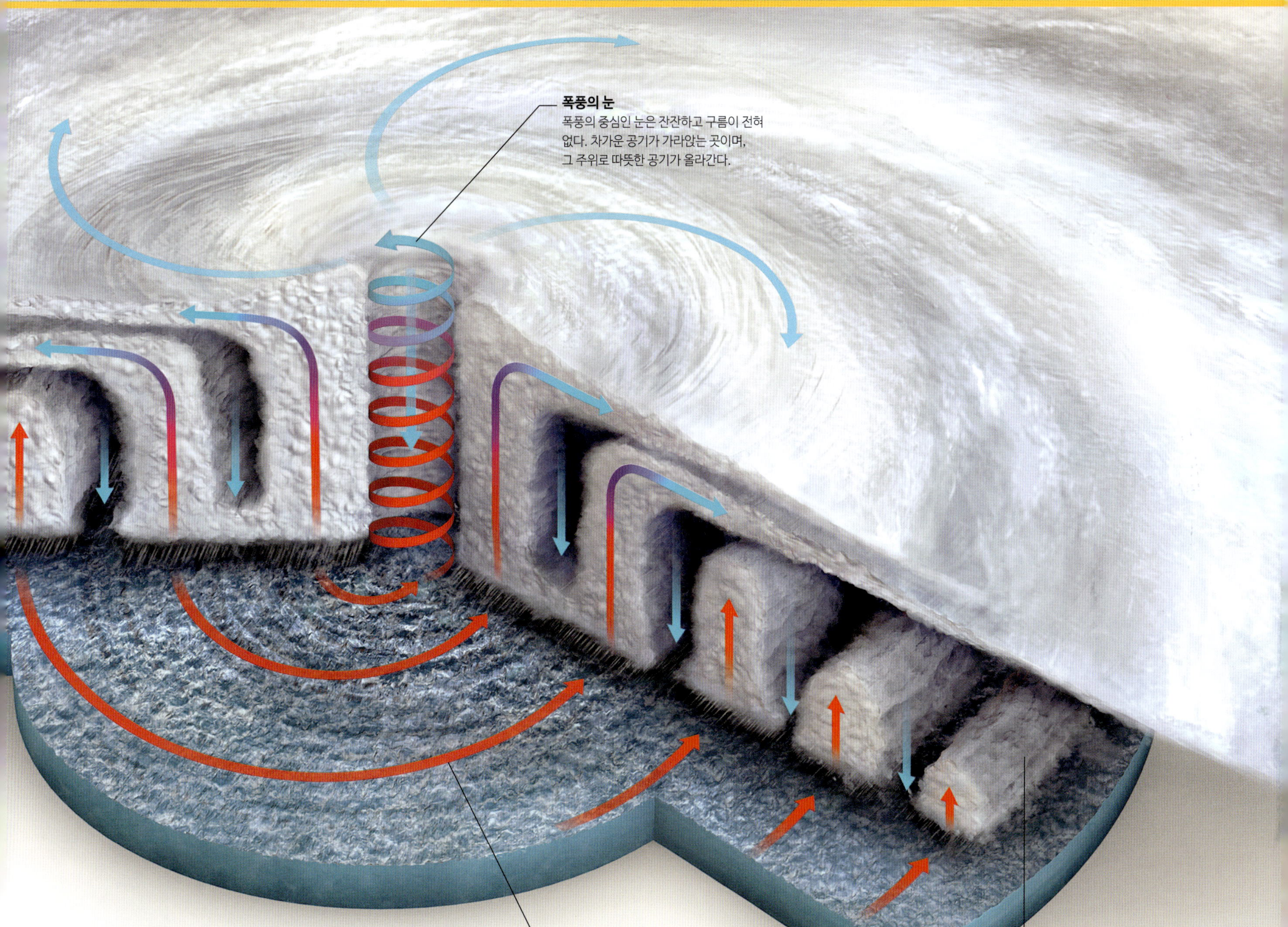

폭풍의 눈
폭풍의 중심인 눈은 잔잔하고 구름이 전혀 없다. 차가운 공기가 가라앉는 곳이며, 그 주위로 따뜻한 공기가 올라간다.

4 괴물 같은 폭풍
중심에 형성된 압력으로 구름이 바깥으로 밀려나면서 열대 저기압은 팽창한다. 솟아오르는 습한 공기는 소용돌이 띠 모양의 비구름을 형성한다. 폭우를 쏟아내는 비구름이다. 구름 띠 사이에서는 더 차갑고 건조한 공기가 가라앉는다.

해수면 바람
바람은 소용돌이치면서 폭풍 안으로 향한다. 중심에 가까워질수록 더 강해진다.

구름 띠
솟아오르는 따뜻한 바람은 태풍 안에서 소용돌이 모양의 긴 비구름 띠를 이룬다.

지진 해일

또 하나의 치명적인 해양 현상인 지진 해일은 폭풍이 아니라 심해 지진으로 생기는 커다란 파도다. 이 지진은 두 지각판이 삐걱거리면서 서로 엇갈려 움직일 때처럼 해저가 갑작스럽게 움직일 때 생긴다. 이 부위에서부터 충격파가 일어나서 물을 밀어내어 거대한 파도를 일으킨다. 이 파도는 아주 거대한 높이로 밀려들어서 해안 지역을 쑥대밭으로 만들 수 있다.

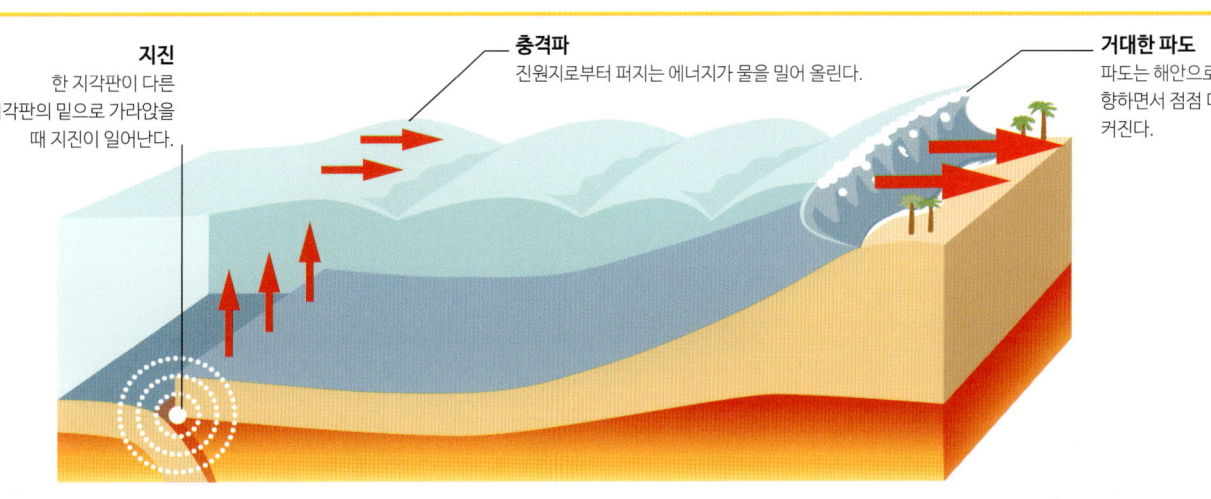

지진
한 지각판이 다른 지각판의 밑으로 가라앉을 때 지진이 일어난다.

충격파
진원지로부터 퍼지는 에너지가 물을 밀어 올린다.

거대한 파도
파도는 해안으로 향하면서 점점 더 커진다.

28 해양학 ○ 조석

16.3m 조수 간만의 차가 큰 캐나다 편디만에서 기록된 가장 큰 해수면 높이 차이.

조석

전 세계 해안에서는 매일 주기적으로 조석(밀물과 썰물) 현상이 일어나면서 수위가 오르락내리락한다.

조석은 해안의 한 지점이 어느 시점에는 물에 잠겼다가 몇 시간 뒤에는 물이 빠져서 마르곤 하는 것을 가리킨다. 대부분의 지역은 24시간마다 만조와 간조가 약 두 번씩 일어난다. 원인은 지구에 있지 않다. 달과 태양의 중력이 지구의 대양에 영향을 미쳐서 일어나는 현상이다.

조간대의 생물

해양의 모든 곳에서 조석에 따라서 해수면이 높아지거나 낮아지지만, 육지와 만나는 곳에서 가장 눈에 잘 띈다. 밀물 때면 해안이 물에 잠기며, 몇 시간 전에 새들이 걷던 진흙 위에서 물고기들이 헤엄친다. 오스트레일리아 동부의 이 해안 같은 곳에서는 밀물 때 잠기고 썰물 때 드러나는 조간대에서 고둥과 바닷말을 비롯한 다양한 생물이 산다.

따개비
썰물 때 따개비(게의 친척인 작은 갑각류) 같은 많은 해양 동물은 이 부두의 다리 같은 곳에 찰싹 달라붙은 채 꼼짝하지 않는다.

삿갓조개
나무 기둥에 꽉 달라붙은 이 삿갓 모양의 고둥은 썰물 때 부드러운 몸이 마르지 않게 보호하는 껍데기를 지닌다.

호주 펠리컨
커다란 새는 물고기를 잡으러 날아다니다가 진흙에서 쉬곤 한다.

호주흰따오기
긴 부리로 무척추동물을 잡아먹는다.

- 만조
- 달의 인력
- 만조
- 지구는 약 24시간마다 자전한다.
- 지구가 자전할 때 달도 같은 방향으로 자전한다.

달의 영향

지구가 자전할 때, 지표면은 차례로 달을 향한다. 달의 중력은 바닷물을 자기 쪽으로 끌어당기며, 그 결과 수면이 불룩하게 솟아오르면서 만조가 생긴다. 지구 반대편에서는 지구 자전이 일으키는 원심력 때문에 바닷물이 달과 반대쪽으로 불룩해짐으로써 만조가 생긴다. 만조는 24시간마다 약 두 번 일어난다.

바닷말
이 커다란 바닷말은 썰물 때 축축한 상태를 유지하기 위해서 끈적거리는 물질로 덮여 있다.

호주검은머리물떼새
섭금류는 썰물 때 진흙을 헤집어서 벌레를 잡아먹는다.

간조

3,000GW 전 세계 조석의 에너지는 3,000기가와트로 세계 발전량의 약 15퍼센트에 해당한다.

12시간 25분 전 세계에서 만조 사이의 평균 시간.

은갈매기
많은 바닷새는 날거나 걸을 뿐 아니라 헤엄도 잘 친다. 조간대 환경에 잘 적응해 있다.
따개비
따개비는 밀물 때 물에 잠기면 깃털 같은 다리를 뻗어서 플랑크톤을 잡아먹는다.
도미
밀물 때면 도미 같은 물고기는 해안으로 더 들어와서 게, 새우, 작은 물고기 등을 먹을 수 있다.
만조
바닷말
바닷말의 엽상체는 물에 떠서 햇빛을 받아 광합성을 한다.
삿갓조개
물에 잠기면 삿갓조개를 비롯한 고둥류는 돌아다니면서 바위나 나무 기둥에 붙어 자라는 바닷말과 작은 생물을 뜯어먹는다.

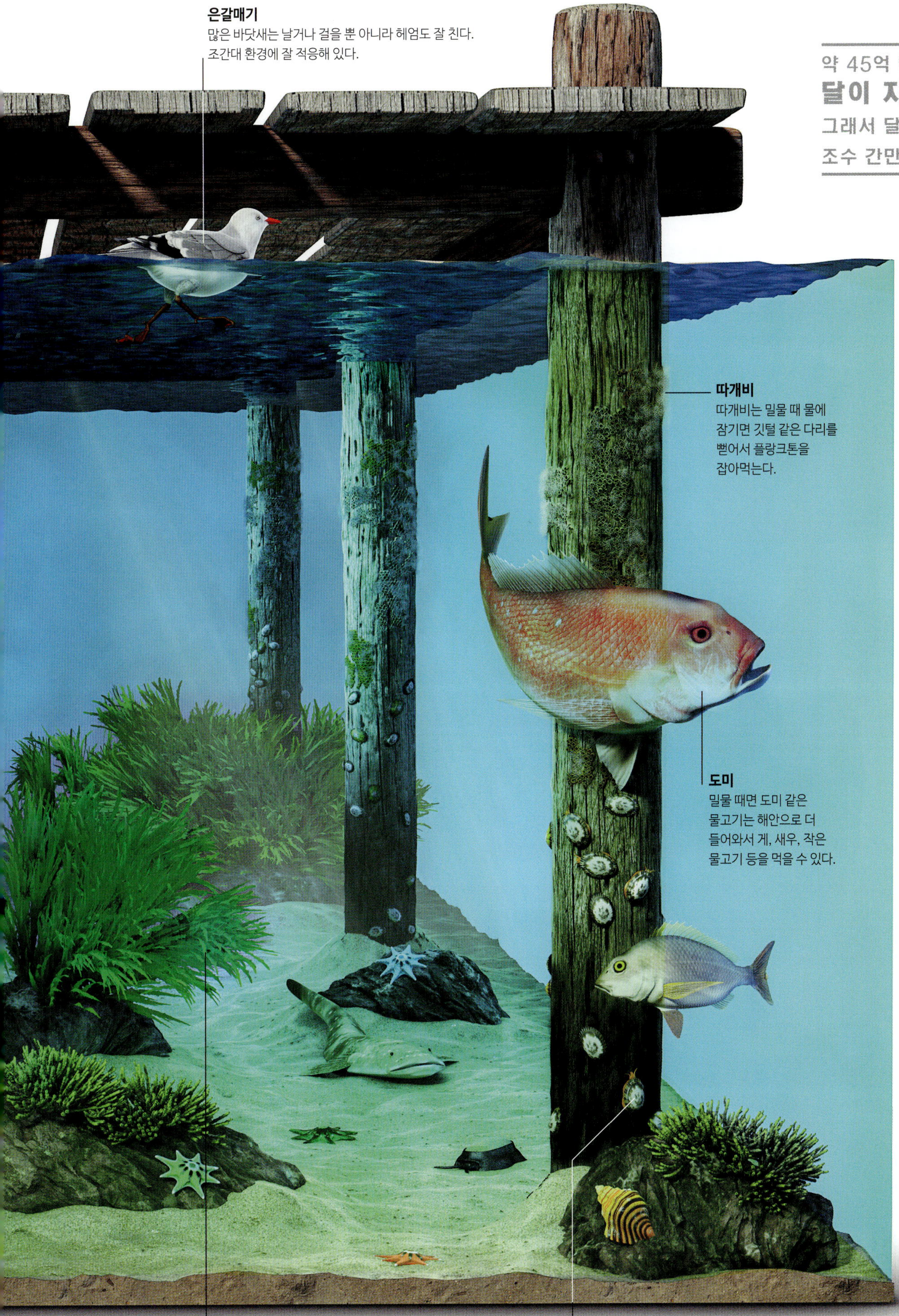

약 45억 년 전 지구가 생겼을 때는 **달이 지구에 더 가까이** 있었다. 그래서 달의 인력이 지금보다 더 강했고 조수 간만의 차도 지금보다 더 컸다.

태양의 영향

태양은 달보다 지구에서 훨씬 멀리 있지만, 훨씬 크므로 중력을 통해 조석에 영향을 미칠 수 있다. 한 달에 두 번 달의 궤도가 태양과 일치할 때면 평소보다 밀물이 더 높아지고 썰물이 더 낮아진다. 태양과 달이 직각으로 놓일 때는 조수 간만의 차가 평소보다 줄어든다.

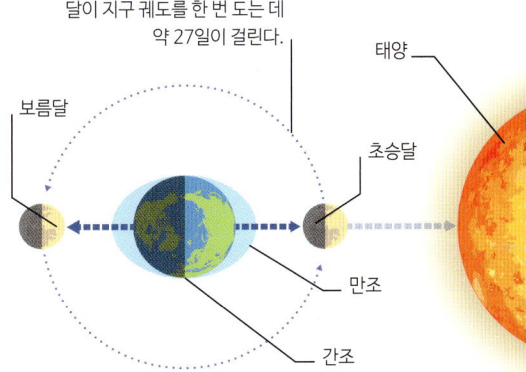

달이 지구 궤도를 한 번 도는 데
약 27일이 걸린다.
태양
보름달
초승달
만조
간조

사리

보름달과 초승달이 뜰 무렵에는 달과 태양이 지구와 일직선으로 놓여서 인력이 서로 더해지기에 조수 간만의 차가 가장 커진다. 이때를 사리라고 한다.

상현달
태양
간조
만조
하현달

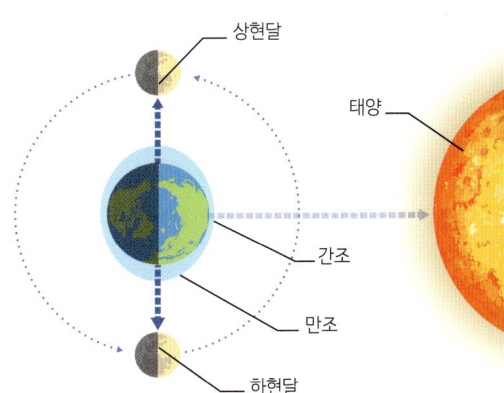

조금

상현달과 하현달 때는 조수 간만의 차가 가장 작다. 달과 태양이 지구와 직각으로 놓여서 양쪽의 인력이 어느 정도 상쇄되기 때문이다. 이때를 조금이라고 한다.

먼바다

먼바다는 해안의 얕은 바다 너머에 있는 더 깊은 물을 가리키며, 지구에서 생물이 서식 가능한 영역의 80퍼센트 이상을 차지한다. 햇빛이 비치는 수면에서 춥고 컴컴한 바닥에 이르기까지, 먼바다에는 과학계에 알려진 생물 중 가장 기이한 생물들도 산다.

먼바다(원양)

바닷물은 대부분 대륙붕의 연해 너머 대양 분지의 가장 깊은 곳까지 뻗어 있다. 먼바다라는 곳이다. 지구에서 가장 큰 단일 서식지이며, 지구의 다른 어느 곳보다도 많은 생물이 산다. 먼바다는 수면과 바닥의 환경 조건이 전혀 다르다.

대양의 환경 조건

대양의 표면은 따뜻한 열대에서 추운 극지에 이르기까지 온도가 다양하다. 그러나 세계 어디에서든 간에 대양의 환경 조건은 깊이에 따라서 크게 변한다. 수온, 압력, 빛의 양, 산소의 농도 모두 달라진다. 생물은 각 수심의 환경 조건에 따라서 그 층에 살아가도록 알맞게 적응했다.

빛
수면에서 반짝거리는 햇빛은 바다의 대다수 먹이 사슬의 핵심 요소다. 깊이 들어갈수록 빛은 점점 약해지며, 이윽고 칠흑같이 어두운 곳이 나타난다.

수온
태양의 열기는 해수면을 덥힌다. 수심 약 1,000미터 이하에는 햇빛의 온기가 거의 침투하지 못하므로, 수온이 급격히 떨어진다.

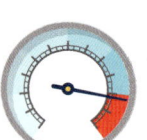

수압
더 깊이 들어갈수록 위에서 누르는 물이 더 많아지므로 압력이 더 커진다. 해저는 자동차를 우그러뜨릴 만큼 압력이 높다.

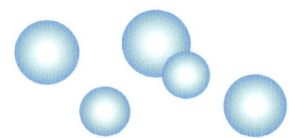

산소
산소 농도는 조류가 산소를 생산하는 수면이 가장 높고, 아래로 갈수록 동물의 호흡에 의해 낮아지다가, 심해에서 다시 조금 올라간다. 심해에는 산소 호흡 동물이 적기 때문이다.

수심대

먼바다에서 생물의 서식 환경은 수심에 따라 달라진다. 표층인 유광층은 밝고 따뜻하며, 산소가 가장 많다. 해양 생물은 대부분 이 층에 산다. 그 밑으로 수심 약 1,000미터까지는 약광층이다. 빛이 더 흐릿하고, 추우며, 산소가 가장 적은 층이다. 심해층은 가장 어둡고 가장 추운 층으로서, 이곳 생물들은 높은 수압을 견디도록 적응해 왔다. 더 깊은 곳은 심해 해구인데, 초심해층을 이룬다.

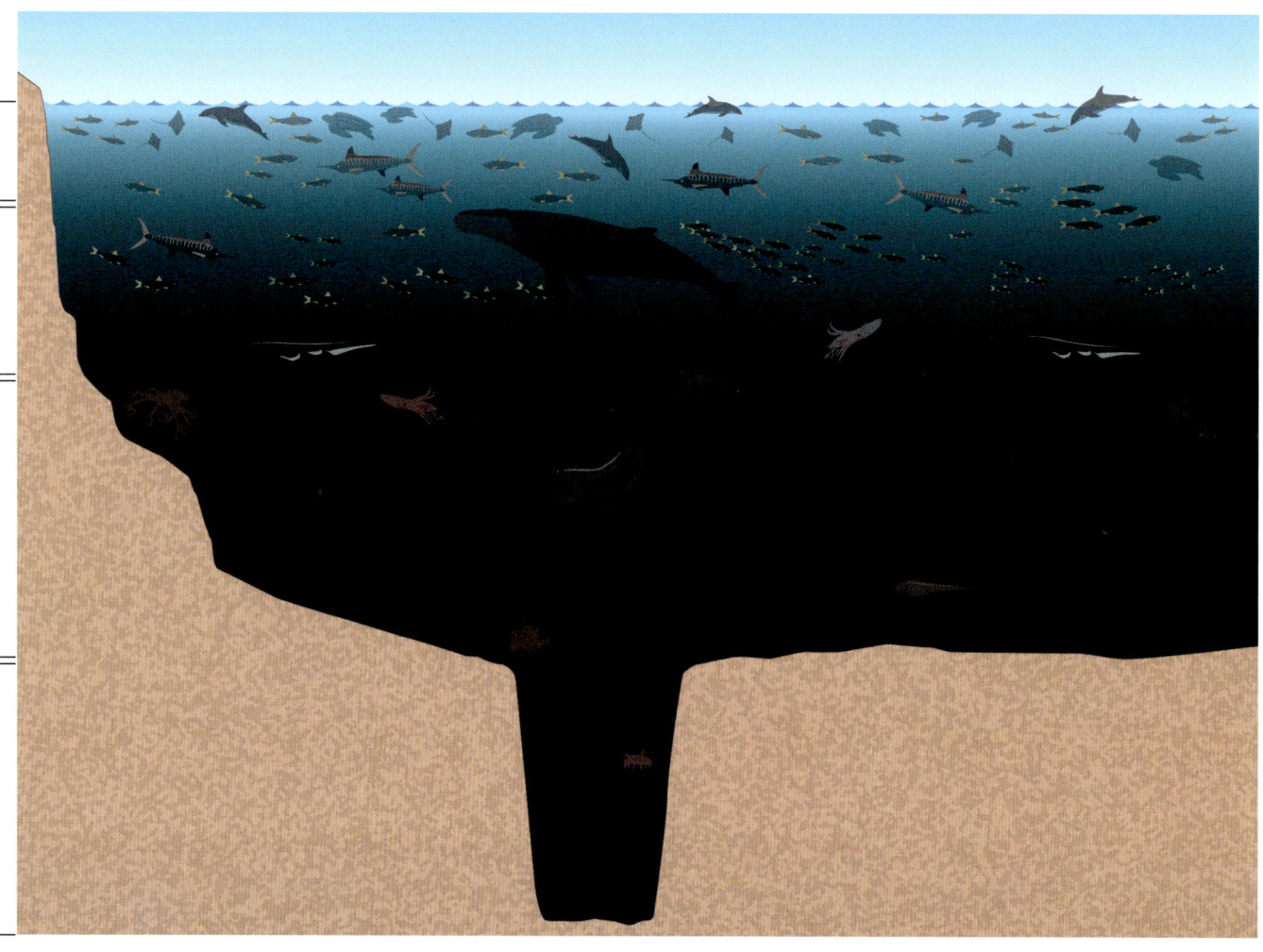

유광층
0~200미터
이 층에는 광합성을 해서 먹이를 만드는 미세한 조류를 비롯하여, 플랑크톤이 우글거린다.

약광층
200~1,000미터
먹이를 생산하는 조류는 이 층에서는 살아갈 수 없지만, 약광층에는 그래도 해양 동물이 많다. 흐릿한 빛 속에서 돌아다니는 데 적응한 동물들이다.

무광층(심해층)
1,000미터~해저
햇빛이 전혀 들지 않기에 컴컴하며, 해저까지 뻗어 있다. 해저의 수심은 3,000~6,000미터에 이르기도 한다. 동물이 거의 살지 않는다.

초심해층
1만 미터까지
해저에 난 해구로 이루어진다. 사람이 거의 탐사하지 못한 층이며, 어떤 동물이 사는지도 잘 모른다.

어디에 누가 살까

먼바다의 생물들은 돌아다니는 방식에 따라서 묶을 수도 있다. 플랑크톤(36~37쪽)은 해류에 떠다닌다. 해류에 맞서서 헤엄칠 수 있는 생물은 유영 생물이라고 한다. 저서생물은 바닥에서 걷거나 기어 다니는 생물이다. 수가 적지만 수면에 떠다니는 부표 생물도 있다.

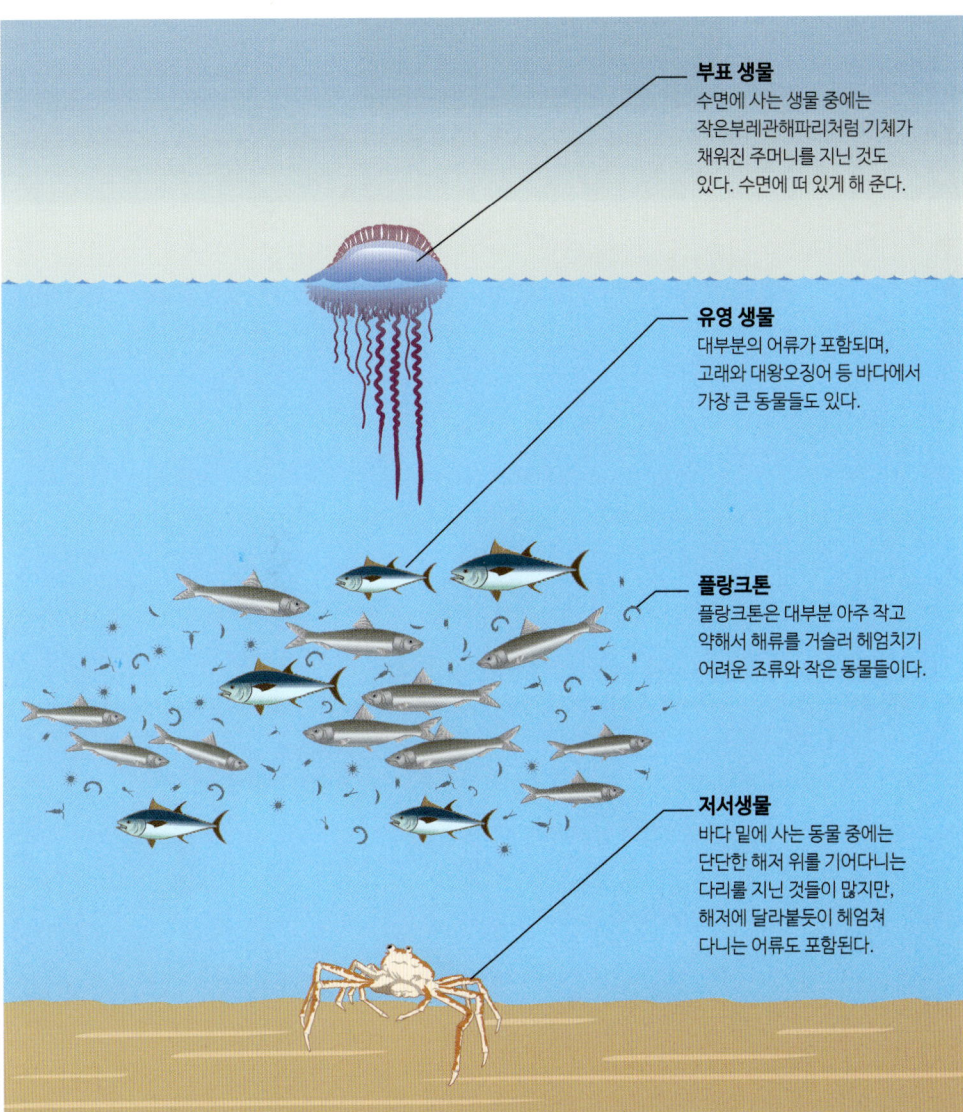

부표 생물
수면에 사는 생물 중에는 작은부레관해파리처럼 기체가 채워진 주머니를 지닌 것도 있다. 수면에 떠 있게 해 준다.

유영 생물
대부분의 어류가 포함되며, 고래와 대왕오징어 등 바다에서 가장 큰 동물들도 있다.

플랑크톤
플랑크톤은 대부분 아주 작고 약해서 해류를 거슬러 헤엄치기 어려운 조류와 작은 동물들이다.

저서생물
바다 밑에 사는 동물 중에는 단단한 해저 위를 기어다니는 다리를 지닌 것들이 많지만, 해저에 달라붙듯이 헤엄쳐 다니는 어류도 포함된다.

들키지 않는 방법

먼바다는 동물이 살아가기 쉽지 않은 곳일 수 있다. 숨을 곳이 없기 때문이다. 하지만 많은 동물은 바닷물과 잘 뒤섞이는 몸을 지니고 있다. 포식자는 영리한 위장술 덕에 들키지 않으면서 먹이에 가까이 다가갈 수 있다. 또 약한 피식자가 위험한 포식자의 관심에서 벗어날 수 있게 한다.

은색과 파란색
고등어와 같이 먼바다에 사는 많은 어류가 은색이나 파란색 비늘로 덮여 있다. 이런 비늘은 수면 근처에서 햇빛을 받을 때 빛을 반사해 눈에 잘 띄지 않게 해 준다.

방어피음
해양 동물이 배 쪽은 옅고, 등 쪽은 짙게 몸 색깔을 띠는 것을 방어피음이라고 한다. 아래에서 올려다볼 때 배가 밝은 색이면 그 위쪽의 햇빛이 비치는 환한 수면과 섞여서 잘 보이지 않는다. 반대로 위에서 내려다볼 때는 컴컴한 깊은 물 색깔과 섞여서 잘 보이지 않는다.

역 조명
일부 동물은 배 쪽에 작은 빛의 반점을 만들 수 있다. 밑에서 올려다보면 햇빛이 반짝이는 수면의 색과 잘 섞인다.

해저에 사는 생물

해저는 지구에서 가장 탐사가 안 되어 있고 가장 덜 이해된 서식지다. 여기에 사는 동물은 대부분 위에서 가라앉은 죽은 동물이나 찌꺼기를 먹는 청소동물이다. 하지만 열수 분출구(64~65쪽)와 냉수 분출구처럼 해저에는 생물들이 스스로 먹이를 생산할 수 있는 특수한 환경 조건이 갖추어진 곳도 있다.

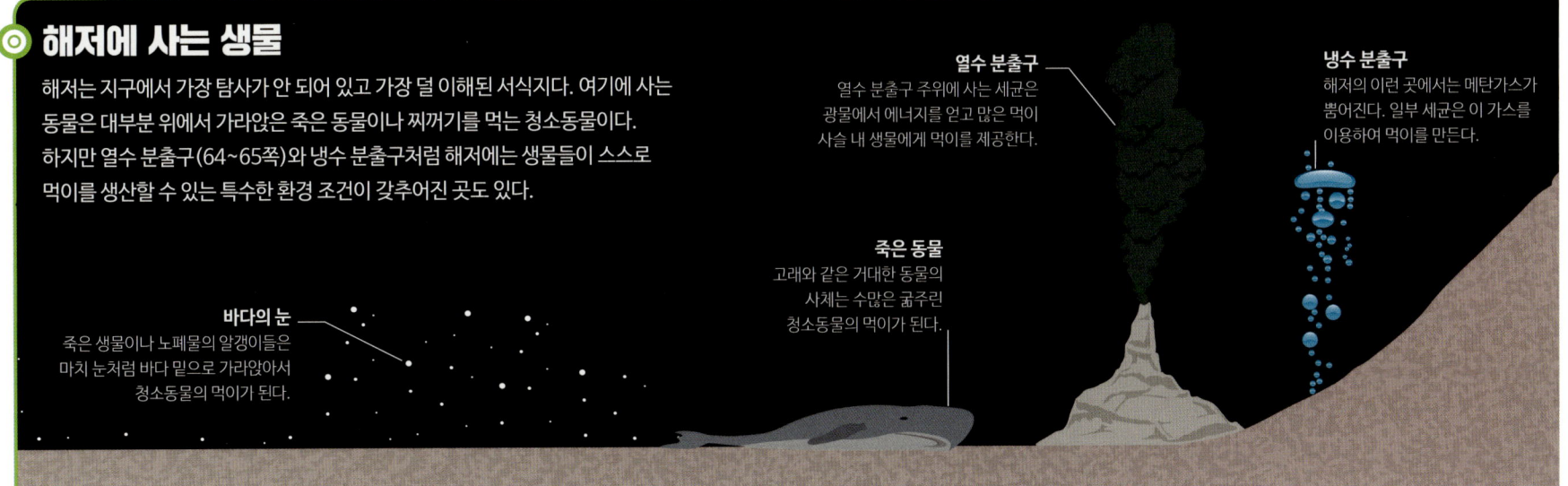

열수 분출구
열수 분출구 주위에 사는 세균은 광물에서 에너지를 얻고 많은 먹이 사슬 내 생물에게 먹이를 제공한다.

냉수 분출구
해저의 이런 곳에서는 메탄가스가 뿜어진다. 일부 세균은 이 가스를 이용하여 먹이를 만든다.

죽은 동물
고래와 같은 거대한 동물의 사체는 수많은 굶주린 청소동물의 먹이가 된다.

바다의 눈
죽은 생물이나 노폐물의 알갱이들은 마치 눈처럼 바다 밑으로 가라앉아서 청소동물의 먹이가 된다.

먼바다 • 먹이 사슬

3톤 플랑크톤을 먹고 사는 가장 큰 어류인 **고래상어**가 먼바다에서 **하루에 먹는 플랑크톤의 양.**

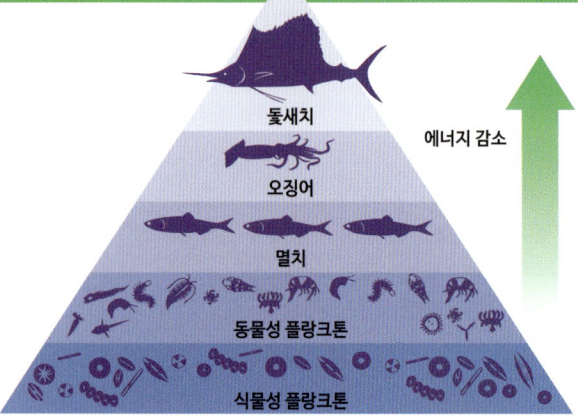

에너지 피라미드
해양 먹이 사슬의 각 단계에서 전달되는 에너지의 양은 피라미드로 나타낼 수 있다. 각 단계의 동물이 앞 단계의 생물을 먹을 때, 에너지가 먹이 사슬을 따라 위로 전달된다. 그러나 각 단계에서의 먹이 에너지 중 상당수는 노폐물과 열로 사라지며, 다음 단계로는 훨씬 적은 에너지만 전달된다. 그래서 먹이 사슬의 위로 갈수록 동물 수는 더 적어진다.

수면의 먹이 사슬
해양 먹이 사슬은 대양의 햇빛이 드는 표층에서 시작된다. 조류가 광합성을 하는 곳이다. 이 조류로부터 미세한 동물을 거쳐 훨씬 더 큰 날쌘 포식자에 이르기까지 먼바다의 먹이 사슬을 이루는 동물들로 에너지가 전달된다.

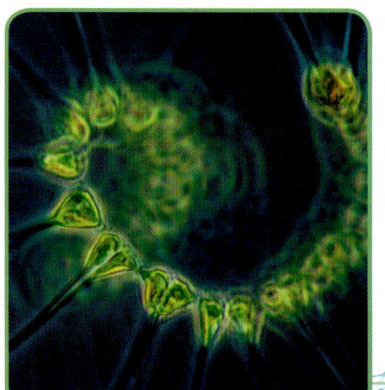

1 식물성 플랑크톤
수면에서 뜬 바닷물 한 양동이에는 단세포 조류 1500만 마리가 들어 있기도 한다. 식물성 플랑크톤이라는 이 아주 작은 생물은 햇빛의 에너지를 수확한다. 먹이 사슬의 일차 생산자다.

청소동물
심해는 대부분 너무 컴컴해서 광합성을 할 수 없다. 그래서 심해에 사는 동물은 대부분 위에서 떨어지는 먹이에 의지한다. 이 먹장어 같은 청소동물은 해저에 가라앉은 동물 사체를 먹고 산다.

먹이 사슬

바다의 모든 생물은 먹이 사슬로 연결되어 있다. 서로 먹고 먹히는 관계에 있고, 그 관계를 통해서 한 종에서 다른 종으로 에너지와 영양소가 전달된다.

먹이 사슬은 육지에서는 녹색식물에서 시작되지만, 바다에서는 단세포로 이루어진 미세한 조류에서 시작된다. 조류는 셀 수도 없이 많으며, 햇빛을 받을 수 있는 수면 바로 밑에서 떠다닌다. 조류는 광합성이라는 화학적 과정을 통해서 빛의 에너지를 써서 이산화 탄소와 물을 성장에 필요한 먹이로 전환한다. 그 조류는 작은 동물의 먹이가 되고, 작은 동물은 포식자에게 먹힌다.

5 돛새치
최상위 포식자는 가장 크고 가장 빠른 소비자다. 돛새치는 바다에서 가장 빠른 물고기다. 긴 부리로 오징어와 물고기를 베고 찔러 잡는다. 범고래 같은 거대한 사냥꾼만이 돛새치를 잡아먹는다.

4 오징어
멸치 떼는 먹이 사슬의 더 위에 있는 많은 포식자에게 먹이를 제공한다. 이 빨강오징어는 세 번째 단계, 즉 삼차 소비자의 한 예다. 날쌔고 민첩하게 달려들어서 작은 물고기를 잡는다. 오징어는 거대한 눈으로 햇빛이 드는 물에서 아주 잘 본다.

70m 유럽 멸치 떼가 모이는 최대 폭.   **80%** 해양 조류가 광합성으로 생산하는 지구 내 산소의 비율.   **110km/h** 먹이를 사냥하는 돛새치의 최대 속도.

2 동물성 플랑크톤
식물성 플랑크톤은 동물성 플랑크톤이라는 작은 동물들과 뒤섞여 있다. 새우, 어류 유생 같은 동물들이다. 바다의 일차 소비자. 이들은 햇빛을 받으면서 번식하는 조류를 먹는다.

3 멸치
플랑크톤은 엄청난 멸치 떼를 충분히 부양할 수 있다. 멸치는 물을 아가미로 통과시키면서 특수한 갈퀴로 플랑크톤을 가둔다. 멸치는 식물성과 동물성 플랑크톤을 다 먹음으로써, 일차 소비자이자 이차 소비자가 된다.

바닷물 한 방울

1,000조×1조 전 세계 바다에 존재하는 남세균의 수.

바닷물 한 방울에는 식물을 닮은 조류에서 가장 작은 초식 동물과 사냥꾼에 이르기까지, 아주 다양한 생명체가 들어 있다.

이런 생물들은 플랑크톤을 이룬다. 아주 작거나 아주 약해서 해류에 맞서 헤엄칠 수 없어서 해류에 실려 떠다니는 작은 생물들이다. 플랑크톤은 먼바다의 어디에나 존재하지만, 주로 조류가 광합성을 하는 데 필요한 에너지를 제공하는 햇빛이 있는 수면 가까이에 가장 많다.

한 방울에 든 생명

플랑크톤은 크게 두 집단으로 나뉜다. 이 크게 확대한 바닷물 한 방울에도 다 들어 있다. 남세균과 조류 같은 단세포 생물은 광합성이라는 과정으로 햇빛의 에너지를 써서 자신의 먹이를 생산한다. 이들은 식물성 플랑크톤이다. 한편 동물성 플랑크톤은 초식 동물처럼 식물성 플랑크톤을 먹거나, 다른 미세한 동물을 사냥한다.

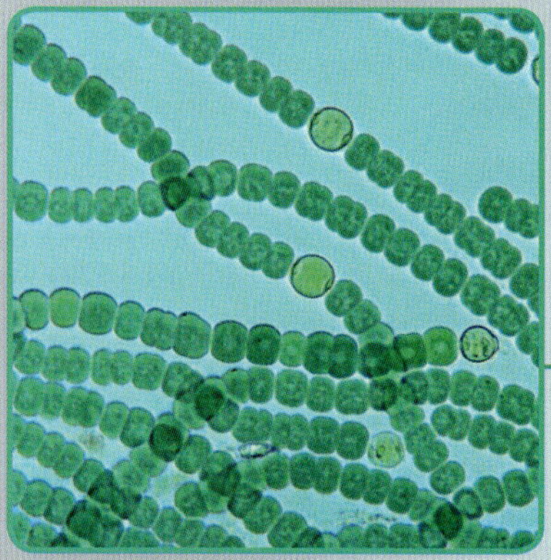

세균
남세균은 광합성을 하는 세균이다. 가장 작은 플랑크톤에 속한다. 성능 좋은 현미경을 써야만 보인다. 많은 남세균은 연결되어 긴 사슬을 이룬다.

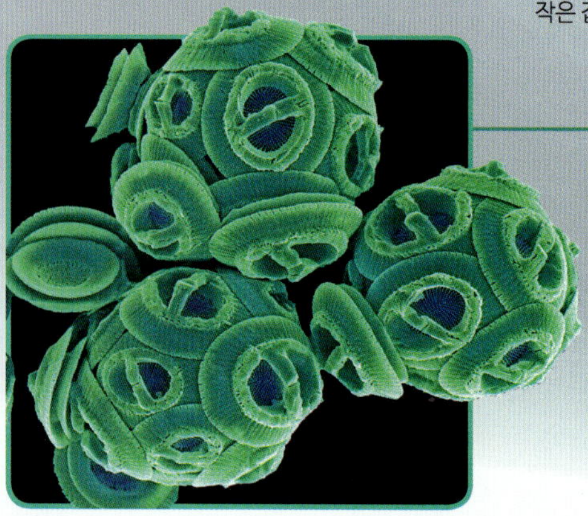

조류
햇빛이 드는 물에는 온갖 모양의 미세한 단세포 조류가 가득하다. 이 공 모양은 석회비늘편모류다. 미세한 석회질 비늘이 표면을 감싸고 있다.

요각류
길이가 2밀리미터도 안 되는 작은 갑각류다.

화살벌레
뻣뻣한 화살 모양의 이 포식성 벌레는 턱으로 물어 다른 동물성 플랑크톤을 잡아먹는다.

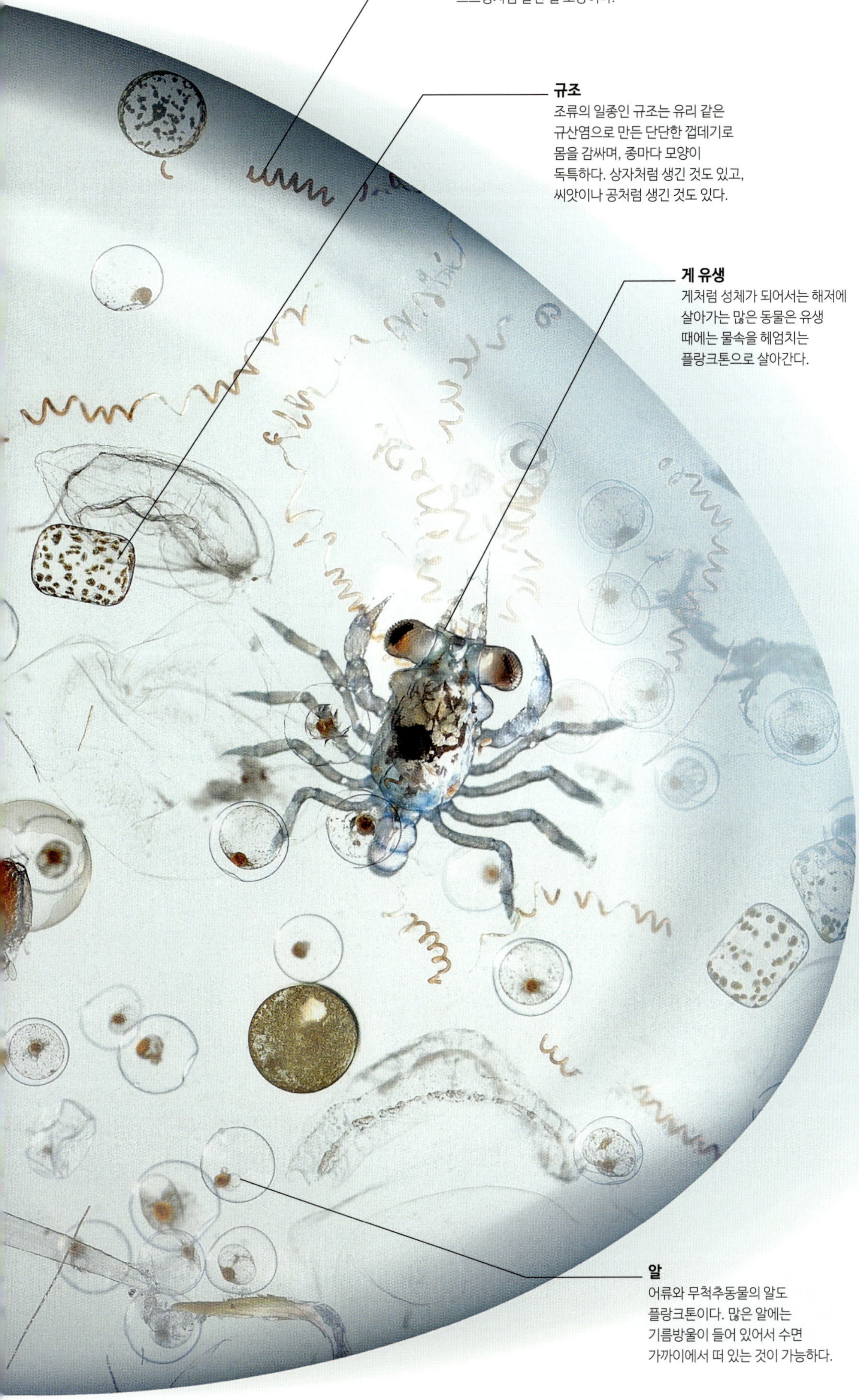

75% 동물성 플랑크톤 중 **요각류**가 차지하는 비율. **바다에서 가장 수가 많은 동물**이다.

500억 톤 식물성 플랑크톤이 한 해에 소비하는 이산화 탄소의 양.

스피룰리나
스피룰리나라는 남세균은 스프링처럼 말린 실 모양이다.

규조
조류의 일종인 규조는 유리 같은 규산염으로 만든 단단한 껍데기로 몸을 감싸며, 종마다 모양이 독특하다. 상자처럼 생긴 것도 있고, 씨앗이나 공처럼 생긴 것도 있다.

게 유생
게처럼 성체가 되어서는 해저에 살아가는 많은 동물은 유생 때에는 물속을 헤엄치는 플랑크톤으로 살아간다.

알
어류와 무척추동물의 알도 플랑크톤이다. 많은 알에는 기름방울이 들어 있어서 수면 가까이에서 떠 있는 것이 가능하다.

거대 플랑크톤
무게가 1톤에 달하는 개복치는 바다에서 가장 큰 경골어류에 속한다. 대부분의 어류는 꼬리를 흔들어서 추진력을 일으키지만, 개복치는 꼬리가 없으며, 약한 등지느러미와 뒷지느러미를 흔들어서 움직여야 한다. 따라서 대개 해류를 타고 떠다닌다. 사실상 가장 큰 플랑크톤에 속하는 셈이다.

고대의 잔해
유공충은 석회질 물질로 된 껍데기를 만드는 단세포 플랑크톤이다. 죽으면 이들의 껍데기는 해저에 쌓이며, 수백만 년이 흐르면 석회암이 된다. 유공충은 종류마다 모양이 독특하기에, 유공충을 조사해서 암석의 나이, 과거의 기후와 환경 등에 대한 정보를 많이 알아낼 수 있다.

조류 대발생
때로 플랑크톤 조류가 마구 불어날 수 있는 환경이 조성될 때도 있다. 육지에서 많은 양분이 흘러들거나, 바람에 실려서 양분이 풍부한 물이 밀려들 때 해안의 조류가 급격히 늘어나면서 바닷물의 색깔까지 바뀐다. 이 항공 사진은 발트해에 조류가 대량 발생하여 바다가 초록색을 띠고 있는 광경을 보여 준다.

먼바다 ○ 대왕쥐가오리

물속을 나는 쥐가오리
대왕쥐가오리는 쥐가오리류에 속하며, 쥐가오리들은 행동이 비슷비슷하다. 이들은 차례로 물 위로 뛰어오르기도 하는데, 원인은 아직 밝혀지지 않았다. 구애 행동을 하는 것일 수도 있고, 피부에 붙은 기생충 같은 동물을 떼어 내기 위해 하는 행동일 수도 있다.

대왕쥐가오리

작은 플랑크톤을 작은 동물만 먹는 것은 아니다. 플랑크톤을 먹는 동물 중에는 대왕쥐가오리처럼 거대한 것도 있으며, 이들은 엄청나게 많은 플랑크톤을 먹는다. 대왕쥐가오리는 가오리 중에서 가장 크다.

가오리는 가슴(어깨)지느러미를 날개처럼 펼치고 있는 어류다. 쥐가오리는 이 지느러미를 위아래로 천천히 펄럭거리면서 헤엄친다. 주로 해저에서 먹이를 찾는 대개의 가오리와 달리, 쥐가오리는 물속을 헤엄치면서 먹이를 먹는다. 입을 쩍 벌린 채 우아하게 물속을 헤엄쳐 나아갈 때, 많은 양의 바닷물이 아가미를 통과하며, 이때 작은 먹이가 걸러진다.

플랑크톤을 먹는 거대 동물
대왕쥐가오리는 몸의 폭이 길이보다 두 배 더 길며, 지느러미 폭이 스쿨버스 길이만 하다. 먼바다를 느릿느릿 헤엄치며, 양분이 풍부하여 플랑크톤이 우글거리는 해안의 얕은 물에서도 돌아다닌다.

커다란 지느러미
지느러미는 끝이 뾰족한 긴 삼각형이다. 이를 커다란 날개처럼 펄럭거리면서 물속을 헤엄쳐 나아간다.

하얀 배
등 쪽은 검지만, 배 쪽은 색이 옅고 검은 얼룩무늬가 나 있다.

꼬리
가오리 중에는 꼬리에 날카로운 침이 달린 종도 있지만, 대왕쥐가오리는 꼬리가 짧고 위험하지 않다.

원반 몸통
쥐가오리의 납작한 몸을 원반이라고 한다. 단단하고 근육질인 몸통의 힘으로 가슴지느러미를 움직인다.

여과 섭식
쥐가오리는 돌진 섭식자이다. 즉 입을 벌린 채 앞으로 나아갈 때 먹이가 풍부한 바닷물이 계속 입안으로 흘러들도록 하는 방식을 쓴다. 물이 입 아래쪽에 있는 아가미구멍으로 빠져나갈 때 작은 먹이가 걸러진다. 걸러진 먹이들을 입 뒤쪽으로 보내 삼킨다.

눈
거대한 머리 양쪽에 멀리 떨어져 위치해, 시야가 넓다.

플랑크톤은 아가미 갈퀴에 걸렸다가 목 뒤쪽으로 전달된다.

바닷물이 입으로 들어간다.

바닷물이 아가미를 통해 빠져나간다.

플랑크톤들이 모여서 목 뒤쪽으로 향한다.

대왕쥐가오리는 어류 중에서 뇌가 가장 크며, 지능도 아주 높다고 여겨진다.

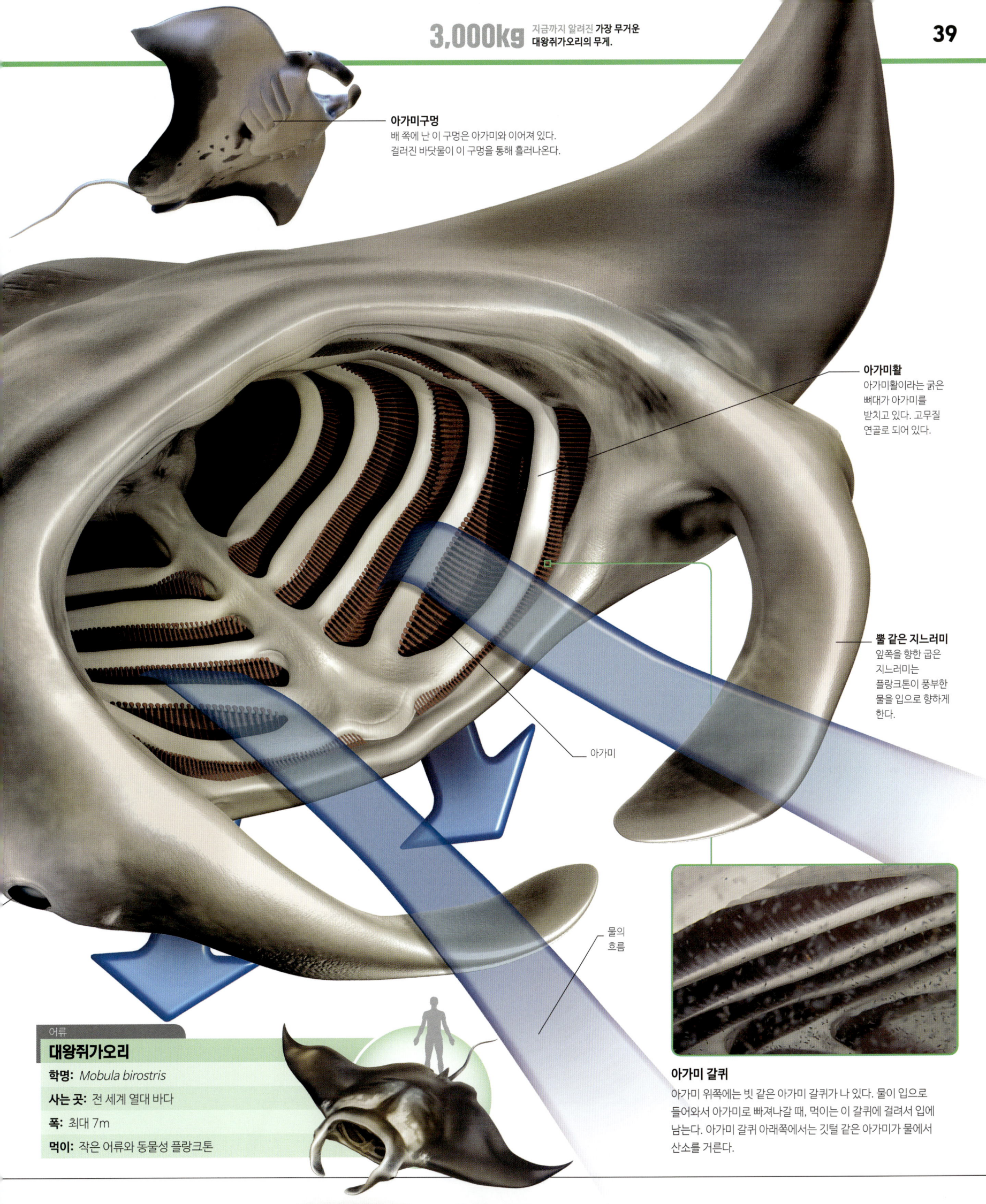

보라줄무늬 원양해파리

머리와 뇌가 없어도 해파리는 치명적인 포식자다. 질질 끌리는 촉수에서 상대를 고통스럽게 마비시키는 침을 쏠 수 있다.

둥근 모양인 해파리는 앞뒤가 없고 위아래만 있다. 해류를 타고 떠다니면서 부드러운 우산 모양의 갓을 움직여 위로 몸을 밀어 올렸다가 다시 천천히 가라앉곤 한다. 갓 아래에 입이 있으며, 촉수에 쏘여서 마비된 먹이는 무엇이든 다 삼킨다. 보라줄무늬원양해파리는 해저에서 작은 티끌 같은 형태로 시작하여 물속으로 떠올라서 여생을 떠다니며 생활한다.

해파리의 한살이

보라줄무늬원양해파리 암컷과 수컷은 물에 난자와 정자를 뿜어낸다. 정자와 난자는 물속에서 만나 수정란이 된다. 수정란은 자라서 아주 작은 유생이 되고, 유생은 해저에 달라붙어서 폴립이라는 작은 동물로 발달한다. 한살이의 이 초기 단계는 얼마 동안 이어질 수 있다. 그런 뒤 끝이 갈라지면서 하나가 아니라 여러 개의 작은 해파리들이 물속으로 떨어져 나간다.

5 성숙한 해파리
먼바다에서 어린 해파리는 늘어뜨린 촉수로 플랑크톤을 잡아먹으면서 빠르게 성장한다. 자랄수록 몸집이 빠르게 커지며, 갓의 보라색 줄무늬는 더 짙어지고 더 뚜렷해진다.

4 에피라
성숙한 폴립에서 떨어져 나온 해파리 유생을 에피라라고 한다. 에피라는 지름이 3밀리미터에 불과하지만, 벌써 갓을 써서 헤엄치고 촉수로 먹이도 잡을 수 있다.

1 유생
수정란에서 자라는 납작한 타원형 유생은 길이가 약 1밀리미터에 불과하다. 미세한 털로 덮여 있으며, 이 털을 움직여서 바다의 플랑크톤 구름처럼 헤엄친다.

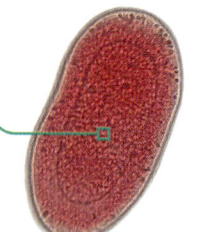

2 폴립 형성
유생은 해저나 드러난 바위에 내려앉으면, 폴립으로 발달하면서 위로 짧은 촉수를 뻗어서 물에 떠다니는 먹이를 잡아먹는다.

3 스트로빌라
폴립이 최대 높이까지 자랐을 때를 스트로빌라라고 한다. 스트로빌라는 작은 원반을 층층이 쌓은 형태로 변한다. 이윽고 맨 끝에 달린 원반부터 흔들리면서 하나씩 떨어져 나가 새로운 해파리가 된다.

촉수

고정된 토대
폴립은 해저에 달라붙어 있다.

떨어지기 직전의 작은 해파리

작은 탑
완전히 자란 폴립인 스트로빌라는 키가 5밀리미터를 넘지 않는다.

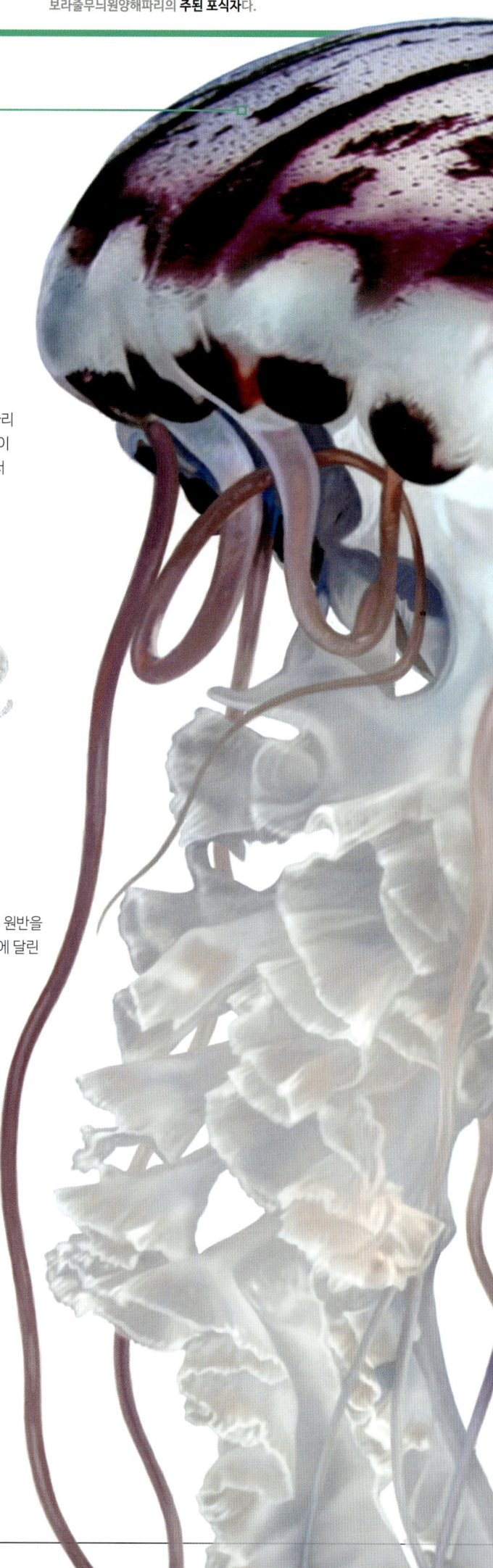

장수거북과 개복치는 보라줄무늬원양해파리의 **주된** 포식자다.

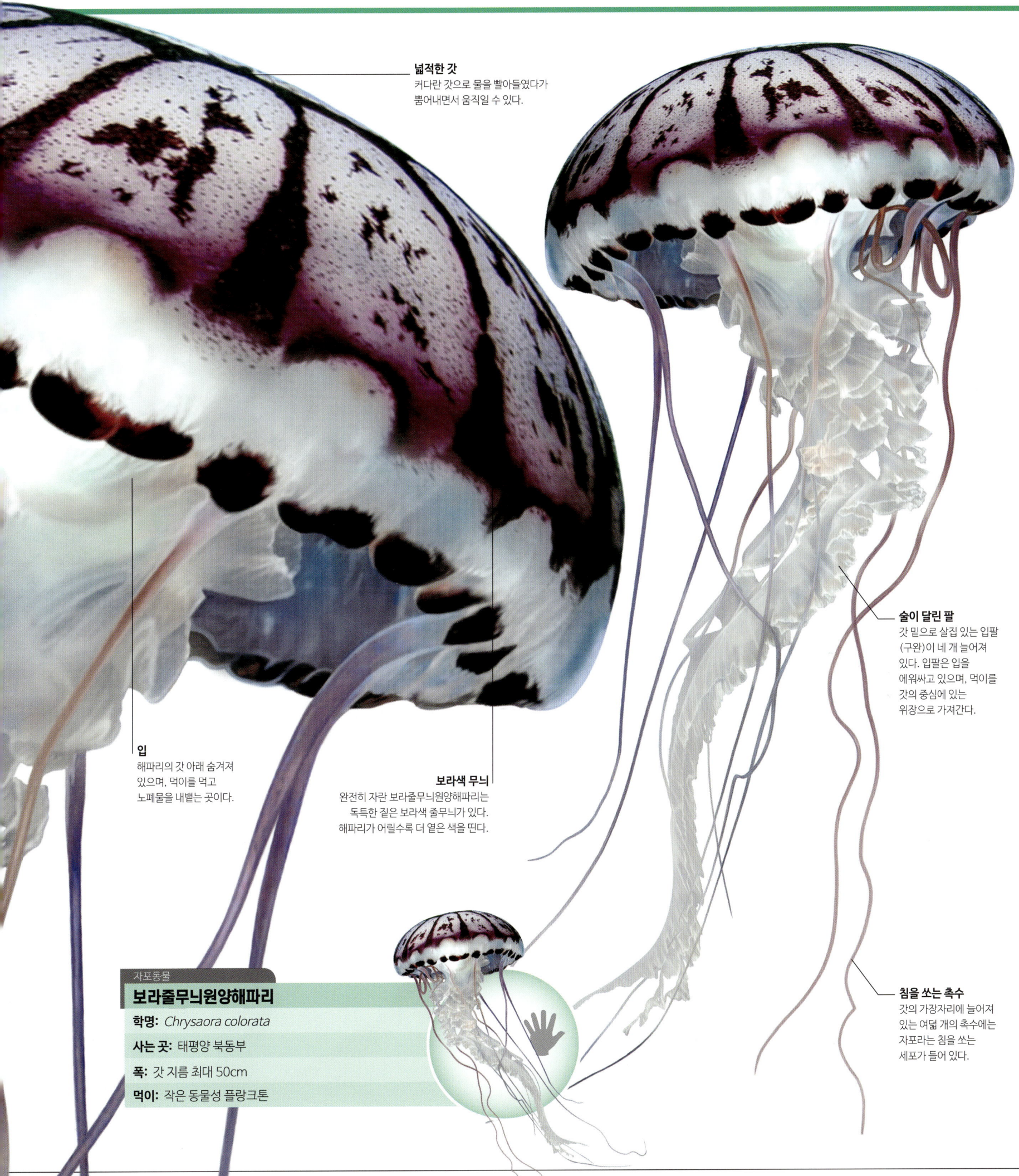

3년 보라줄무늬원양해파리의 최대 수명.

작은보호탑해파리는 병들거나 늙으면 폴립 단계로 돌아갈 수 있다. 그래서 영생하는 해파리로 알려져 있다.

넓적한 갓
커다란 갓으로 물을 빨아들였다가 뿜어내면서 움직일 수 있다.

술이 달린 팔
갓 밑으로 살집 있는 입팔(구완)이 네 개 늘어져 있다. 입팔은 입을 에워싸고 있으며, 먹이를 갓의 중심에 있는 위장으로 가져간다.

입
해파리의 갓 아래 숨겨져 있으며, 먹이를 먹고 노폐물을 내뱉는 곳이다.

보라색 무늬
완전히 자란 보라줄무늬원양해파리는 독특한 짙은 보라색 줄무늬가 있다. 해파리가 어릴수록 더 옅은 색을 띤다.

침을 쏘는 촉수
갓의 가장자리에 늘어져 있는 여덟 개의 촉수에는 자포라는 침을 쏘는 세포가 들어 있다.

자포동물

보라줄무늬원양해파리

학명: *Chrysaora colorata*

사는 곳: 태평양 북동부

폭: 갓 지름 최대 50cm

먹이: 작은 동물성 플랑크톤

먼바다 ○ 몸이 부드러운 동물들

2,000마리 큰볼우렁쉥이를 이루는 개체의 수.

공기주머니 (기낭)
수면에 떠 있는 기체로 찬 주머니 안에 많은 작은 생물들이 달라붙어서 군체를 이루고 있다.

작은부레관해파리
학명: Physalia physalis
사는 곳: 전 세계의 따뜻한 바다
촉수 길이: 최대 30m

이 동물은 해파리처럼 보이지만, 사실은 공기가 찬 주머니 아래로 작은 동물들이 달라붙어서 생긴 떠 있는 군체다. 이 동물들은 서로 협력한다. 어떤 동물은 침을 쏘는 촉수로 먹이를 잡고, 어떤 동물은 먹는 입을 지닌다.

뾰족한 몸통
몸통은 투명한 젤리로 가득 차 있다.

로켓히드라
학명: Pandea conica
사는 곳: 열대 대서양, 지중해
갓 길이: 최대 3cm

해파리의 친척인 이 작은 당근 모양의 동물은 따뜻한 바다에 산다. 해파리처럼 우산 모양의 갓을 흔들며 위아래로 헤엄치며, 늘어뜨린 침을 쏘는 촉수로 작은 플랑크톤을 잡는다.

둥근오이빗해파리
학명: Beroe ovata
사는 곳: 대서양, 지중해
길이: 최대 16cm

빗해파리는 해파리와 비슷하게 생겼지만, 가까운 친척은 아니다. 근육을 써서 헤엄치는 대신에 섬모라는 미세한 털을 움직여서 헤엄친다. 자포로 먹이인 플랑크톤을 잡는다.

달걀프라이해파리
학명: Phacellophora camtschatica
사는 곳: 전 세계의 차가운 물
길이: 촉수 길이 최대 6m

몸이 달걀 프라이 같아서 이런 이름이 붙었다. 자포로 작은 동물을 잡지만, 독성이 그리 강하지 않다. 그래서 게와 같은 동물들은 안전하기에 함께 다니면서 먹이를 나눠 먹는다.

파란갯민숭달팽이
학명: Glaucus atlanticus
사는 곳: 전 세계의 따뜻한 바다
길이: 최대 3cm

갯민숭달팽이는 대부분 해저에서 기어 다니지만, 이 종은 평생을 수면 근처에서 지낸다. 작은부레관해파리의 촉수는 뜯어 먹고, 자포를 모아서 자신의 방어 수단으로 삼는다.

해양 떠돌이
파란갯민숭달팽이는 몸을 뒤집은 채 해류에 따라 떠다닌다.

유리문어
학명: Vitreledonella richardi
사는 곳: 전 세계의 깊은 바다
길이: 최대 45cm

이 작은 문어처럼 먼바다에 사는 몸이 부드러운 많은 동물이 투명하고 거의 무색인 신체 부위를 지닌다. 포식자에게 잘 들키지 않기 위해서다.

200kg 세계에서 **가장 큰 해파리** 중 하나인 태평양의 **노무라입깃해파리의 무게.**

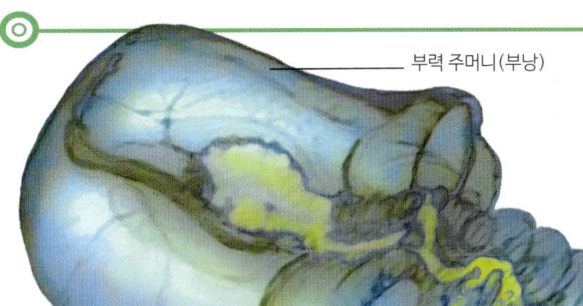

— 부력 주머니(부낭)

대왕관해파리
학명: *Praya dubia*
사는 곳: 전 세계
길이: 최대 50m

— 파란 발광
관해파리는 생물 발광 능력이 있다.

빛나는 사슬처럼 구불구불 물에 떠다니는 대왕관해파리는 작은 동물들로 이루어진 군체다. 대왕고래보다 더 길어질 수 있어서, 바다에서 가장 긴 동물에 속한다. 수면 가까이에 살며, 부력 주머니의 기체를 넣고 빼면서 떠다니는 높이를 조절한다.

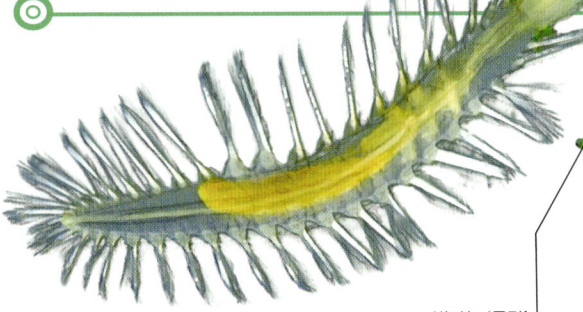

빛나는 '폭탄'

초록폭탄심해갯지렁이
학명: *Swima bombiviridis*
사는 곳: 태평양
길이: 최대 3cm

이 화려한 갯지렁이는 심해의 어둠 속에서 초록색으로 빛나는 깃털 같은 아가미를 지닌다. 포식자의 위협을 받으면, 아가미에서 작은 조각들을 내보낸다. 이 빛나는 "폭탄"을 떨구어서 포식자의 주의를 딴 데로 돌린다.

몸이 부드러운 동물들

많은 해양 동물은 부드럽고 흐늘거리는 몸을 지니며, 물 밖으로는 나올 수 없지만 물속에서는 완벽하게 잘 적응해 살고 있다.

해파리, 빗해파리 등 흐느적거리는 가벼운 몸을 지닌 해양 동물은 아주 많다. 이런 무척추동물(등뼈가 없는 동물)은 뼈 같은 단단한 부위가 없어서 주변의 물이 몸을 지탱한다. 젤리 같은 몸의 조직은 물로 가득 차 있다. 이 때문에 움직이거나 떠다닐 수 있는 동시에 찌부러지지도 않는다. 그래서 이 동물들은 심해의 높은 수압에서도 몸 형태를 유지할 수 있다.

가위살파
학명: *Pegea confoederata*
사는 곳: 전 세계
길이: 연결되어 13cm까지

살파는 멍게(우렁쉥이)의 일종이다. 멍게는 대개 몸이 통통한 주머니 모양이며 해저에 산다. 그러나 살파는 물에 떠다니며, 물을 뿜어내는 제트 추진 방식으로 움직인다. 긴 사슬처럼 연결되어 군체를 이루어서 해류를 타고 떠다닌다.

큰불우렁쉥이
학명: *Pyrostremma spinosum*
사는 곳: 전 세계
길이: 최대 30m

부드러운 몸을 지닌 일부 동물들처럼, 불우렁쉥이도 한 개체가 아니라, 작은 동물들이 많이 모여서 거대한 관 모양을 이룬 군체다. 불우렁쉥이는 생물 발광 능력을 지녀, 밝게 빛을 낸다.

유영해삼
학명: *Enypniastes eximia*
사는 곳: 전 세계 심해
길이: 최대 20cm

해삼은 대개 소시지 모양이며 해저에 살지만, 이 동물은 술 같은 물갈퀴를 움직여서 물속을 돌아다닐 수 있다. 특이한 모습 때문에 '머리 없는 닭 괴물'이라는 별명이 있다.

상자해파리

남아프리카의 햇빛이 드는 얕은 바다의 해저 바로 위에서 상자해파리 무리가 헤엄친다.

해파리 중에서는 특이하게도 상자해파리는 빛을 모으고, 심지어 장애물을 피해서 돌아다니는 데 쓰이는 복잡한 눈을 지녔다. 약해 보이지만 무시무시한 포식자다. 촉수에 든 침은 코브라의 독보다 더 강해 천적인 물고기를 마비시킨다. 사람도 쏘이면 몹시 아프고 심장 마비까지 일어날 수 있어 위험하다.

큰꼬치고기

먼바다 • 큰꼬치고기

30m 큰꼬치고기가 잠수할 수 있는 최대 깊이.

큰꼬치고기는 빠르게 헤엄치는 사냥꾼이다. 홀쭉하고 힘세며, 튀어나온 커다란 턱에 날카로운 이빨이 나 있다. 큰꼬치고기는 이 무시무시한 포식자 집단 중에서 가장 큰 종이다.

큰꼬치고기는 대개 수면 바로 밑에서 홀로 먹이를 찾아다니지만, 때로는 작은 무리를 지어서 사냥하기도 한다. 턱뼈에 튼튼하게 박힌 날카로운 이빨로 먹이를 세게 문다. 몸이 유선형이어서 어뢰처럼 물을 가르며 나아가지만, 유연하지 않아서 방향을 빠르게 틀지는 못한다. 그래서 큰꼬치고기는 먹이를 멀리까지 뒤쫓기보다는 먹잇감을 고른 뒤 슬그머니 다가가 와락 달려들어 잡는다.

등지느러미
앞쪽과 뒤쪽에 하나씩 곧추서 있는 등지느러미는 몸이 좌우로 흔들리는 것을 막아 준다.

사냥용 눈
커다란 눈은 많은 빛을 모으기 때문에, 물속에서 먹이를 잘 포착할 수 있다.

가슴지느러미
가슴지느러미는 물속에서 자세와 방향을 잡는 데 도움을 준다.

배지느러미
가슴지느러미와 함께 물속에서 수평 자세를 유지하는 역할을 한다.

두 줄로 난 이빨
안쪽의 짧은 칼 같은 이빨을 더 작은 면도날 같은 이빨이 둘러싸고 있어서, 먹이를 잘 가를 수 있다.

뾰족한 턱
아래턱이 위턱보다 더 튀어나와 있어서 무거운 먹이도 꽉 물 수 있다.

피로 채워진 아가미

겹쳐져 있는 새엽
물은 입안으로 흘러든다.
피로 채워진 아가미는 산소를 흡수한다.

다른 어류처럼 큰꼬치고기도 아가미라는 피로 채워진 가느다란 섬유들(새엽)이 모여 있는 기관으로 호흡한다. 산소를 지닌 물이 입으로 들어가 아가미를 거치면서 피로 산소를 전달하고, 대신 근육과 기관에서 생기는 노폐물인 이산화 탄소를 받아서 머리 양쪽에 난 아가미구멍으로 빠져나온다.

58km/h 큰꼬치고기의 **최대 속도** 추정값   **50kg** 큰꼬치고기의 **몸무게 최대 기록.**

뒷 등지느러미

유선형 몸
뒤쪽으로 갈수록 몸이 좁아지면서 유선형을 이룬다.

꼬리지느러미
몸 뒤쪽이 좌우로 움직일 때, 꼬리지느러미가 물을 치면서 몸을 앞으로 민다.

비늘로 덮인 피부
피부 위를 단단한 비늘들이 겹쳐서 덮고 있다.

뒷지느러미
이 한 개의 지느러미는 등지느러미와 협력하여 몸이 옆으로 뒤집어지지 않게 막는다.

이빨 난 사냥꾼

큰꼬치고기는 경골어류다. 즉 뼈대가 대부분 연골이 아니라 경골로 이루어진 물고기다. 생애 대부분을 먼바다에서 보낸다. 새끼는 연안 강어귀, 맹그로브 습지, 산호초 같은 안전한 곳에서 자란다. 몸집이 커질수록 조금씩 바다로 더 멀리까지 모험에 나선다. 밖으로 나갈수록 더 센 물살에 대처해야 하지만, 식욕을 충족시킬 커다란 먹이를 찾을 수 있다.

어류

큰꼬치고기

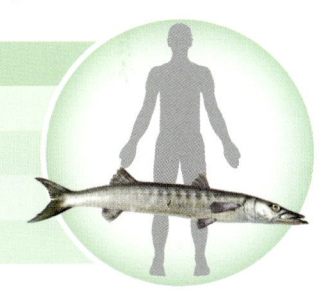

학명: *Sphyraena barracuda*

사는 곳: 열대와 아열대 바다

길이: 최대 2m

먹이: 어류, 오징어, 문어, 새우

헤엄치는 방식

많은 어류는 뱀이 좌우로 몸을 비틀면서 움직이는 것처럼 S자로 몸을 움직여서 헤엄친다. 뱀장어 같은 어류는 그런 식으로 온몸을 움직여서 헤엄친다. 그러나 큰꼬치고기처럼 가장 빠르게 헤엄치는 어류는 몸 뒤쪽만을 움직인다. 몸 앞쪽은 꼿꼿하게 편 채 꼬리지느러미를 쳐서 물을 가르고 빠르게 나아갈 수 있다.

부레

대다수의 경골어류처럼 큰꼬치고기도 공기로 채운 부레를 이용해 수심을 유지한다. 깊이 들어갈 때는 수압이 높아져서 부레가 쪼그라들 것이다. 그러면 혈액 내 공기가 부레로 들어가고, 부레가 다시 팽창하면서 부력을 유지한다. 위로 올라올 때는 수압이 낮아지면서 부레가 팽창하며, 이때 일부 기체가 혈액으로 흡수된다.

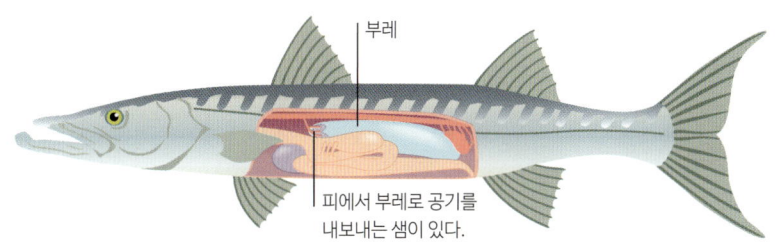

부레

피에서 부레로 공기를 내보내는 샘이 있다.

먼바다의 어류

40억 마리 지금까지 기록된 가장 큰 대서양청어 떼의 개체 수 추정값.

암석이나 산호초 같은 숨을 곳으로부터 멀리 떨어진 먼바다의 어류는 노출된 환경에 산다. 해안 근처보다 어류의 종수는 더 적지만, 이 드넓은 물은 지구에서 가장 큰 서식지다.

생존을 위해 먼바다의 어류는 크거나, 빠르거나, 위험을 피할 다른 어떤 전술이 있어야 한다. 그 결과 드넓은 바다에는 지구에서 가장 빨리 헤엄치는 몇몇 어류가 산다. 그들은 먹이를 잡거나 포식자를 피해 빨리 달아난다. 위장 색을 써서 자신을 보호하는 어류도 있다. 바닷물과 잘 어울리는 파란색을 띠거나 밝은 하늘과 컴컴한 깊은 물과 어울리게 배 쪽은 하얗고 등 쪽은 까만색을 띠는 식이다.

대서양날치
학명: *Cheilopogon melanurus*
사는 곳: 열대 대서양
길이: 최대 32cm

날치는 아예 수면 위로 날아오름으로써 포식자로부터 달아난다. 꼬리를 빠르게 쳐서 충분히 추진력을 일으켜서 공중으로 날아오른 뒤, 지느러미를 날개처럼 써서 약 50미터까지 꽤 먼 거리를 활공할 수 있다.

하늘을 나는 지느러미
넓은 어깨 지느러미는 날개처럼 작용하여, 날치가 활공하도록 돕는다.

모터 같은 꼬리
뒤쫓길 때에는 꼬리를 아래쪽으로 내린 채 마구 흔들어서 추진력을 추가로 얻는다.

바다칠성장어
학명: *Petromyzon marinus*
사는 곳: 북대서양
길이: 최대 1.2m

무시무시해 보이는 칠성장어는 턱 없는 물고기(무악어류)다. 어릴 때는 강물에서 여과 섭식자로 생활하다 더 자라면 바다로 이주한다. 빨판 같은 입으로 다른 물고기에게 찰싹 달라붙어서 피를 빤다.

날카로운 이빨
칠성장어의 입에는 먹이의 살을 베는 날카로운 각질의 이빨이 원형으로 나 있다.

통소상어
학명: *Callorhinchus milii*
사는 곳: 태평양 남서부
길이: 최대 1.3m

친척인 다른 상어와 가오리처럼, 통소상어도 단단한 뼈가 아니라, 고무질 연골로 된 뼈대를 지닌다. 통소상어는 독특한 모양의 주둥이로 해저에서 먹이를 찾는다. 이빨 대신에 있는 단단한 판으로 먹이를 짓이긴 뒤 먹는다.

청홍어
학명: *Dipturus batis*
사는 곳: 대서양 북서부
길이: 최대 1.4m

다른 홍어들처럼 청홍어도 머리에서 꼬리까지 뻗어 있는 넓적한 어깨 지느러미를 지닌다. 이 지느러미를 날개처럼 펄럭이면서 헤엄치기도 하지만, 주로 해저에 내려앉아서 많은 시간을 보낸다.

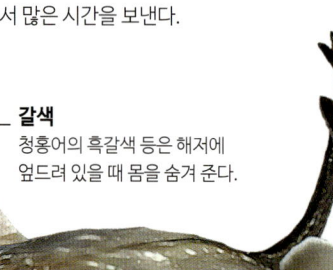

갈색
청홍어의 흑갈색 등은 해저에 엎드려 있을 때 몸을 숨겨 준다.

18.8m 먼바다에서 가장 큰 물고기인 고래상어의 몸길이.

3억 개 개복치가 낳는 알의 수. 먼바다의 어류 중에서 가장 많은 알을 낳는다.

49

서인도양실러캔스
학명: *Latimeria chalumnae*
사는 곳: 서인도양
길이: 최대 2m

두꺼운 살집을 지닌 지느러미를 지닌 이 기이한 어류는 육지에서 걸을 수 있는 다리를 갖추는 쪽으로 진화한 고대 어류의 살아 있는 친척이다. 현대 실러캔스는 깊은 물, 주로 열대 섬의 깊은 바다 밑 바위 아래 동굴에 숨어 산다.

빨판상어
학명: *Echeneis naucrates*
사는 곳: 전 세계 열대 바다
길이: 최대 1.1m

빨판상어의 등지느러미는 변형되어 긴 빨판처럼 작용한다. 상어 같은 더 큰 물고기의 배 쪽에 달라붙으며, 고래나 배의 선체에 달라붙기도 한다. 덕택에 힘들이지 않고 옮겨 다닐 수 있다.

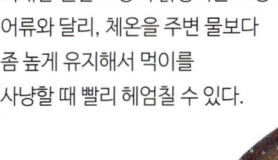

빨판

붉평치
학명: *Lampris guttatus*
사는 곳: 전 세계 바다
길이: 최대 2m

거대한 원반 모양의 붉평치는 오징어, 문어, 새우를 먹는다. 대다수 어류와 달리, 체온을 주변 물보다 좀 높게 유지해서 먹이를 사냥할 때 빨리 헤엄칠 수 있다.

화려한 지느러미
지느러미는 대개 새빨갛다.

산갈치
학명: *Regalecus glesne*
사는 곳: 전 세계 대양
길이: 최대 8m

산갈치는 경골어류 중 가장 크다. 긴 끈 모양의 몸을 뱀처럼 구불거리면서 움직여 신화 속 바다뱀 이야기에 영감을 주었을 수도 있다. 그러나 목격된 적이 거의 없다.

가는동갈연치
학명: *Nomeus gronovii*
사는 곳: 대서양 동부, 인도양과 태평양의 열대
길이: 최대 1.3m

해파리의 친척인 작은부레관해파리의 침을 쏘는 촉수 사이에서 평생을 살아간다. 피부가 침에 쏘여도 아무 탈이 없으며, 오히려 작은부레관해파리의 촉수를 뜯어 먹는다.

파란 피부
작은부레관해파리의 파란 촉수에 숨기 좋은 파란색 피부.

대서양청어
학명: *Clupea harengus*
사는 곳: 북대서양
길이: 최대 45cm

반짝거리는 비늘
은빛으로 반짝거려서 자세히 보기가 어렵다.

청어가 헤엄칠 때 입으로 들어온 물이 아가미를 통해 흘러나가면서 작은 플랑크톤이 걸러진다. 이 종은 크게 무리 지어 살면서 포식자에게 당할 기회를 줄인다.

만새기
학명: *Coryphaena hippurus*
사는 곳: 전 세계 열대 바다
길이: 최대 2.1m

돌고래처럼 머리가 넓적한 이 빨리 헤엄치는 물고기는 수면 근처에서 떼 지어 돌아다니며 다른 어류와 플랑크톤을 먹는다. 햇빛을 받으면 아름다운 금색과 파란색으로 빛난다.

황다랑어
학명: *Thunnus albacares*
사는 곳: 전 세계 열대 바다
길이: 최대 1.5m

바다에서 가장 빠른 어류 중 하나로서, 강한 근육과 유선형 몸으로 물을 가르며 나아가 더 작은 물고기를 사냥한다. 이 종은 최고 속도가 시속 75킬로미터에 달한다.

휘젓는 꼬리
꼬리를 빠르게 쳐서 빠르게 나아간다.

먼바다 • 참돌고래

30년 참돌고래의 평균 수명.

힘센 꼬리
수평으로 넓적한 꼬리를 위아래로 쳐서 앞으로 나아간다.

접힌 지느러미
새끼의 등지느러미는 자궁에 있을 때는 접혀 있지만, 태어난 뒤 곧 펴진다.

포유류

참돌고래
- **학명**: *Delphinus delphis*
- **사는 곳**: 대서양, 태평양, 인도양, 지중해
- **길이**: 최대 2.3m
- **먹이**: 작은 물고기

출생 주름
자궁 안에서 몸을 말고 있었기에 갓 태어난 새끼는 피부와 그 밑의 지방에 주름이 나 있다.

공기 호흡
돌고래는 허파로 공기 호흡을 해야 하지만, 사람처럼 목 뒤쪽과 연결된 콧구멍이 없다. 대신에 머리 꼭대기에 있는 숨구멍이 기관과 직접 이어져 있다. 숨구멍은 돌고래가 수면 위로 올라오면 열리고 잠수할 때는 닫힌다.

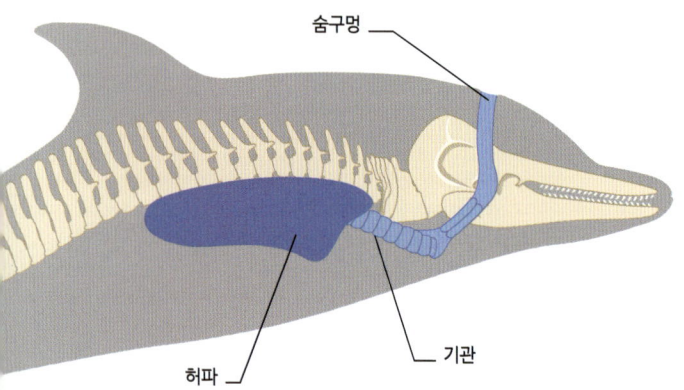

숨구멍 / 허파 / 기관

의사소통
돌고래는 무리를 지어 사는 사회성 동물이다. 휘파람 소리와 클릭 음으로 서로 의사소통한다. 소리의 패턴을 토대로 개체를 알아보며, 흥분하거나 스트레스를 받으면 휘파람 소리를 더 많이 낸다.

참돌고래

공기 호흡하는 포유류에게 해양 생활은 특별한 도전 과제를 제기한다. 바다에서 사냥하고 사회 활동을 하고 심지어 새끼도 낳는 돌고래에게는 특히 그렇다.

참돌고래는 양분이 풍부한 물이 솟아올라서 맛 좋은 먹잇감이 우글거리는 해역에 산다. 지능이 높은 이 종의 개체들은 때로 수천 마리가 떼 지어 파도를 타면서 공중으로 뛰어오르기도 한다. 다른 포유류처럼 돌고래도 공기 호흡을 하고 새끼를 낳는다. 거의 1년 동안 새끼를 배고 있다가 낳으며, 같은 무리의 구성원들이 출산을 돕기도 한다.

첫 호흡
갓 태어난 돌고래는 어미와 연결된 탯줄이 끊기자마자 헤엄칠 수 있다. 가장 먼저 할 일은 수면으로 올라가서 숨구멍으로 공기를 호흡하는 것이다. 어미(또는 다른 암컷 성체)는 주둥이로 부드럽게 새끼를 밀어 수면 위로 올린다.

더 색이 옅은 옆구리
참돌고래 성체는 몸 옆구리에 모래 색깔의 얼룩이 있다.

90cm 갓 태어난 **참돌고래** 새끼의 길이.   **10,000마리** 기록상 **가장 큰 무리를** 지은 **참돌고래의 개체 수.**   **260m** 참돌고래가 **잠수한** 최대 깊이.

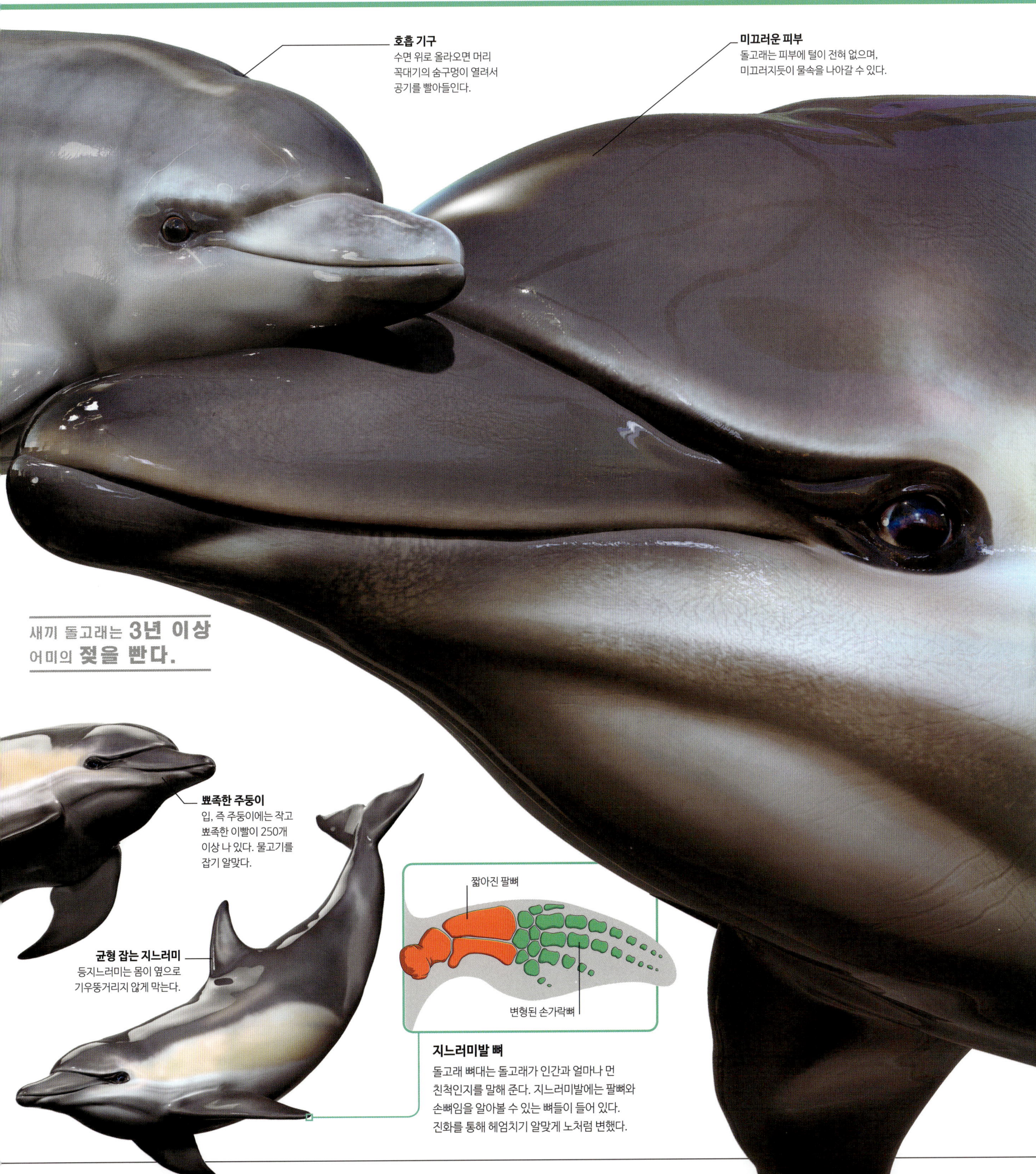

호흡 기구
수면 위로 올라오면 머리 꼭대기의 숨구멍이 열려서 공기를 빨아들인다.

미끄러운 피부
돌고래는 피부에 털이 전혀 없으며, 미끄러지듯이 물속을 나아갈 수 있다.

새끼 돌고래는 **3년 이상** 어미의 **젖을 빤다.**

뾰족한 주둥이
입, 즉 주둥이에는 작고 뾰족한 이빨이 250개 이상 나 있다. 물고기를 잡기 알맞다.

균형 잡는 지느러미
등지느러미는 몸이 옆으로 기우뚱거리지 않게 막는다.

짧아진 팔뼈

변형된 손가락뼈

지느러미발 뼈
돌고래 뼈대는 돌고래가 인간과 얼마나 먼 친척인지를 말해 준다. 지느러미발에는 팔뼈와 손뼈임을 알아볼 수 있는 뼈들이 들어 있다. 진화를 통해 헤엄치기 알맞게 노처럼 변했다.

고래류

가장 크고, 가장 빠르고, 가장 지적인 해양 동물은 고래류라는 포유류 집단이다. 고래와 돌고래로 이루어진 집단이며, 대부분의 종은 먼바다에 산다.

모든 포유류처럼 고래류도 공기 호흡을 하며 젖을 먹여서 새끼를 키운다. 네 발로 걷는 육상 동물에서 진화한 고래류는 발 대신에 지느러미발이 있고, 헤엄치기 쉽도록 피부가 매끄럽고, 수평으로 달린 꼬리를 위아래로 쳐서 앞으로 나아간다. 대부분은 이빨이 있고 물고기를 먹지만, 가장 큰 고래들은 입속의 고래수염으로 물에서 아주 작은 먹이를 걸러서 먹는다.

200년 수명이 가장 긴 고래인 북극고래의 수명 추정값.

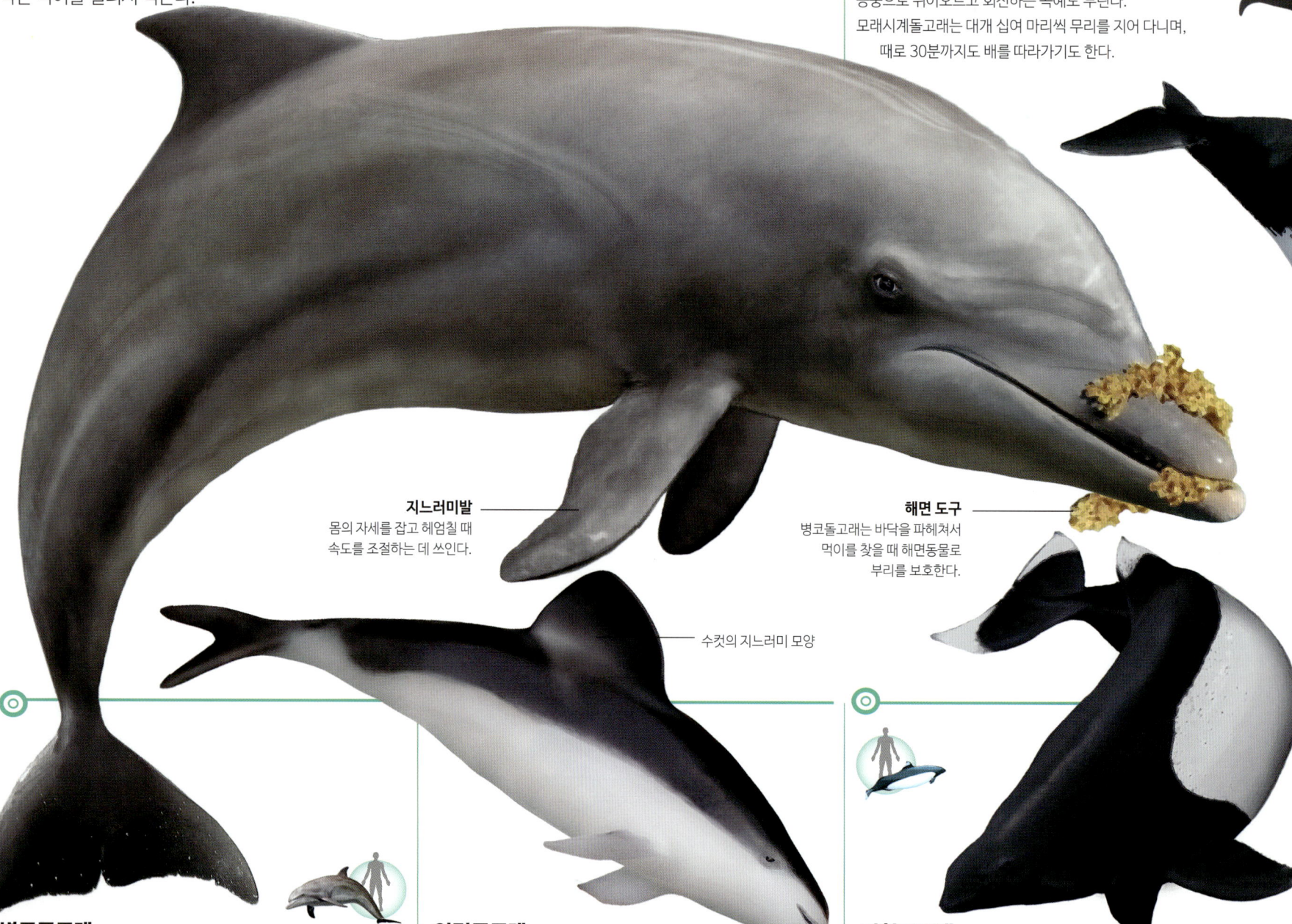

모래시계돌고래
학명: *Lagenorhynchus cruciger*
사는 곳: 남극해
길이: 최대 1.9m

남극 대륙 주위의 찬물에서 헤엄치는 이 동물은 파도를 타고 공중으로 뛰어오르고 회전하는 곡예도 부린다. 모래시계돌고래는 대개 십여 마리씩 무리를 지어 다니며, 때로 30분까지도 배를 따라가기도 한다.

지느러미발 — 몸의 자세를 잡고 헤엄칠 때 속도를 조절하는 데 쓰인다.

해면 도구 — 병코돌고래는 바닥을 파헤쳐서 먹이를 찾을 때 해면동물로 부리를 보호한다.

수컷의 지느러미 모양

병코돌고래
학명: *Tursiops truncatus*
사는 곳: 열대와 온대 바다
길이: 최대 3.8m

고래류 중에서 가장 잘 알려진 종 중 하나인 병코돌고래는 지적이며 사회적이다. 오스트레일리아 바다에 사는 암컷들은 해면동물을 써서 해저에서 먹이를 파내는 법을 터득했고, 그 기술을 딸들에게 전해 주었다.

안경돌고래
학명: *Phocoena dioptrica*
사는 곳: 남대서양, 인도양, 태평양
길이: 최대 2.2m

차가운 물에 사는 이 은밀한 고래는 몸에 뚜렷하게 무늬가 있음에도, 목격된 사례가 거의 드물다. 수면 위로 뛰어오르는 일이 거의 없어서다. 암컷은 등지느러미가 뾰족하지만, 수컷은 큰 타원형이다.

까치돌고래
학명: *Phocoenoides dalli*
사는 곳: 북태평양
길이: 최대 2.4m

이 부산한 돌고래는 고래 중에서 가장 빠를 수도 있다. 때로 빠르게 돌진할 때 시속 55킬로미터로 헤엄친다. 물 위로 뛰어오르는 일이 거의 없지만, 수면에서 숨구멍으로 뚜렷한 V자 모양으로 물을 뿜기 때문에 알아볼 수 있다.

490마리 가장 심각한 멸종 위기에 놓인 종인 북대서양긴수염고래의 개체 수.

2,992m 고래가 가장 깊이 잠수한 기록. 민부리고래가 세웠다.

참거두고래
학명: Globicephala melas
사는 곳: 대서양, 남인도양, 남태평양
길이: 최대 6.7m

거대한 돌고래의 일종인 이 종은 밤에 심해 오징어를 사냥하며, 1,000미터 이상 잠수하기도 한다. 해가 뜰 무렵에 수면 근처에서 무리 지어 쉬곤 한다.

굽은 팔꿈치처럼, 긴 지느러미발을 뒤로 구부리고 있다.

커다란 둥근 머리

흰돌고래(벨루가)
학명: Delphinapterus leucas
사는 곳: 북극해
길이: 최대 4.5m

피부가 흰 이 종은 '바다의 카나리아'라는 별명이 있다. 가장 멀리까지 퍼지는 소리를 내는 해양 포유류에 속하기 때문이다. 휘파람 소리, 꽥꽥거리는 소리, 클릭 음 등 50가지가 넘는 소리를 낸다.

태어난 첫해에는 피부가 회색이지만, 나이를 먹으면서 하얗게 된다.

민부리고래
학명: Ziphius cavirostris
사는 곳: 열대와 온대 바다
길이: 최대 7m

부리고래류는 고래수염이 없으며, 이빨도 거의 없다. 이 종의 수컷은 아래턱 끝에 이빨 두 개가 작은 엄니처럼 튀어나와 있다. 암컷은 이 이빨이 보이지 않는다. 암수 모두 오징어를 입안으로 빨아들여서 먹는다.

북대서양긴수염고래
학명: Eubalaena glacialis
사는 곳: 북대서양
길이: 최대 16.5m

입을 벌린 채 플랑크톤 무리 속으로 나아간다. 입을 다문 채 물을 내뱉은 뒤 고래수염에 걸린 먹이를 삼킨다. 대개 느릿느릿 움직이며, 수면 근처에서 오래 휴식을 취한다.

꼬마향유고래
학명: Kogia breviceps
사는 곳: 열대와 온대 바다
길이: 최대 4.2m

더 잘 알려진 커다란 고래들처럼, 이 작은 이빨고래도 깊이 잠수하여 오징어를 잡아먹는다. 밤에는 수면에 더 가까이 올라와서 사냥할 수도 있다. 뾰족한 코, 푹 들어간 아래턱, 안쪽으로 휘어진 긴 이빨이 상어와 비슷하다. 그래서 큰 포식자가 접근을 꺼릴 수도 있다.

꼬마긴수염고래
학명: Caperea marginata
사는 곳: 남대서양, 인도양, 태평양
길이: 최대 6.5m

수염고래 중에서 가장 작다. 거의 목격된 적이 없지만, 양분이 풍부한 대륙붕과 해산 주변에 무리 지어 다닐 수도 있다.

혹등고래
학명: Megaptera novaeangliae
사는 곳: 전 세계
길이: 최대 17m

가장 널리 퍼진 고래 중 하나인 이 수염고래는 극지의 차가운 물에 있는 섭식지와 적도 근처의 따뜻한 물에 있는 번식지 사이를 장거리 이주한다. 한 가족 집단은 중앙아메리카의 코스타리카에서 남극 대륙까지 8,300킬로미터가 넘는 거리를 이주했다.

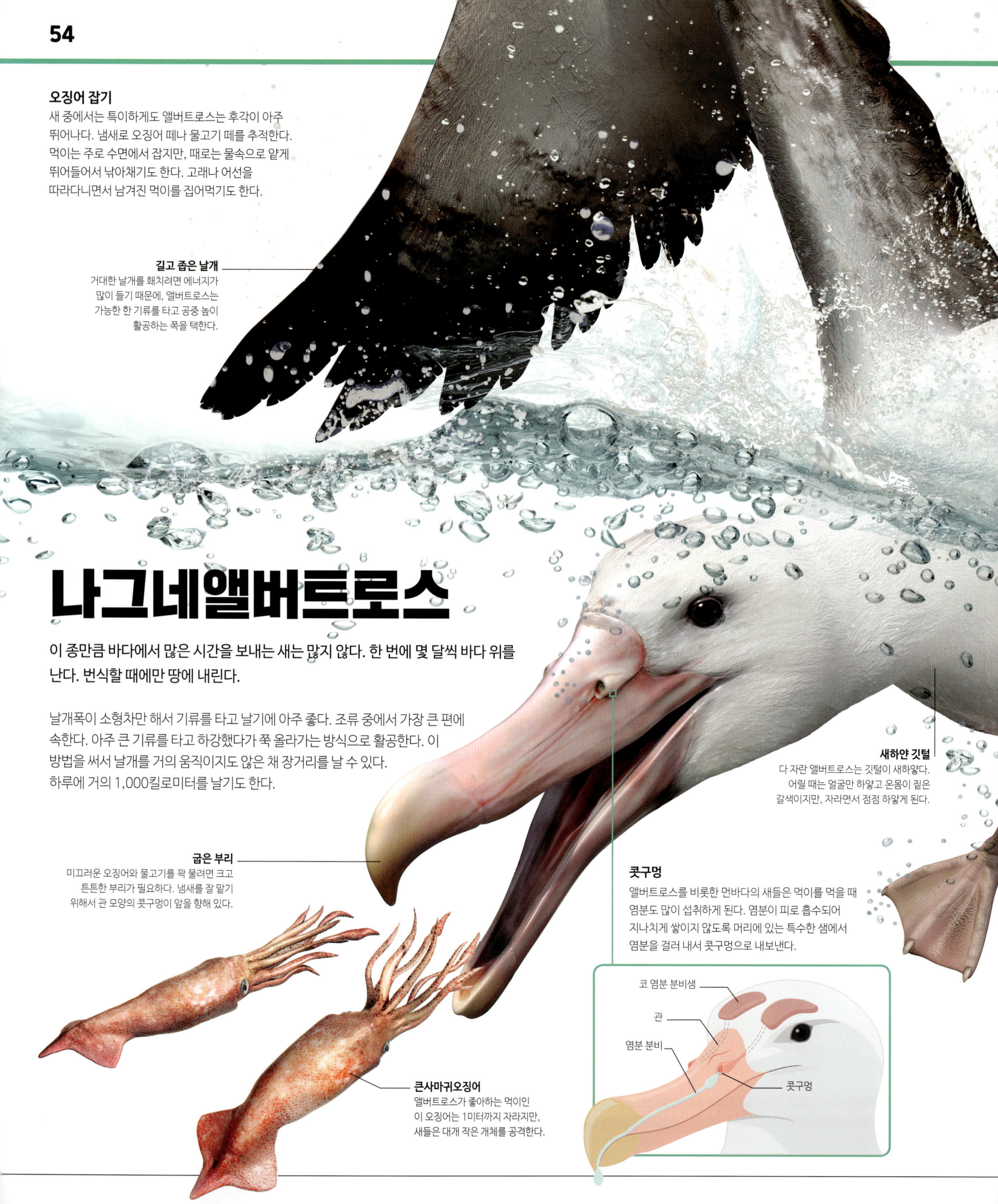

오징어 잡기

새 중에서는 특이하게도 앨버트로스는 후각이 아주 뛰어나다. 냄새로 오징어 떼나 물고기 떼를 추적한다. 먹이는 주로 수면에서 잡지만, 때로는 물속으로 얕게 뛰어들어서 낚아채기도 한다. 고래나 어선을 따라다니면서 남겨진 먹이를 집어먹기도 한다.

길고 좁은 날개
거대한 날개를 홰치려면 에너지가 많이 들기 때문에, 앨버트로스는 가능한 한 기류를 타고 공중 높이 활공하는 쪽을 택한다.

나그네앨버트로스

이 종만큼 바다에서 많은 시간을 보내는 새는 많지 않다. 한 번에 몇 달씩 바다 위를 난다. 번식할 때에만 땅에 내린다.

날개폭이 소형차만 해서 기류를 타고 날기에 아주 좋다. 조류 중에서 가장 큰 편에 속한다. 아주 큰 기류를 타고 하강했다가 쭉 올라가는 방식으로 활공한다. 이 방법을 써서 날개를 거의 움직이지도 않은 채 장거리를 날 수 있다. 하루에 거의 1,000킬로미터를 날기도 한다.

새하얀 깃털
다 자란 앨버트로스는 깃털이 새하얗다. 어릴 때는 얼굴만 하얗고 온몸이 짙은 갈색이지만, 자라면서 점점 하얗게 된다.

굽은 부리
미끄러운 오징어와 물고기를 꽉 물려면 크고 튼튼한 부리가 필요하다. 냄새를 잘 맡기 위해서 관 모양의 콧구멍이 앞을 향해 있다.

콧구멍
앨버트로스를 비롯한 먼바다의 새들은 먹이를 먹을 때 염분도 많이 섭취하게 된다. 염분이 피로 흡수되어 지나치게 쌓이지 않도록 머리에 있는 특수한 샘에서 염분을 걸러 내서 콧구멍으로 내보낸다.

큰사마귀오징어
앨버트로스가 좋아하는 먹이인 이 오징어는 1미터까지 자라지만, 새들은 대개 작은 개체를 공격한다.

코 염분 분비샘 / 관 / 염분 분비 / 콧구멍

55km/h 나그네앨버트로스의 최대 활공 속도.

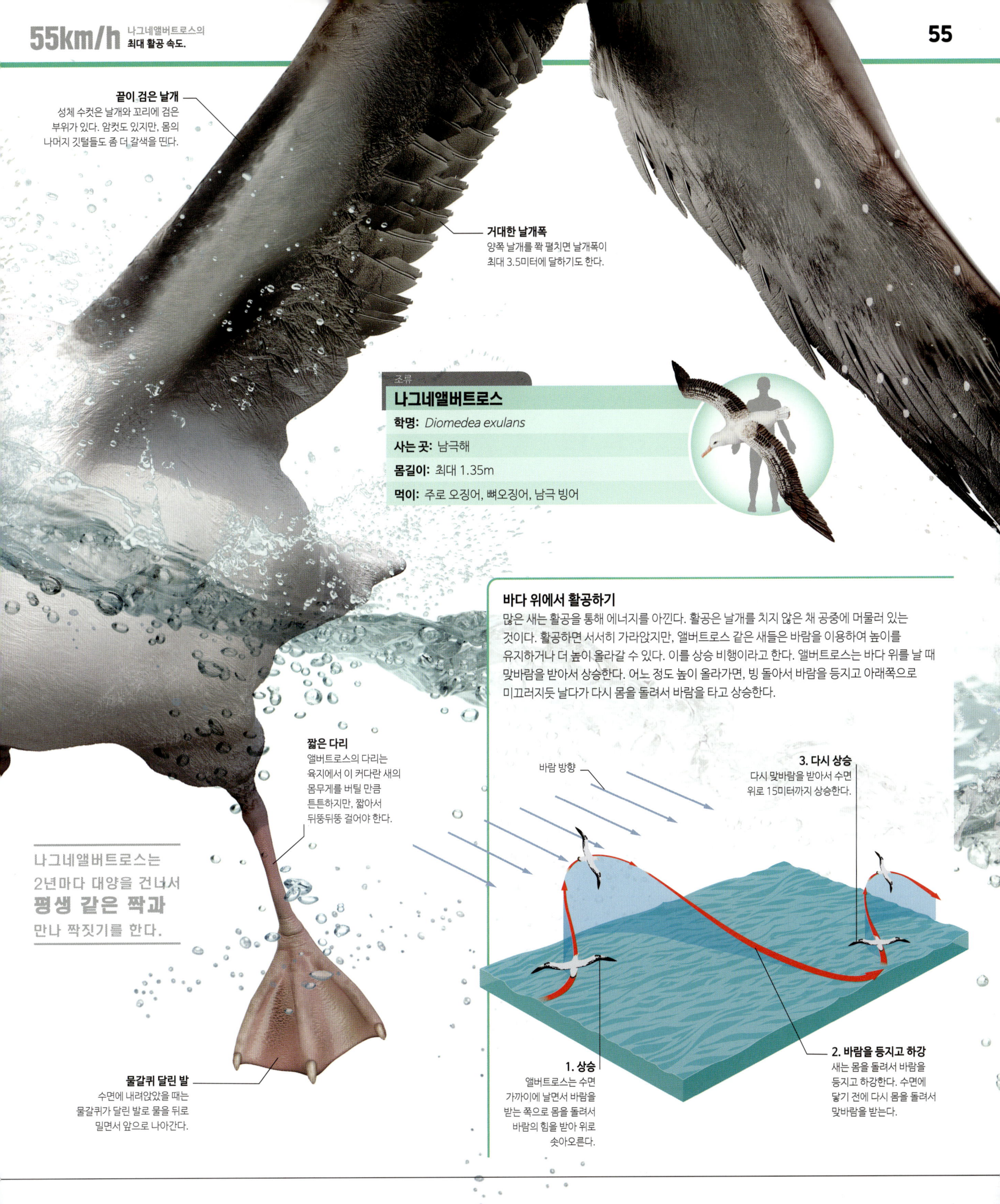

끝이 검은 날개
성체 수컷은 날개와 꼬리에 검은 부위가 있다. 암컷도 있지만, 몸의 나머지 깃털들도 좀 더 갈색을 띤다.

거대한 날개폭
양쪽 날개를 쫙 펼치면 날개폭이 최대 3.5미터에 달하기도 한다.

조류	
나그네앨버트로스	
학명:	*Diomedea exulans*
사는 곳:	남극해
몸길이:	최대 1.35m
먹이:	주로 오징어, 뼈오징어, 남극 빙어

바다 위에서 활공하기
많은 새는 활공을 통해 에너지를 아낀다. 활공은 날개를 치지 않은 채 공중에 머물러 있는 것이다. 활공하면 서서히 가라앉지만, 앨버트로스 같은 새들은 바람을 이용하여 높이를 유지하거나 더 높이 올라갈 수 있다. 이를 상승 비행이라고 한다. 앨버트로스는 바다 위를 날 때 맞바람을 받아서 상승한다. 어느 정도 높이 올라가면, 빙 돌아서 바람을 등지고 아래쪽으로 미끄러지듯 날다가 다시 몸을 돌려서 바람을 타고 상승한다.

짧은 다리
앨버트로스의 다리는 육지에서 이 커다란 새의 몸무게를 버틸 만큼 튼튼하지만, 짧아서 뒤뚱뒤뚱 걸어야 한다.

나그네앨버트로스는 2년마다 대양을 건너서 **평생 같은 짝과** 만나 짝짓기를 한다.

물갈퀴 달린 발
수면에 내려앉았을 때는 물갈퀴가 달린 발로 물을 뒤로 밀면서 앞으로 나아간다.

3. 다시 상승
다시 맞바람을 받아서 수면 위로 15미터까지 상승한다.

바람 방향

1. 상승
앨버트로스는 수면 가까이에 날면서 바람을 받는 쪽으로 몸을 돌려서 바람의 힘을 받아 위로 솟아오른다.

2. 바람을 등지고 하강
새는 몸을 돌려서 바람을 등지고 하강한다. 수면에 닿기 전에 다시 몸을 돌려서 맞바람을 받는다.

사르가소해

미국 해안에서 1,000킬로미터 떨어진 북대서양에는 기이할 만치 고요하고 드넓은 해역이 펼쳐진다.

사르가소해는 환류라는 순환 해류의 고요한 중심에 있고, 크기는 카리브해만 하다. 섬 대신 거친 파도가 경계를 이룬다. 이곳은 어류와 새끼 거북, 혹등고래와 바닷새에 이르기까지 많은 해양 동물에게 보금자리와 먹이, 심지어 번식지까지 제공하는 모자반이라는 바닷말로 뒤덮여 있다.

먼바다 ○ 약광층

1% 수심 200미터인 약광층 꼭대기까지 들어오는 햇빛의 비율.

장엄한 움직임
바이퍼피시는 흐릿한 빛 속에서 끝으로 갈수록 가늘어지는 긴 몸을 튀겨서 빠르게 돌진하여 먹이를 잡는다.

먹이 꾀기
등지느러미의 끝에서 뻗어 나온 빛나는 긴 가시로 먹이를 꾄다.

약광층

바다에서 어느 깊이까지 들어가면 너무 어두워져서 조류는 자라지 못하지만, 물이 맑으면 동물이 어렴풋이 볼 수 있을 정도로 약하게 빛이 들어오는 곳이 나온다. 이곳을 약광층이라고 한다. 수심이 약 200~1,000미터에 달한다.

광합성으로 영양분을 만드는 조류가 없으므로, 동물은 위에서 떨어지는 먹이에 의지한다. 이곳에 사는 많은 동물은 어슴푸레한 환경에서 살아갈 수 있도록 특수한 적응 형질을 갖추고 있다.

바이퍼피시
이 치명적인 어류는 발광 미끼를 써서 먹잇감을 꾄다. 그러나 어스름 속에서 사냥하는 포식자는 잡은 먹이가 달아날 수 없게 만들 수단도 필요하다. 바이퍼피시가 쩍 벌린 입을 닫을 때면 긴 이빨이 창살 역할을 하여 먹이를 입안에 가둔다. 그래서 먹이는 빠져나갈 수 없다.

쩍 벌린 턱
바이퍼피시는 턱을 120도 이상 벌릴 수 있다. 그래서 자기 몸길이의 절반이 넘는 먹이도 통째로 삼킬 수 있다.

무시무시한 이빨
송곳니 같은 이빨은 어류 중에서 몸집과 비교해 가장 길다. 입 밖으로 튀어나와 있으며, 입을 다물면 눈까지 닿는다.

생물 발광

생물이 스스로 빛을 내는 것을 생물 발광이라고 한다. 이 빛은 동물의 피부나 아귀의 미끼처럼 특수한 주머니 안에 사는 세균이 일으키는 화학 반응을 통해 생긴다. 이 빛을 같은 종의 개체를 향해 보내는 신호로 삼는 동물도 있지만, 많은 종은 먹이를 사냥하거나 포식자로부터 자신을 방어하는 용도로 쓴다.

공격

미끼
일부 심해어류는 특정한 부위에서만 발광 반응을 일으킨다. 이 부위는 전구 역할을 하여 먹이를 꾀는 미끼가 된다.

충격
어스름한 약광층에서 갑자기 환한 불빛을 보면 먹이는 충격을 받아 혼란에 빠져서 공격당하기 쉬운 상태가 된다.

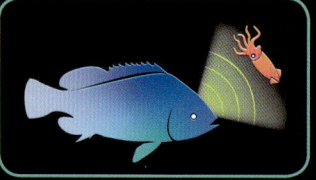

방어

연막
일부 동물은 빛을 내는 화학 물질을 구름처럼 뿜어서 포식자의 눈을 가리고 달아난다.

역 조명
배 쪽으로 불빛을 쭉 늘어놓음으로써, 알아보기 어렵도록 몸의 윤곽을 흐릿하게 만드는 동물도 있다.

배럴아이
약광층의 많은 동물은 빛을 많이 모으기 위해서 눈이 크다. 배럴아이는 위로 움직일 수 있는 통 모양의 커다란 눈을 지니며, 눈 뒤쪽의 망막에 있는 아주 민감한 세포에 빛이 많이 닿도록 머리도 투명하다.

빛 통과시키기
배럴아이의 피부와 머리뼈 위쪽은 투명한 조직으로 되어 있다.

움직이는 눈
눈은 먹이나 포식자를 찾아서 앞이나 위를 향할 수 있다.

발광 기관
생물 발광 동물의 피부에는 발광포라는 빛을 내는 기관이 있다. 발광포는 신경계의 통제를 받아서 빛을 켰다 껐다 한다.

빛으로 위장하기
이 오징어는 배 쪽에서 빛을 낸다. 밑에서 올려다보는 포식자는 햇빛이라고 착각하기 쉽다.

파란 발광
각 발광포는 파란색으로 빛난다. 세균에 의지하여 이런 빛을 내는 많은 동물과 달리, 발광오징어는 자체 세포에서 빛을 낸다.

발광오징어
일부 동물은 피부에 있는 발광포라는 특수한 기관으로 스스로 빛을 만든다. 발광오징어는 스스로 빛을 켰다 껐다 할 수 있으며, 이 빛 신호로 먹이나 짝을 꾄다.

심해의 거인들

이빨을 지닌 포식자 중에서 세계에서 가장 큰 것은 깊은 바다까지 잠수하여 버스 길이만큼 자랄 수 있는 오징어를 사냥하는 거대한 고래다.

향유고래는 한 시간 넘게 숨을 참고서 어두컴컴한 깊은 바다로 내려간다. 앞이 보이지 않게 되면, 음파를 써서 먹이를 찾는다. 때로는 아주 거대한 먹이도 찾아낸다. 바로 콜로살오징어다. 이 거대한 연체동물은 등뼈가 없는 동물 중 가장 크며, 갈고리와 빨판으로 무장한 촉수로 맞서 싸운다.

8kg 동물 중에서 뇌가 가장 큰 향유고래의 뇌 무게.

포유류
향유고래
- **학명:** *Physeter macrocephalus*
- **사는 곳:** 전 세계 대양
- **길이:** 최대 19.2m
- **먹이:** 주로 오징어. 어류도 먹음

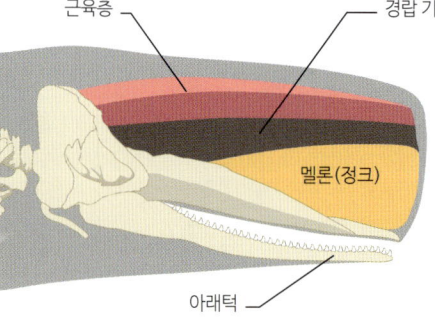

근육층 · 경랍 기관 · 멜론(정크) · 아래턱

음파 발생기
고래의 코에는 반향정위(148~149쪽)를 써서 다른 고래들과 의사소통하고 먹이를 검출하는 데 쓰는 기관이 있다. 고래가 내는 클릭 음은 경랍 기관에서 여기저기 부딪치면서 증폭된 뒤, 멜론에서 광선처럼 모여서 바다로 쏘아진다.

불룩한 주둥이
거대한 주둥이는 몸길이의 약 3분의 1을 차지한다.

싸운 흔적
머리에 길게 난 흉터는 깊은 바다에서 다른 수컷들과 영역 다툼을 하다가 생긴다.

피부의 굵힌 자국
둥근 흉터와 생채기는 콜로살오징어의 빨판과 갈고리가 남긴 것일 수 있다.

향유고래
많은 고래가 거대한 입으로 물에 든 작은 먹이를 걸러서 먹지만, 향유고래는 커다란 이빨로 먹이를 물어서 잡는다. 오징어는 좋아하는 먹이이며, 한 번 잠수하여 30마리 이상, 하루에 약 750마리를 잡아먹는다. 암컷보다 더 큰 수컷은 콜로살오징어 같은 더 큰 종도 잡는다.

무광층

수심 1킬로미터를 넘어서면 햇빛이 전혀 들지 않기에, 가장 깊은 바다는 한밤중처럼 컴컴하다. 이 이질적인 세계에는 세상에서 가장 기이한 동물들이 산다.

심해에서 살아가려면 여러 가지 문제를 해결해야 한다. 해저의 수압은 자동차를 찌그러뜨릴 만큼 높고, 수온은 거의 0도에 가깝다. 이 춥고 컴컴한 서식지에서는 먹이를 찾기 어려울 수 있다. 그래서 동물들은 찾을 수 있는 것을 거의 닥치는 대로 먹으며, 먹지 않고 오랜 기간 버틸 수도 있다.

풍선장어(펠리컨장어)
학명: *Eurypharynx pelecanoides*
사는 곳: 전 세계 깊은 바다
길이: 최대 75cm

풍선장어는 작은 동물을 한꺼번에 많이 잡기 위해서 관절로 연결된 거대한 입을 쩍 벌린 채 헤엄친다. 물은 머리 양쪽에 난 아가미구멍으로 빠져나간다.

유연한 턱
턱의 관절이 헐거워서 아주 크게 벌려서 작은 동물을 최대한 많이 삼킬 수 있다.

늘어나는 위장
피부와 위장이 잘 늘어나서 자기 몸길이보다 두 배나 긴 먹이도 삼킬 수 있다.

들쭉날쭉한 이빨
날카로운 이빨은 안쪽으로 굽어 있어서 입을 다물면 먹이는 달아나지 못한다.

키아스모돈
학명: *Chiasmodon niger*
사는 곳: 북대서양
길이: 최대 33cm

이 가느다란 물고기는 위장이 크게 늘어날 수 있어서 자신보다 훨씬 더 큰 물고기도 삼킨다.

거대 바다 쥐며느리
학명: *Bathynomus giganteus*
사는 곳: 서대서양과 카리브해
길이: 최대 50cm

심해 등각류인 이 종은 쥐며느리의 친척이지만, 작은 개만 하다. 섬뜩한 모습이지만, 해저를 기어다니면서 먹이를 찾는 무해한 청소동물이다.

심해수염아귀
학명: *Linophryne densiramus*
사는 곳: 대서양과 태평양
길이: 최대 9cm

발광 미끼를 써서 호기심 많은 먹이를 꾀어서, 커다란 입으로 잡는다. 미끼의 불빛은 물고기의 살에 사는 세균이 내며, 세균은 빛나는 턱수염에도 들어 있다.

발광 미끼
이스카라는 둥근 끈에는 발광 세균이 든 주머니가 있다.

| 90% 무광층이 차지하는 바닷물의 비율. | 167종 심해어류 중 가장 큰 집단인 심해 아귀의 종 수. | 8,000m 지금까지 알려진 가장 깊은 곳에 사는 물고기인 마리아나꼼치가 사는 수심. |

갈색앨퉁이
학명: *Cyclothone pallida*
사는 곳: 전 세계의 깊은 바다
길이: 최대 7cm

컴컴한 물속에서 서로 의사소통을 하는 데 쓰이는 발광 기관이 몸 옆구리에 있다. 또 페로몬이라는 화학적 냄새 물질로 짝을 찐다.

덤보문어
학명: *Grimpoteuthis sp.*
사는 곳: 북대서양과 태평양
길이: 최대 48cm

다른 문어들처럼 덤보문어도 수관으로 물을 뿜어서 그 힘으로 움직인다. 그러나 해저 바로 위에 떠서 갯지렁이와 새우 같은 먹이를 찾아다닐 때는 귀처럼 생긴 한 쌍의 지느러미로 위치를 잡는다.

살집 지느러미
지느러미를 위아래로 팔락이면서 물속에서 위치를 조절한다.

검은관해파리
학명: *Periphylla periphylla*
사는 곳: 전 세계 깊은 바다
지름(갓): 최대 15cm

이 해파리는 흔들림을 감지하면 유리 같은 갓에 든 발광 기관을 켤 수 있다. 이 빛으로 포식자인 어류와 새우를 겁주어 물리치는 듯하다.

흡혈오징어
학명: *Vampyroteuthis infernalis*
사는 곳: 전 세계 깊은 바다
길이: 최대 30cm

우산처럼 생긴 흡혈오징어는 행동 때문이 아니라, 피처럼 새빨간 색을 띠어서 붙여진 이름이다. 컴컴한 깊은 바다를 떠다니면서 무척추동물과 죽은 동식물의 잔해를 먹는다. 빨판이 달린 팔 끝으로 먹이를 잡아서 입으로 가져간다.

스코토플레인(바다돼지)
학명: *Scotoplanes globosa*
사는 곳: 전 세계 깊은 바다
길이: 최대 10cm

청소동물인 바다돼지는 불가사리의 먼 친척이다. 심해 해삼의 일종으로 몸이 부드러우며 빨판 같은 발로 해저를 기어 다닌다. 때로 큰 무리를 이루기도 한다.

좀비벌레(오세닥스)
학명: *Osedax priapus*
사는 곳: 태평양
길이: 최대 1.5cm

이 작은 벌레는 죽은 고래의 뼈에 구멍을 파고 들어가서 안에 갇혀 있던 지방을 먹는다. 위장 대신에 뿌리 같은 구조를 지니며, 그 안에 소화를 돕는 특수한 세균이 들어 있다.

고래 뼈

삼각대
뼈로 된 버팀대 같은 지느러미살로 몸무게를 떠받친 채 쉰다.

세발치
학명: *Bathypterois grallator*
사는 곳: 동태평양, 대서양, 서인도양
길이: 최대 40cm

세발치는 두 개의 긴 지느러미살과 하나의 꼬리 지느러미살을 해저에 받치고 쉰다. 이런 식으로 에너지를 절약하면서 작은 플랑크톤 먹이가 다가오기를 기다린다.

열수 분출구

해저 깊은 곳에는 뜨거운 물이 솟아오르는 갈라진 틈새들이 있다. 이런 곳을 열수 분출구라고 하며, 이런 곳에 생성되는 암석 굴뚝을 중심으로 지구에서 가장 특이한 먹이 사슬이 만들어진다.

해저에서 솟아오른 뜨거운 물은 하얀 연기나 검은 연기처럼 굴뚝에서 뿜어진다. 해양 지각 밑에서 나오는 이 물은 섭씨 약 400도에 달한다. 해저에서 솟아오른 물과 굴뚝에는 지구 깊숙한 곳에서 나오는 화학 물질과 광물질이 많이 들어 있다. 이런 물질들은 햇빛이 없는 깊은 곳에 사는 생물들에게 중요한 에너지원이 된다.

화산 먹이 사슬
굴뚝 벽에서 자라는 세균은 식물처럼 이산화 탄소를 먹이로 바꾸지만, 햇빛의 에너지 대신에 화학 반응으로 생기는 에너지를 이용한다. 이 독특한 서식지에서 세균은 햇빛과 전혀 무관하게 살아가는 동물들의 먹이 사슬을 지탱한다. 홍합, 갯지렁이, 게, 이따금 어류도 속한 생태계다.

열수 분출구는 어떻게 생길까?
차가운 바닷물은 해저의 암석 틈새로 스며들 수 있다. 물은 깊이 들어갈수록 마그마(녹은 암석)에 가열되고, 암석 지각에 있던 광물질은 뜨거워진 물에 녹는다. 이윽고 압력이 커지면서 물은 다시 밀려 올라온다. 이 뜨거운 물이 해저 위의 얼음장처럼 차가운 물과 만나면, 녹아 있던 광물질이 굳는다. 시간이 흐르고 광물질이 쌓여서 굴뚝을 만든다. 이때 굴뚝에서 뿜어지는 물은 마치 연기 기둥처럼 보인다.

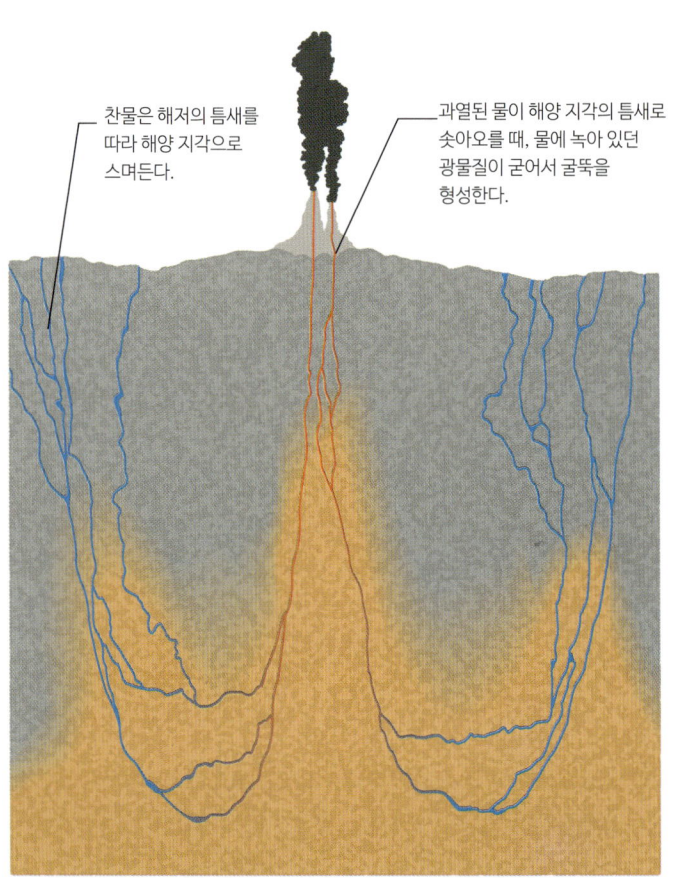

찬물은 해저의 틈새를 따라 해양 지각으로 스며든다.

과열된 물이 해양 지각의 틈새로 솟아오를 때, 물에 녹아 있던 광물질이 굳어서 굴뚝을 형성한다.

500개 바다에 있는 열수 분출 지역의 수.

민들레관해파리
작은부레관해파리의 친척인 이 동물은 몸이 꽃 모양이며, 열수 분출구 주위를 헤엄치면서 작은 먹이를 잡는다.

폼페이벌레
불가사리처럼 뻗은 짧은 관 모양의 이 동물은 굴뚝에 살면서 극도의 열기를 견딜 수 있다.

굴뚝
굴뚝은 뜨거운 바닷물이 솟아오를 때 황화 철 같은 광물질이 굳어져서 높은 탑처럼 쌓이면서 생긴다.

양분이 풍부한 물
분출구에서 스며 나오는 물에는 썩은 달걀 냄새를 풍기는 기체인 황화 수소가 들어 있다. 세균은 이 물질을 에너지원으로 써서 먹이를 만든다.

뜨거운 물
해저 분출구에서 솟아오르는 물은 최소 섭씨 60도 정도이며, 대개 훨씬 더 뜨겁다.

5,000m 가장 깊은 곳에 있다고 알려진 열수 분출구가 있는 카리브해 케이먼 해구의 수심.

60m 굴뚝이 자랄 수 있는 높이.

검은 연기 기둥
굴뚝에서 나오는 독특한 검은 연기는 물에 황화 철의 미세한 검은 알갱이들이 섞여 있어서 생긴다.

세균의 활동 흔적
세균이 굴뚝에서 나오는 화학 물질을 이용할 때, 먹이를 생성하는 화학 반응에서 노란 황 같은 노폐물이 나오며, 이런 물질들은 굴뚝 벽에 쌓인다.

체장메기
가장 깊은 물에 사는 어류 중 하나로 알려져 있다. 이따금 열수 분출구 서식지를 찾아오는 듯하다.

관벌레
관벌레는 태평양 열수 분출구에 사는 주된 동물 중 하나다. 길이 3미터까지 자란다.

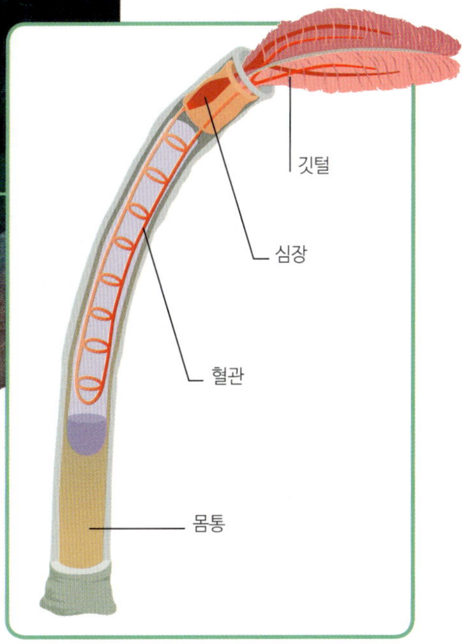

큰흰조개
길이 26센티미터까지 자라는 이 조개는 열수 분출구 아래쪽에 빽빽하게 모여서 난다. 아가미 안에 사는 세균이 만드는 먹이를 이용한다.

흰열수구게
이 작은 갑각류는 열수구 주위에 사는 세균과 작은 생물을 먹는다.

거대한 관벌레
열수구 주위에 사는 많은 동물은 먹이를 만드는 세균을 몸에 지니고 있다. 거대한 관벌레는 창자가 없으며 깃털 같은 부속지를 써서 화학 물질을 모은다. 이 화학 물질은 혈관을 통해 몸통의 세포 안에 사는 세균에게 전달된다.

- 깃털
- 심장
- 혈관
- 몸통

해저 탐사

먼바다 • 해저 탐사

68종 딥시챌린저호의 조사로 알려진 새로운 종 수.

수압이 뼈를 부술 듯이 강하고, 춥고 캄캄한 가장 깊은 바다는 생명이 살아가기 쉽지 않은 곳이다. 그러나 인류는 잠수정이라는 튼튼한 기계를 이용해 이 기이한 세계를 탐사해 왔다.

사람이 특수한 장비 없이 잠수할 수 있는 깊이는 최대 100미터에 불과하다. 깊숙이 잠수복을 입으면 좀 더 깊이 잠수할 수 있지만, 더 깊이 들어가려면 잠수정이 필요하다. 식량, 연료, 산소를 충분히 싣고 잠수함은 선원들을 태우고 한 번에 몇 달씩 항해할 수 있다. 더 작은 잠수정은 수면에 뜬 배에서 보급품을 받지만, 더 깊이 들어가도록 설계되어 있다. 가장 깊은 바다인 해구까지 곧장 들어갈 수 있다.

딥시챌린저호

이 층상 모양의 잠수정은 바다의 가장 깊은 곳으로 내려가도록 설계되었다. 바로 태평양 마리아나 해구의 바닥인 챌린저 해연이다. 2012년 3월 캐나다 출신의 영화 제작자 제임스 카메론은 이 잠수정을 타고 홀로 내려가 챌린저 해연을 탐사하는 데 성공했다. 잠수정은 해저에서 세 시간 동안 머물면서 과학자들이 분석할 암석과 동물 표본을 채집했다.

가장 깊은 곳으로

딥시챌린저호는 심해를 탐사하기 위해 만든 잠수정이다. 가장 깊은 곳까지 들어가기 위해서 설계된 잠수정은 더 높은 압력을 견뎌야 하고 산소도 지녀야 한다. 트리에스테는 1960년에 최초로 가장 깊은 해구로 잠수했지만, 2019년 5월 미국 탐험가 빅터 베스코보는 DSV 리미팅팩터를 타고서 해저 1만 928미터까지 내려감으로써 최고 잠수 기록을 세웠다.

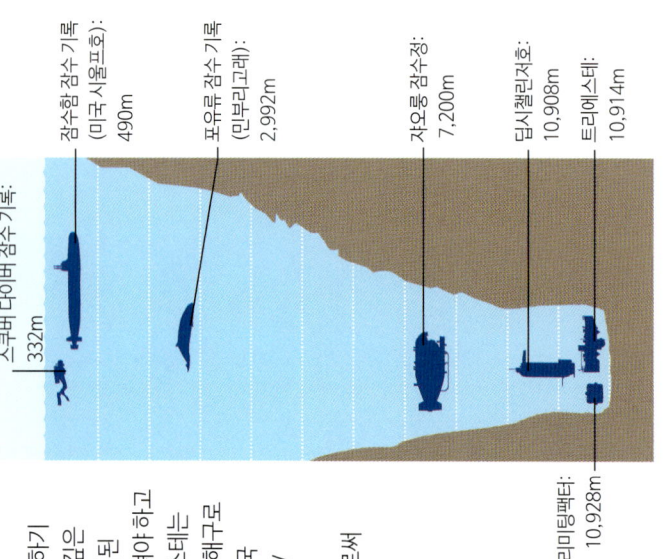

- 스쿠버다이버 잠수 기록: 332m
- 잠수함 잠수 기록 (미국 시울프호): 490m
- 포유류 잠수 기록 (민부리고래): 2,992m
- 자오룽 잠수정: 7,200m
- 딥시챌린저호: 10,908m
- 트리에스테: 10,914m
- 리미팅팩터: 10,928m

투광등 투광등은 많은 캄캄한 심해를 비춘다. 물이 맑다면 불빛이 최대 30미터까지 나아갈 수 있다.

잠수정 본체 잠수정 본체는 유리구슬이 박힌 발포 수지로 만들어졌다. 이 특수 설계 물질은 심해의 고압에 견딜 수 있다.

배터리 세 묶음으로 배열된 70개의 배터리가 전력을 공급한다. 긴급 상황에서는 한 묶음만으로 가동할 수 있다.

탐조등 조종사가 해저에 있는 생물을 비출 수 있도록 긴 막대에 탐조등이 달려 있다.

추진체 잠수정 양쪽에는 두 종류의 추진체가 달려 있다. 하나는 잠수정을 앞으로 움직이고, 다른 하나는 위아래로 움직인다.

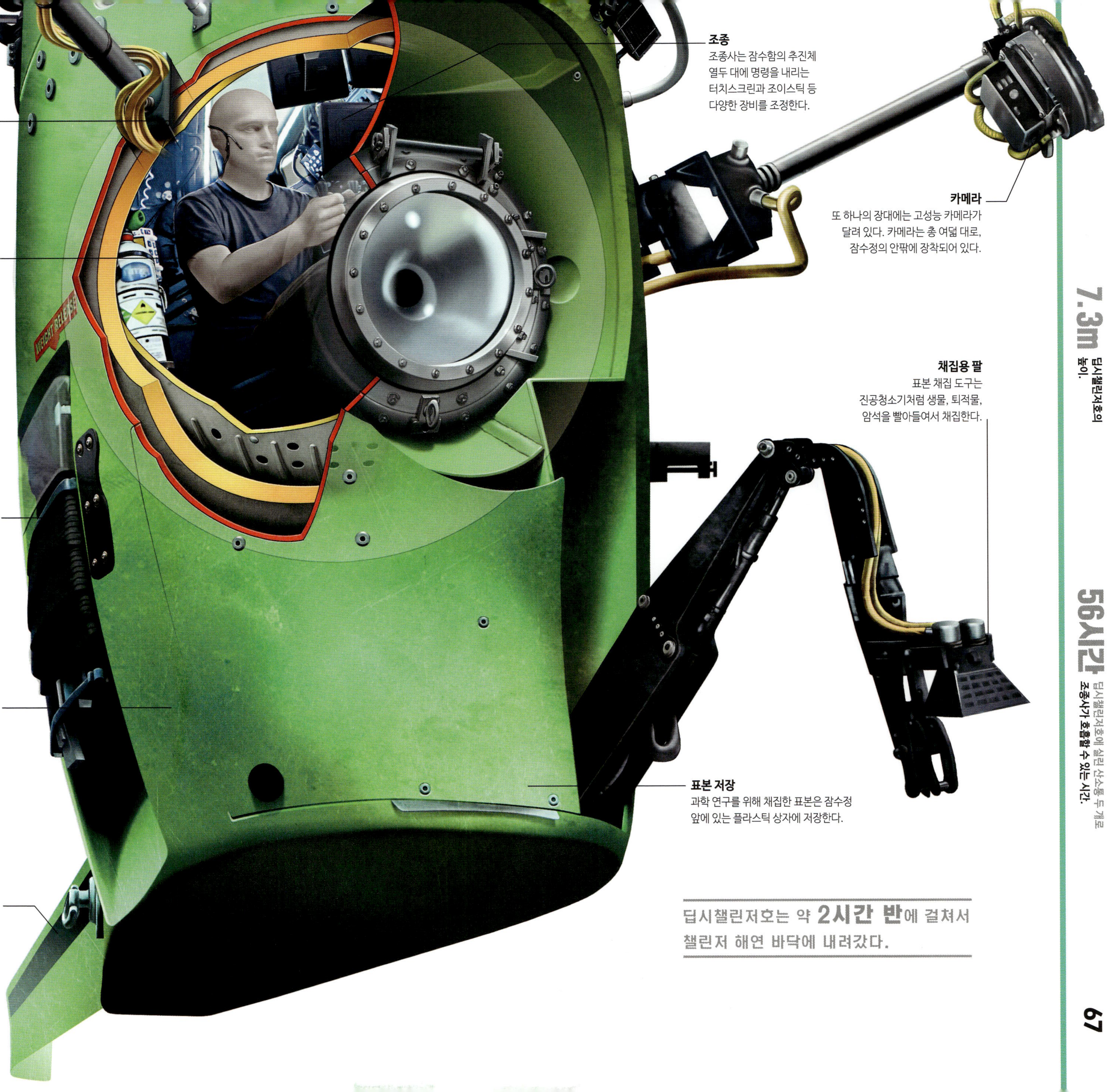

7.3m 딥시챌린저호의 높이.

56시간 딥시챌린저호에 실린 산소통 두 개로 조종사가 호흡할 수 있는 시간.

67

딥시챌린저호는 약 **2시간 만에** 걸쳐서 챌린저 해연 바닥에 내려갔다.

카메라 또 하나의 장대에는 고성능 카메라가 열두 대에 달려 있다. 카메라는 총 여덟 대로, 잠수정의 안팎에 장착되어 있다.

조종 조종사는 잠수함의 추진체 열두 대에 명령을 내리는 터치스크린과 조이스틱 등 다양한 장비를 조종한다.

채집용 팔 진공청소기처럼 생물, 퇴적물, 암석을 빨아들여서 채집한다.

표본 저장 과학 연구를 위해 채집한 표본은 잠수정 앞에 있는 플라스틱 상자에 저장한다.

조종실 조종실은 외인용이며, 압력을 견디는 창이 하나 있다.

조종사 이 잠수정은 한 사람만 탑승하고, 다리나 팔을 쭉 뻗을 수도 없다. 조종사는 화면을 보면서 발밑의 기계 팔을 조종한다.

무게 강철 밸러스트는 무게가 450킬로그램을 넘어서 잠수정을 가라앉힐 수 있다. 떠오를 때면 밸러스트를 버린다.

집간 조종실 아래쪽에는 집간이 있다. 과학 연구용 심해 표본을 채집해서 넣는 곳이다.

안정판

위장
하얀 깃털은 극지 서식지에 쌓인 눈과 섞여서 눈에 띄지 않게 해 준다.

비행
길고 좁은 날개는 바람을 타고 활공할 때뿐 아니라, 공중을 맴돌다가 내리꽂혀서 물고기를 잡을 때도 좋다.

비행 제어
옆쪽으로 긴 유선형 깃털이 달린 넓적한 꼬리는 나는 방향을 조절하고, 착륙할 때 제동 장치로도 쓰인다.

이주

대양을 일주하면서 이주하는 동물들은 동물계에서 가장 긴 여행을 한다. 물속을 헤엄쳐 가는 종도 있고 물 위를 날아서 가는 종도 있다.

이주는 주기적으로 큰 무리를 지어서 함께 한곳에서 다른 곳으로 이동했다가 돌아오는 것을 말한다. 일부 동물은 짧은 기간에 걸쳐서 자주 이주한다. 매일 얕은 물과 깊은 물을 오가는 플랑크톤이나 조석에 따라 해안을 오가는 무척추동물이 그렇다. 반면에 원양을 오가는 많은 동물은 해마다 아주 장거리 여행을 하면서 섭식지와 번식지 사이를 오간다.

북극제비갈매기가 한평생 나는 거리를 더하면 **지구에서 달까지 서너 번은 왕복**하는 것과 같다.

이주 챔피언

북극제비갈매기만큼 먼 거리를 이주하는 동물은 없다. 이 새는 북극 지방에서 번식을 하고, 지구 정반대의 남극 대륙으로 가서 배불리 먹는다. 이 이동을 통해 이들은 양쪽 지방에서 여름을 난다. 따라서 그 어떤 종보다 더 오래 낮 시간을 보낸다는 뜻이다.

2만 500km 장수거북이 태평양의 섭식지 사이를 돌아다니는 거리.

9만 6,000km 북극제비갈매기가 해마다 이주하면서 나는 거리.

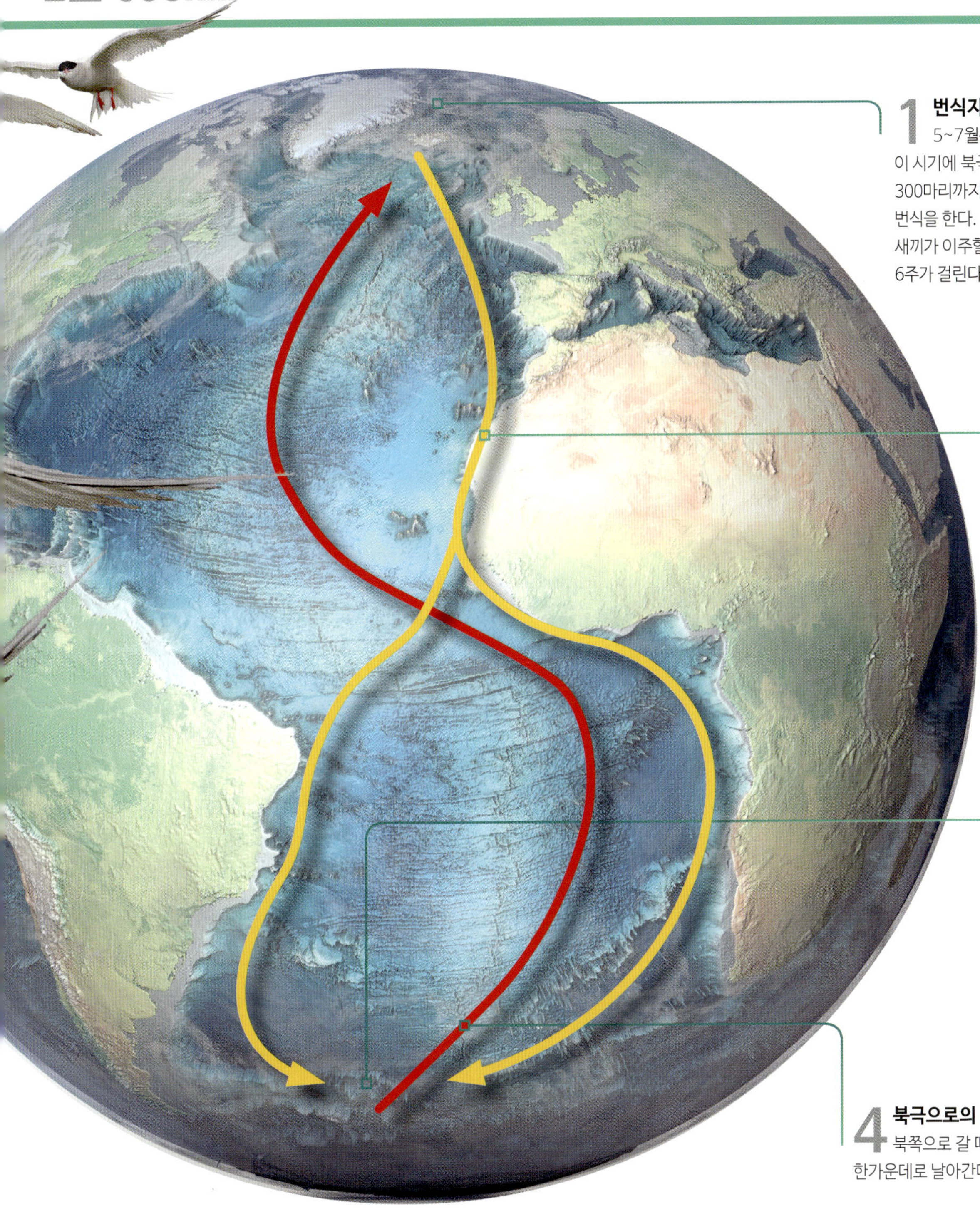

1 번식지
5~7월은 북극의 여름이다. 이 시기에 북극제비갈매기는 최대 300마리까지 무리를 지어서 번식을 한다. 알을 품기 시작해서 새끼가 이주할 준비가 될 때까지 6주가 걸린다.

2 남극 대륙으로의 비행
북극제비갈매기는 두 경로 중 하나를 따라 남쪽으로 난다. 아프리카 해안선을 따라가는 경로와 남아메리카 해안선을 따라가는 경로다.

3 섭식지
11월에 북극은 겨울, 남극은 여름이 찾아온다. 북극제비갈매기는 남극 대륙에 도착해서 쉬면서 먹이를 찾아 먹는다. 극지는 한여름에는 해가 전혀 지지 않는다. 따라서 이 새는 한 해의 대부분을 어두운 밤을 접하지 않은 채로 보낸다.

4 북극으로의 비행
북쪽으로 갈 때는 해안에서 더 멀리 떨어진 바다 한가운데로 날아간다.

생애 마지막 이주
유럽 뱀장어는 유럽의 강에서 대서양의 사르가소해까지 긴 여행을 하고 산란한 뒤에 생애를 마친다. 사진 속 어린 뱀장어는 다시 유럽으로 이주하여 강에서 성장한다.

조석 이주
밀물로 해안이 물에 잠기면, 물속의 동물들은 잠긴 바닥에서 먹이를 찾기 위해 들어온다. 썰물 때면 연안 새들이 드러난 해안까지 더 내려와서 개펄을 뒤져서 무척추동물을 잡아먹는다.

수직 이주
작은 동물성 플랑크톤은 밤에 수면 가까이 올라와서 먹이를 먹다가 낮에는 포식자를 피해서 깊이 내려간다. 너무나 많은 플랑크톤이 이주하기에, 지구에서 하루에 가장 많은 무게가 한 번에 이주한다.

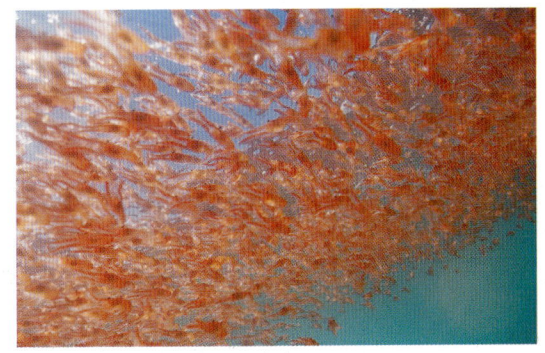

얕은 바다

해안과 깊은 물 사이에 놓인 해역을 얕은 바다, 천해라고 한다.
얕은 바다는 지표면의 겨우 8퍼센트를 차지하지만,
빛과 먹이가 아주 풍부하므로 수많은 동식물 종이 살아간다.

유광층

모든 대륙은 가장자리가 죽 뻗어 나가면서 바다에 잠겨 있으며, 이곳을 대륙붕이라고 한다. 대륙붕은 수심이 200미터가 안 되는 얕은 바다를 이룬다. 이곳은 먼바다보다 더 따뜻하며, 산소와 양분이 풍부하다. 물이 아주 탁하지 않다면 햇빛은 이 해역에서는 바닥까지 닿으며, 그래서 대개 이곳은 생명으로 가득 차 있다.

유광층

햇빛이 닿는 바다의 맨 위층은 유광층이라고 한다. 대륙붕 위의 모든 물이 여기에 속한다. 광합성이라는 과정을 통해서 태양에서 에너지를 얻는 모든 생물은 이곳에서 번성한다. 얕은 바다에서 해초, 산호 폴립 안에서 자라는 조류, 그 밖의 조류와 식물성 플랑크톤 등의 생물들은 동물들의 먹이가 됨으로써 먹이 사슬(34~35쪽)의 중요한 첫 번째 고리를 이룬다.

육아실
가장 얕은 해역에서는 해초와 산호초가 많은 종에게 안전한 육아실을 제공한다.

빛
맑은 물에서는 햇빛이 수심 200미터인 해저까지 닿는다.

플랑크톤의 먹이
흙, 강, 밑바닥에서 나오는 양분이 조석, 해류, 용승류(23쪽)를 통해 물 전체로 퍼짐으로써, 식물성 플랑크톤의 먹이가 된다.

진흙으로 덮인 해저
두꺼운 퇴적물이 대륙붕의 대부분을 덮고 있다. 수심 100미터를 넘어선 곳에서는 해초와 바닷말이 자라지 않는다.

대륙붕
대륙붕은 폭과 깊이가 다양하다. 대륙붕의 가장자리로 가면 해저가 급한 비탈을 이루면서 먼바다의 컴컴한 깊은 곳으로 가라앉는다.

열대와 온대 바다

얕은 바다는 극지방에도 있지만, 대부분 온대와 열대에 있다(9쪽). 열대의 얕은 바다는 따뜻하고 맑은 물, 산호, 화려한 물고기, 하얀 모래가 특징이다. 온대 바다는 더 차갑고 탁하며, 켈프 숲과 은색 또는 갈색을 띤 물고기가 많은 것이 특징이다.

온대 해역

추운 극지와 더운 열대 사이에는 북반구와 남반구의 온대 해역이 있다. 이 해역의 수온은 계절에 따라 섭씨 10도에서 20도 사이를 오락가락한다. 많은 종이 계절이 바뀌면서 기온이 변할 때 이주한다.

풍부한 어장
대구와 고등어 같은 상업적으로 가장 중요한 어류는 온대 해역에 산다.

탁한 물
찬물에는 식물성 플랑크톤이 가득할 때가 많아서 덜 맑아 보인다.

물고기 떼
플랑크톤이 많아서 어류도 많다.

진흙이나 모래나 바위로 덮인 밑바닥

열대 해역

적도를 중심으로 한 대서양, 태평양, 인도양 해역은 열대 바다다. 이곳의 수온은 섭씨 20~25도로 비교적 일정하게 유지된다, 계절 변화가 거의 없고 뚜렷하지 않기에, 열대의 종들은 달의 주기 같은 것들을 신호로 삼아서 짝짓기와 산란 시기를 맞춘다. 열대 해역은 종의 다양성과 개체 수가 엄청나게 많다.

수정처럼 맑은 물
양분과 플랑크톤이 적어서 물이 맑다.

선명한 색깔
열대 어류는 화려한 산호초에 어울리는 화려한 색깔을 띨 때가 많다.

무성한 산호초
이곳의 많은 종은 생물이 우글거리는 산호초에서 살아가기 알맞은 행동이나 체형을 갖추었다.

얕은 바다 서식지

얕은 바다는 해저의 유형에 따라서 특징이 정해질 때가 많다. 딱딱하고 바위투성이인지, 부드러운 진흙인지, 산호초와 같은 살아 있는 구조물로 덮여 있는지에 따라 달라진다. 해저는 대다수 종이 먹고 숨고 짝짓는 곳이기에, 환경에 따라서 어떤 생물이 해저에 살지가 정해진다.

바위투성이 해저
바위 서식지에는 해양 동물이 살아갈 틈새와 구석이 많다. 특히 단단한 표면에 달라붙을 수 있는 종들이 많다.

산호초
주로 열대 해역에 생기는 산호초는 수많은 열대 어류와 무척추동물에게 안정적이고 안전한 서식지가 된다.

모래톱
해류와 파도를 통해 끊임없이 변하는 이 환경은 모래에 굴을 팔 수 있는 종들에게 숨을 곳을 제공한다.

해초 밭
해초는 해양 초식 동물의 먹이가 되며, 많은 작은 종이 포식자를 피해 살아갈 수 있는 은신처와 육아실 역할도 한다.

산호초 유형

산호초는 형성되는 방식에 따라서 크게 세 유형으로 나뉜다. 가장 흔한 유형은 해안을 따라 발달하는 거초다. 그레이트배리어리프나 벨리즈배리어리프처럼 해안에서 좀 더 떨어져서 발달하는 보초는 가장 상징적인 산호초에 속한다. 세 번째 유형은 환초다. 환초는 원형이나 타원형이며, 가라앉은 화산섬의 잔해다(18쪽).

거초
이 산호초는 섬과 대륙의 가장자리에 생기면서 뻗어 나간다.

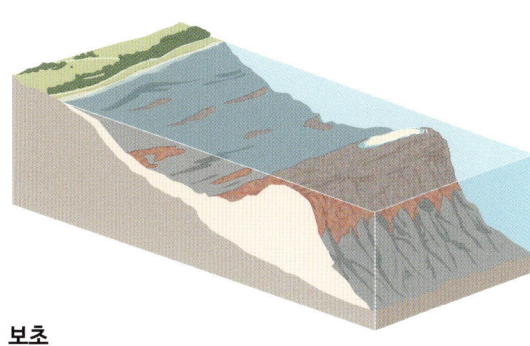

보초
보초는 해안과 나란히 형성되지만, 깊은 물을 사이에 두고 더 멀리 떨어진 곳에 생긴다.

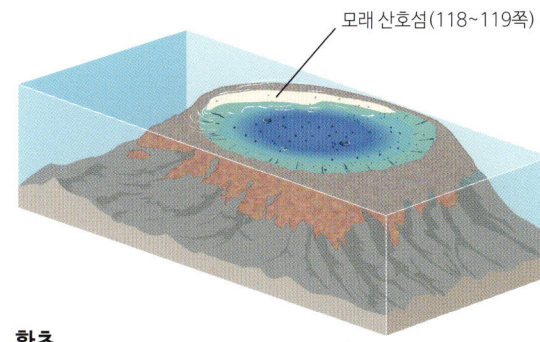

환초
화산섬을 둘러싸고 있는 거초는 섬 자체가 가라앉으면 환초가 된다.

모래 산호섬(118~119쪽)

산호초의 소리

산호초는 화려하기만 한 것이 아니라, 소음으로도 가득하다. 산호초의 종들은 먹고, 짝짓고, 공격성을 드러내고, 서로 대화를 하면서 온갖 소리를 낸다. 잠수부는 첨단 녹음 장비를 써서 이런 소리를 녹음한다. 과학자들은 산호초의 번성에 이런 소리가 얼마나 중요한지를 연구한다.

연산호와 경산호

산호는 크게 딱딱한 종류와 부드러운 종류로 나뉜다. 경산호와 연산호다. 딱딱한 산호의 폴립(99쪽)은 칼슘으로 된 단단한 겉뼈대를 만들어 산호초를 형성한다. 반면에 연산호는 포식자를 물리치기 위해서 탄력 있는 조직으로 지탱되는 가시 같은 구조를 만든다.

경산호
경산호는 산호초를 만든다. 오래된 산호의 죽은 뼈대 위에 살아 있는 폴립이 자라면서 새로운 층을 덧붙인다.

연산호
연산호는 산호초의 구조에는 덜 기여한다. 많은 종이 화려한 식물이나 섬세한 부채, 혹은 풀처럼 보인다.

켈프 숲

전 세계 해안의 차갑고 맑은 물에는 거대한 켈프들이 장엄한 수중 숲을 이루고 있다. 켈프는 크게 자라는 다시마류를 가리킨다. 켈프 숲에는 다양한 동물이 사는데, 해달, 물범, 심지어 고래까지도 산다.

켈프는 모든 차가운 바다의 얕은 연안에 자란다. 많은 곳에서는 해안에서 멀리까지, 수면 아래 낮고 빽빽하게 자란다. 그러나 몇몇 해안에서는 맑은 물에서 놀라울 만치 긴 엽상체가 수면까지 쭉 뻗어 올라와서 드넓은 숲을 이룬다. 이런 숲은 다양한 해양 동물들에게 먹이와 보금자리를 제공한다.

다시마 채취
전 세계에서 알긴산이라는 화학 물질을 얻기 위해서 다시마를 수확한다. 알긴산은 식품, 의류, 종이를 만드는 데 널리 쓰인다. 다시마는 한국과 일본에서는 식품으로도 쓰이며, 바이오 연료로도 점점 관심을 받고 있다. 다시마는 해마다 수천 톤씩 채취되고 있다.

몬터레이만
미국 샌프란시스코 남쪽의 몬터레이만의 아늑한 물속에서는 자이언트 켈프가 정글처럼 자라고 있다. 발톱처럼 생긴 부착기로 해저에 달라붙은 채 높이가 50미터를 넘는 줄기를 햇빛이 닿는 수면까지 수직으로 뻗고 있는 켈프가 숲을 이룬 곳이다.

바닷말의 종류
바닷말은 크게 세 종류가 있으며, 색깔에 따라 나뉜다. 모두 햇빛의 에너지를 이용한 광합성을 통해 스스로 먹이를 만든다.

녹조류
섬세한 종류가 많으며, 상추의 잎과 비슷한 녹색 엽상체를 지닌다.

적조류
더 탁하고 그늘진 조간대 물웅덩이에서 많이 자란다. 산호초 생성을 돕는 산호말도 여기에 속한다.

갈조류
켈프와 미역 등 가장 큰 종들이 속하며, 넓적한 엽상체를 지닌 것이 많다.

잔점박이물범
잔점박이물범은 잠수하여 다양한 종류의 물고기를 잡으며, 켈프 엽상체 사이에 몸을 숨긴다.

올리브육돈바리
가시 같은 지느러미를 지닌 육돈바리는 켈프 숲 아래에서 새우나 작은 물고기 같은 동물을 먹으며 산다.

아주 높이 자라기
자이언트 켈프는 가능한 한 빨리 햇빛이 드는 수면에 다다르기 위해서, 하루에 무려 60센티미터의 속도로 자랄 수 있다.

성게
가시로 뒤덮인 성게는 켈프를 먹는다. 성게의 수를 억제하는 해달이 없다면 켈프 숲이 완전히 파괴될 수도 있다.

몸을 감고 잠자기
해달은 잠잘 때 떠내려가지 않도록 다시마로 몸을 감고 잔다.

해달
해달은 켈프 숲의 수면 위에서 생활하며, 잠도 잔다. 켈프의 주된 소비자인 성게를 먹기 때문에, 이 생태계의 중요한 구성원이다.

풍선 같은 주머니
공기주머니 안의 공기는 산소, 질소, 이산화 탄소의 혼합물이다.

공기주머니(기낭)
잎처럼 생긴 엽상체의 밑동에는 기체로 채워진 공기주머니가 있어서 각 줄기의 끝은 수면 가까이에 떠 있을 수 있다. 기낭 덕에 켈프는 필요한 햇빛을 받을 수 있다.

가시투성이 먹이
성게는 바늘 같은 가시로 덮여 있지만, 해달에게는 아무 소용이 없다. 해달은 돌로 성게의 껍데기를 부수어 먹는다.

부착기
각 줄기의 밑동에는 뿌리 같은 부착기가 있다. 켈프는 해류에 쓸려나가지 않도록 부착기를 써서 바위 같은 단단한 표면에 달라붙는다.

해초 밭

해초는 기나긴 세월을 거치면서 바다에서 사는 쪽으로 적응한 꽃식물이다. 얕은 바다에 넓은 초원처럼 자라서 아주 중요한 서식지를 조성한다. 이 서식지는 지금 위험에 처해 있다.

해초는 헐벗은 모랫바닥뿐이었을 수도 있는 얕은 바다에 작은 동물들이 살아갈 서식지를 만든다. 해초의 뿌리가 퇴적물과 썩어 가는 유기물을 가둠으로써 무척추동물을 위한 양분을 제공한다. 어린 물고기들은 초록 잎 사이에 몸을 숨긴 채 무척추동물을 잡아먹고, 그 물고기들은 더 큰 물고기들의 먹이가 된다. 그럼으로써 해초 밭은 큰 생태계를 이룬다. 해초 밭은 예전에는 전 세계의 얕은 바다에 있었지만, 해안 개발과 오염 때문에 많은 곳이 사라졌다.

10L 해초 밭 1제곱미터가 하루에 생산하는 산소량.

빛
모든 식물처럼 해초도 빛을 필요로 하며, 빛이 풍부한 얕고 맑은 물에서만 자랄 수 있다.

푸른바다거북
해초는 푸른바다거북의 주된 먹이다. 성체는 하루에 해초 약 2킬로그램을 먹는다.

거북 말
푸른바다거북이 좋아하는 풀인 거북 말은 35.5센티미터까지 자라는 납작하고 넓은 끈 모양의 잎과 넓게 뻗은 뿌리를 지닌다.

여왕수정고둥
길이가 약 30센티미터인 이 거대한 고둥은 죽은 풀을 먹어 치우는 해초 밭의 청소부다.

기후 변화를 억제하는 해초
해초는 햇빛을 이용하여 광합성을 통해 스스로 먹이를 만든다. 이 과정에서 해초는 이산화 탄소를 흡수하고 산소를 배출한다. 탄소는 식물 조직에 갇힌다. 식물은 죽으면 바다 밑에 가라앉아서 묻히며, 그에 따라 탄소도 갇힌다. 따라서 해초 밭은 기후 변화를 일으키는 온실가스 중 하나인 이산화 탄소를 제거하는 역할을 한다.

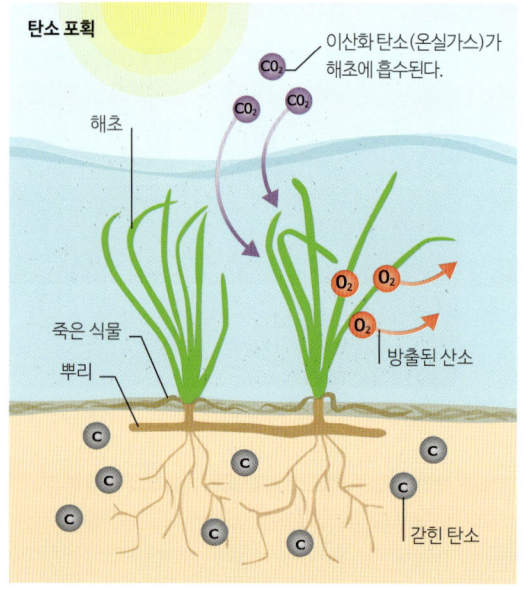

탄소 포획 / 이산화 탄소(CO_2, 온실가스)가 해초에 흡수된다. / 해초 / 죽은 식물 / 뿌리 / 방출된 산소 / 갇힌 탄소

칼꼬리물뱀
지느러미가 없어서 뱀으로 오해를 받곤 하는 이 어류는 뾰족한 주둥이로 모래에 굴을 판다.

해마
해마는 강한 해류에 맞서서 헤엄칠 수 없다. 그래서 꼬리로 해초를 감은 채 몸을 고정시킨다.

축구장 2개 인간의 영향으로 매시간 사라지는 해초 밭의 면적과 같다.

4,500km² 기록상 세계에서 가장 넓었던 해초 밭의 면적. 오스트레일리아에 있었다.

햇빛이 비치는 수중 풀밭

해초는 종이 다양하지만, 모두 햇빛을 받아야 자랄 수 있는 녹색식물이다. 미국 플로리다 해안의 이 해초 밭에는 두 종의 해초가 바다소와 푸른바다거북에게 영양가 있는 먹이가 된다. 또 많은 동물이 먹거나 숨거나 사냥하기 위해 온다.

점박이바다송어
새끼 때 먹이와 은신처가 많은 해초 밭에서 지내는 많은 어류 종 중 하나다.

바다소
바다소는 커다란 해양 포유류다. 생애의 약 4분의 1을 수심 약 2미터인 곳에서 밤낮으로 풀을 뜯으면서 보낸다.

바다소 풀
이 해초는 바다소가 즐겨 먹어서 바다소 풀이라고 불린다. 원통형 잎은 50센티미터까지 자랄 수 있다.

붉은쿠션불가사리
해저를 돌아다니면서 조류, 해면동물, 작은 무척추동물을 먹는다. 해초 밭은 이 불가사리가 유생에서 성체로 자라기에 완벽한 보금자리가 된다.

젖을 빠는 새끼
바다소 새끼는 어미의 지느러미발 아래쪽에 있는 젖꼭지에서 젖을 빤다. 1년쯤 되면 젖을 떼며, 생후 약 2년까지 어미 곁에서 지낸다.

고정시키는 뿌리
해초 줄기 중 일부는 땅속으로 그물처럼 뻗어서 퇴적물을 고정시킨다. 이 뿌리줄기로부터 새로운 싹과 뿌리가 자란다.

학치의 은신처
이 작은 에메랄드 빛 학치의 배지느러미는 빨판처럼 변해서 해초 잎에 달라붙을 수 있다. 대다수의 포식자는 알아차리지 못한다.

얕은 바다 • 갑오징어

지느러미
근육질 지느러미를 치마처럼 펄럭이면서 어느 방향으로든 움직일 수 있다.

세 개의 심장이 청록색 피를 몸과 아가미로 보낸다.

머리

외투막
갑오징어의 머리 뒤쪽에 있는 모든 것을 외투막이라고 한다. 외투막에는 오징어 뼈, 물로 채워진 외투강, 뇌를 제외한 모든 기관이 들어 있다.

눈
갑오징어는 몸에 비해 눈이 아주 크다. 눈동자가 매우 특이하게 W자 모양이다. 사람의 눈에는 안 보이는 빛도 볼 수 있다.

색깔을 바꾸는 피부
갑오징어의 피부에는 색깔을 바꾸는 세포가 세 종류 들어 있다. 노랑, 빨강, 갈색이다. 이 세 색깔을 조합함으로써 놀라울 만치 다양하게 몸의 색을 바꿀 수 있다. 갑오징어는 풍선을 부는 것과 비슷하게 특정한 세포를 빠르게 부풀릴 수 있다. 그러면 특정한 색깔이 더 잘 띄게 됨으로써, 몸 색이 순식간에 바뀐다.

부리
앵무새의 부리와 비슷한 부리로 먹이의 껍데기를 부수고, 포식자에게 맞설 수도 있다.

수관
수관으로 물을 뿜어냄으로써 포식자에게서 빠르게 달아날 수 있다. 먹물주머니에 든 먹물도 수관으로 뿜어내 공격자를 혼란에 빠뜨릴 수 있다.

갑오징어

갑오징어는 오징어, 문어와 같은 연체동물 집단에 속한다. 모두 여러 개의 팔과 외투막을 지니지만, 갑오징어는 오징어 뼈가 든 넓적하면서 통통한 몸을 지니며, 더 느리게 움직인다.

갑오징어는 주로 밤에 돌아다니며, 낮에는 해저의 모래에 몸을 일부 묻은 채 지낸다. 모든 오징어처럼 이 종도 위장술이 뛰어나다. 피부의 색깔뿐 아니라 질감도 주변 환경에 맞추어서 바꿀 수 있다.

2년 갑오징어의 최대 수명 추정값.

4,000개 갑오징어 암컷이 죽기 전에 낳는 알의 최대 수.

게 잡는 전문가
갑오징어는 몸 색을 계속 바꾸고 팔을 흔들어서 게를 혼란에 빠뜨린다. 게가 공격 범위에 들어오면, 촉수를 확 내민다. 촉수 끝에 달린 빨판이 게 껍데기에 달라붙으면, 여덟 개의 팔을 뻗어서 게를 입으로 끌고 와 부리로 껍데기를 부순다.

모든 방향으로 움직이기
갑오징어는 지느러미를 앞쪽으로 또는 뒤쪽으로 천천히 움직이면서 이동한다. 빠르게 달아날 때는 제트 추진력을 이용한다. 외투강으로 물을 빨아들였다가 수관으로 빠르게 뿜어내면서 달아난다. 위아래로 움직일 때는 오징어 뼈의 공기량을 늘렸다 줄였다 한다.

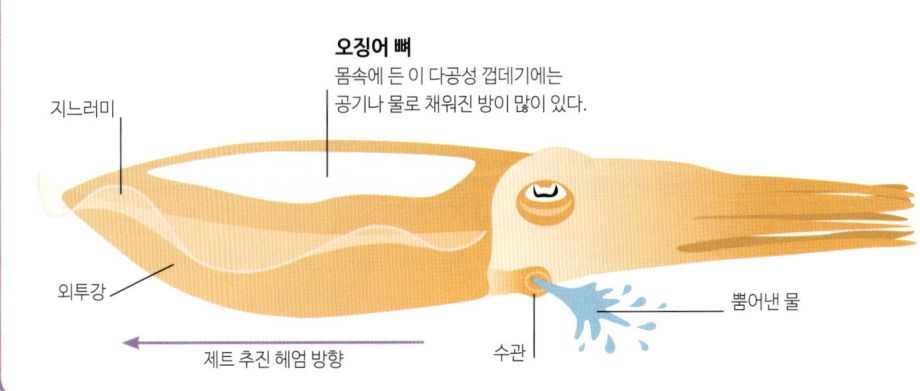

오징어 뼈 몸속에 든 이 다공성 껍데기에는 공기나 물로 채워진 방이 많이 있다.

지느러미 / 외투강 / 제트 추진 헤엄 방향 / 수관 / 뿜어낸 물

팔 갑오징어는 촉수로 먹이를 잡으면, 빨판이 죽 늘어선 여덟 개의 팔로 움켜쥐어서 부리로 가져간다.

연체동물
갑오징어
학명: *Sepia officinalis*
사는 곳: 대서양 북동부, 발트해, 지중해
길이: 외투강 길이 최대 49cm
먹이: 연체동물, 게, 새우, 갯지렁이, 어류

촉수 갑오징어는 팔의 밑동에 있는 주머니에서 두 촉수를 내밀어서 먹이를 잡는다.

빨판 촉수는 끝에만 빨판이 달려 있다. 먹이를 옭아매는 데 유용하게 다양한 크기의 빨판들이 모여 있다.

먹이 갑오징어는 이 유럽거미게 같은 갑각류를 좋아한다. 하지만 가장 큰 개체들은 물고기를 더 좋아한다.

80 얕은 바다 ○ 연체동물

가리비는 눈이 100개가 넘을 수도 있다.

500kg 지금까지 잡힌 가장 무거운 연체동물인 콜로살오징어의 무게.

문어
학명: Enteroctopus dofleini
사는 곳: 북태평양
총길이: 3m 이상

문어는 문어류 중에서 가장 크고 가장 오래 사는 종이다. 큰 개체를 대왕문어라고도 한다. 문어는 주로 게, 고둥, 새우, 조개, 바닷가재를 잡아먹는다. 먹이를 잡으면 굴로 들어가서 먹은 뒤 껍데기를 입구 바깥으로 던진다.

연체동물

연체동물은 바다에서 가장 종이 많은 집단이다. 알려진 해양 동물의 약 4분의 1을 차지한다. 콜로살오징어에서 아주 작은 갯민숭달팽이에 이르기까지, 연체동물은 크기뿐 아니라 서식지와 습성도 아주 다양하다.

모든 연체동물은 부드러운 몸, 근육질 발, 머리, 살집 있는 외투막을 지닌다. 껍데기를 지닌 종류도 많지만, 진화하면서 껍데기를 잃은 종도 있다. 이들은 껍데기를 지닌 친척보다 더 크고 더 빨리 움직일 수 있다. 여과 섭식을 하는 종도 있지만, 조류나 해면동물을 뜯어 먹는 종도 있고, 포식자인 종도 많다.

외투막
외투막은 몸을 감싼 피부막으로 내장을 감싸고 있다.

머리

상대가 안 돼
문어는 이 북태평양 돔발상어 같은 작은 상어까지 잡을 수 있다.

빨판
긴 팔 하나에는 빨판이 약 280개 붙어 있다.

문어의 팔
모든 문어는 강한 팔을 여덟 개 지닌다. 오징어나 갑오징어와 달리, 더 긴 촉수 두 개를 따로 지니고 있지 않다. (79쪽 참고)

뉴질랜드초록입홍합
학명: Perna canaliculus
사는 곳: 뉴질랜드
껍데기 길이: 최대 26cm

이 홍합은 물에서 미세한 조류를 비롯한 플랑크톤을 걸러 먹는다. 유생 때에는 근육질 발을 움직여서 물속을 돌아다니다가 한곳에 영구 정착해서 성체가 된다.

여왕가리비
학명: Aequipecten opercularis
사는 곳: 북대서양
껍데기 길이: 최대 9cm

여왕가리비는 개체마다 껍데기 색깔이 다양하다. 지름이 약 2센티미터가 될 때까지는 해저에 붙어서 살다가 그 뒤로는 자유롭게 헤엄치면서 돌아다닌다.

껍데기 가장자리를 따라 많은 눈이 나 있다.

갯민숭달팽이
학명: Hypselodoris infucata
사는 곳: 인도-태평양
길이: 최대 5cm

이 갯민숭달팽이는 해면동물을 먹는다. 해면동물은 방어용 화학 물질을 지니지만, 이 동물은 끄떡없다. 대신에 그 독성 물질을 자기 몸에 쌓아서, 포식자를 막는 데 쓴다.

호흡용 아가미

8만 5,000종 바다에 사는 동물의 2/3를 차지하는 연체동물 종의 추정 값.

1,180개 기록상 흰꼴뚜기 암컷이 한 번에 낳은 알의 최대 수.

불꽃갑오징어
- **학명:** *Metasepia pfefferi*
- **사는 곳:** 인도-태평양
- **외투막 길이:** 최대 6cm

작고 화려한 이 갑오징어는 강한 독을 지닌다. 아마 그 때문이겠지만, 낮에 활동하는 몇 안 되는 갑오징어 중 하나다. 물고기, 게, 새우를 사냥한다.

수컷 / 암컷 / 암컷이 수컷보다 더 크다. / 외투막

팔라우앵무조개
- **학명:** *Nautilus belauensis*
- **사는 곳:** 팔라우 (태평양 북서부)
- **껍데기 지름:** 최대 23cm

대다수의 앵무조개처럼 이 종 역시 밤에 더 얕은 바다로 와서 새우, 물고기, 게를 잡아먹는다. 낮에는 포식자를 피해서 더 깊은 곳으로 가라앉는다.

흉내문어
- **학명:** *Thaumoctopus mimicus*
- **사는 곳:** 인도-태평양
- **총길이:** 48cm 이상

다른 종을 흉내 내는 능력을 지닌 이 문어는 쏠배감펭, 바다뱀, 해파리, 넙치(사진처럼) 등 많은 해양 동물의 모습을 취할 수 있다.

함께 모은 팔

흰꼴뚜기
- **학명:** *Sepioteuthis lessoniana*
- **사는 곳:** 인도-태평양
- **외투막 길이:** 최대 33cm

흰꼴뚜기는 외투막 길이 거의 전체에 걸쳐 뻗어 있는 커다란 지느러미가 달려 있다. 아주 빨리 자라지만, 수명이 1년이 채 안 된다. 새끼 때에는 큰 무리를 지어서 다닌다. 모든 오징어, 갑오징어, 문어처럼 먹물을 뿜어서 자신을 방어한다.

뿜어낸 먹물

줄무늬파자마오징어
- **학명:** *Sepioloidea lineolata*
- **사는 곳:** 오스트레일리아
- **외투막 길이:** 최대 5cm

짧은꼬리오징어의 일종으로서 작고 통통하다. 얕은 바다의 모랫바닥에 팔을 찔러 넣고 몸을 묻은 채 눈만 내놓고 기다리다 좋아하는 먹이인 새우와 물고기가 다가오면 덮친다.

비단등줄무늬개오지
- **학명:** *Cypraea tigris*
- **사는 곳:** 인도-태평양
- **껍데기 길이:** 최대 15cm

이 커다란 잡식성 고둥은 몸의 살집 있는 부위(외투막)를 뻗어서 껍데기를 덮을 수 있다. 포식자에게 위협을 받으면 외투막을 껍데기 안에 숨긴다.

외투막

비너스빗고둥
- **학명:** *Murex pecten*
- **사는 곳:** 인도-태평양
- **껍데기 길이:** 최대 15cm

많은 가시는 포식자를 막아 주기도 하지만, 진흙에서 조개나 다른 연체동물을 사냥할 때 몸이 가라앉는 것도 막아 준다. 움직일 때는 튼튼한 발로 껍데기를 바닥에서 들어 올린 뒤, 미끄러져 간다.

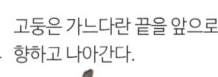

고둥은 가느다란 끝을 앞으로 향하고 나아간다. / 발

82 얕은 바다 ○ **공작갯가재**

460종 갯가재의 종 수.

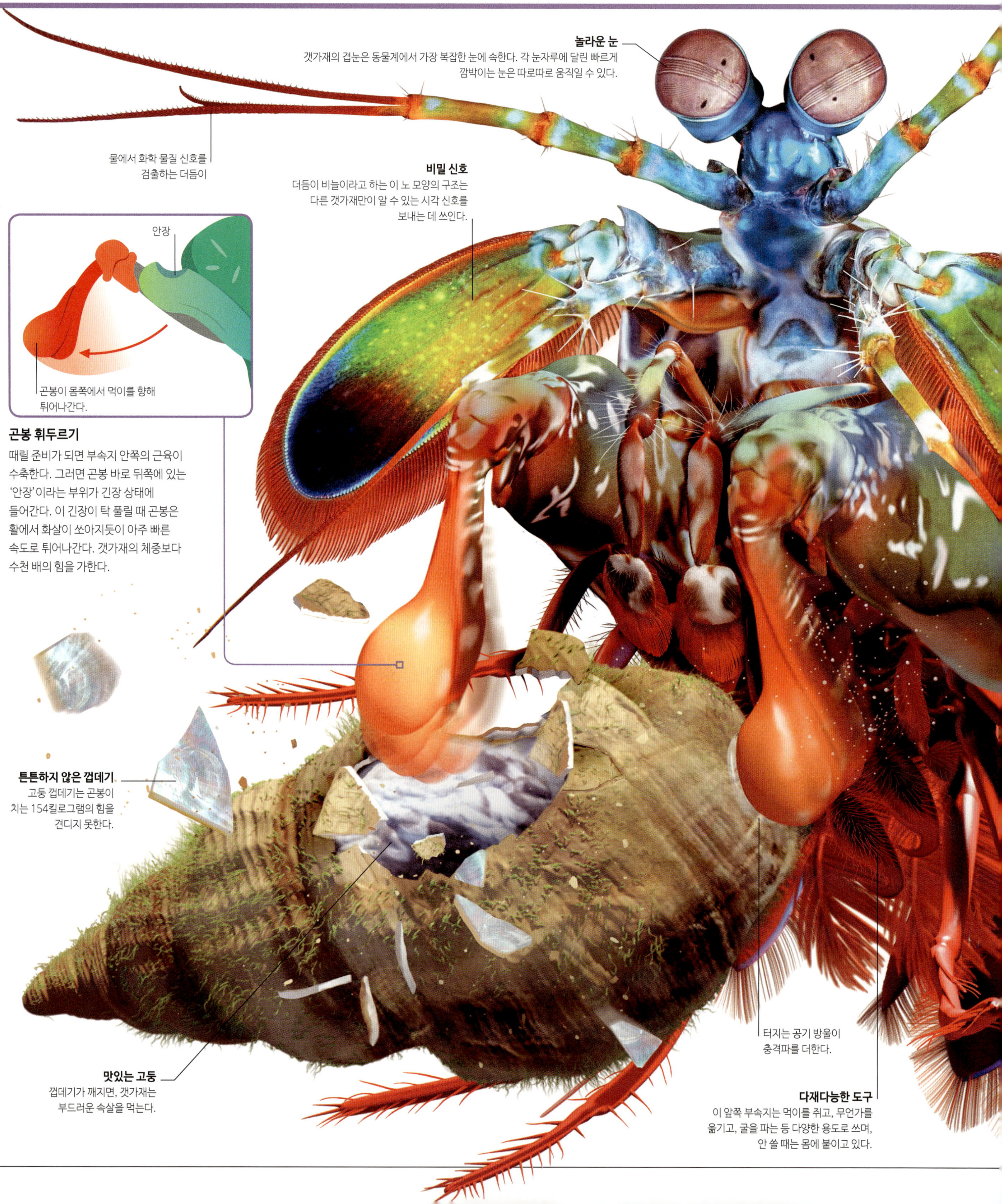

놀라운 눈
갯가재의 겹눈은 동물계에서 가장 복잡한 눈에 속한다. 각 눈자루에 달린 빠르게 깜박이는 눈은 따로따로 움직일 수 있다.

물에서 화학 물질 신호를 검출하는 더듬이

비밀 신호
더듬이 비늘이라고 하는 이 노 모양의 구조는 다른 갯가재만이 알 수 있는 시각 신호를 보내는 데 쓰인다.

곤봉 휘두르기
때릴 준비가 되면 부속지 안쪽의 근육이 수축한다. 그러면 곤봉 바로 뒤쪽에 있는 '안장'이라는 부위가 긴장 상태에 들어간다. 이 긴장이 탁 풀릴 때 곤봉은 활에서 화살이 쏘아지듯이 아주 빠른 속도로 튀어나간다. 갯가재의 체중보다 수천 배의 힘을 가한다.

- 안장
- 곤봉이 몸쪽에서 먹이를 향해 튀어나간다.

튼튼하지 않은 껍데기
고둥 껍데기는 곤봉이 치는 154킬로그램의 힘을 견디지 못한다.

맛있는 고둥
껍데기가 깨지면, 갯가재는 부드러운 속살을 먹는다.

터지는 공기 방울이 충격파를 더한다.

다재다능한 도구
이 앞쪽 부속지는 먹이를 쥐고, 무언가를 옮기고, 굴을 파는 등 다양한 용도로 쓰며, 안 쓸 때는 몸에 붙이고 있다.

80km/h 갯가재의 곤봉이 몸에서 뻗어 나가는 속도.

16가지 갯가재의 눈에 있는 광 수용기의 종류. 사람은 세 종류다.

공작갯가재

열대에 사는 이 화려한 색깔의 해양 갑각류는 빙빙 도는 눈과 불쑥 움직이곤 하는 모습이 좀 우스꽝스러워 보이지만, 치명적인 타격을 입힐 수 있다.

갯가재는 여러 종이 있으며, '무기'의 모양에 따라서 두 집단으로 묶인다. 무기란 몸 앞쪽에 달린, 먹이를 죽이는 데 쓰는 부속지를 말한다. 공작갯가재는 타격자에 속한다. 곤봉 모양의 두 부속지로 좋아하는 먹이의 단단한 껍데기와 겉뼈대를 때려서 부순다. 다른 집단은 투창자로서, 물고기와 벌레를 찔러서 잡는다. 공작갯가재는 굴이나 바위 틈새에 살며, 집을 깨끗하게 관리하고, 산호나 돌로 입구를 위장하기도 한다. 수명이 20년을 넘기도 한다.

갑각류
공작갯가재
- 학명: *Odontodactylus scyllarus*
- 사는 곳: 인도-태평양
- 길이: 17cm
- 먹이: 새우, 게, 조개, 고둥

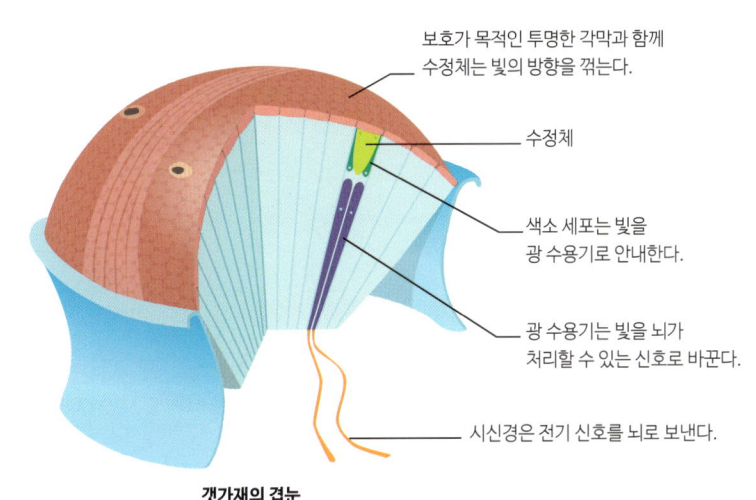

으깬 저녁거리
공작갯가재는 커다란 두 번째 부속지 쌍 끝에 달린 곤봉으로 껍데기를 부순다. 곤봉이 아주 빠르게 움직이는 바람에 순식간에 물이 증발되면서(기체로 바뀐다) 공기 방울이 생긴다. 이 공기 방울은 금세 터지면서 충격파를 일으켜서 먹이는 이중으로 충격을 받는다.

시각
갯가재는 겹눈을 지닌다. 낱눈 수천 개가 모인 것으로서, 낱눈은 각막, 수정체, 색소 세포, 광 수용기로 이루어진다. 낱눈들은 협력하여 아주 넓은 시야를 이룬다. 갯가재는 사람의 눈이 볼 수 없는 자외선부터 근적외선에 이르기까지 아주 넓은 파장의 빛을 볼 수 있다.

- 보호가 목적인 투명한 각막과 함께 수정체는 빛의 방향을 꺾는다.
- 수정체
- 색소 세포는 빛을 광 수용기로 안내한다.
- 광 수용기는 빛을 뇌가 처리할 수 있는 신호로 바꾼다.
- 시신경은 전기 신호를 뇌로 보낸다.

갯가재의 겹눈

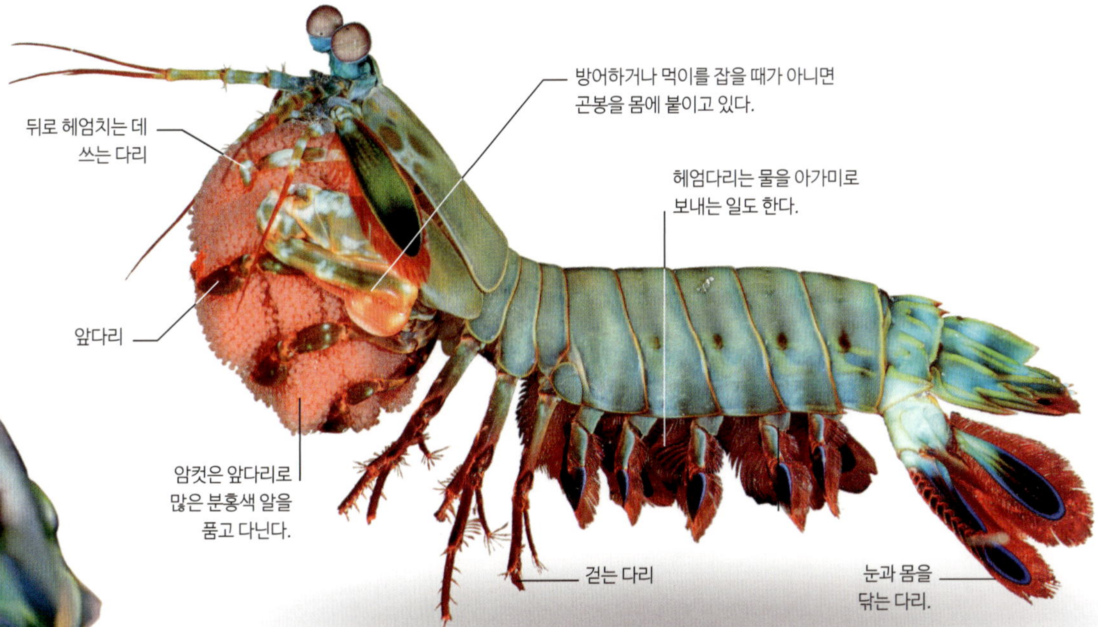

- 방어하거나 먹이를 잡을 때가 아니면 곤봉을 몸에 붙이고 있다.
- 뒤로 헤엄치는 데 쓰는 다리
- 헤엄다리는 물을 아가미로 보내는 일도 한다.
- 앞다리
- 암컷은 앞다리로 많은 분홍색 알을 품고 다닌다.
- 걷는 다리
- 눈과 몸을 닦는 다리.

온갖 용도의 다리
갯가재는 저마다 쓰임새가 다른 부속지를 많이 지니고 있다. 곤봉 한 쌍 말고도 몸을 닦는 부속지 한 쌍, 굴을 파는 부속지 세 쌍, 걷는 부속지 세 쌍, 헤엄치는 부속지 다섯 쌍, 뒤로 헤엄치는 데 쓰이는 노처럼 생긴 부속지 한 쌍이 있다.

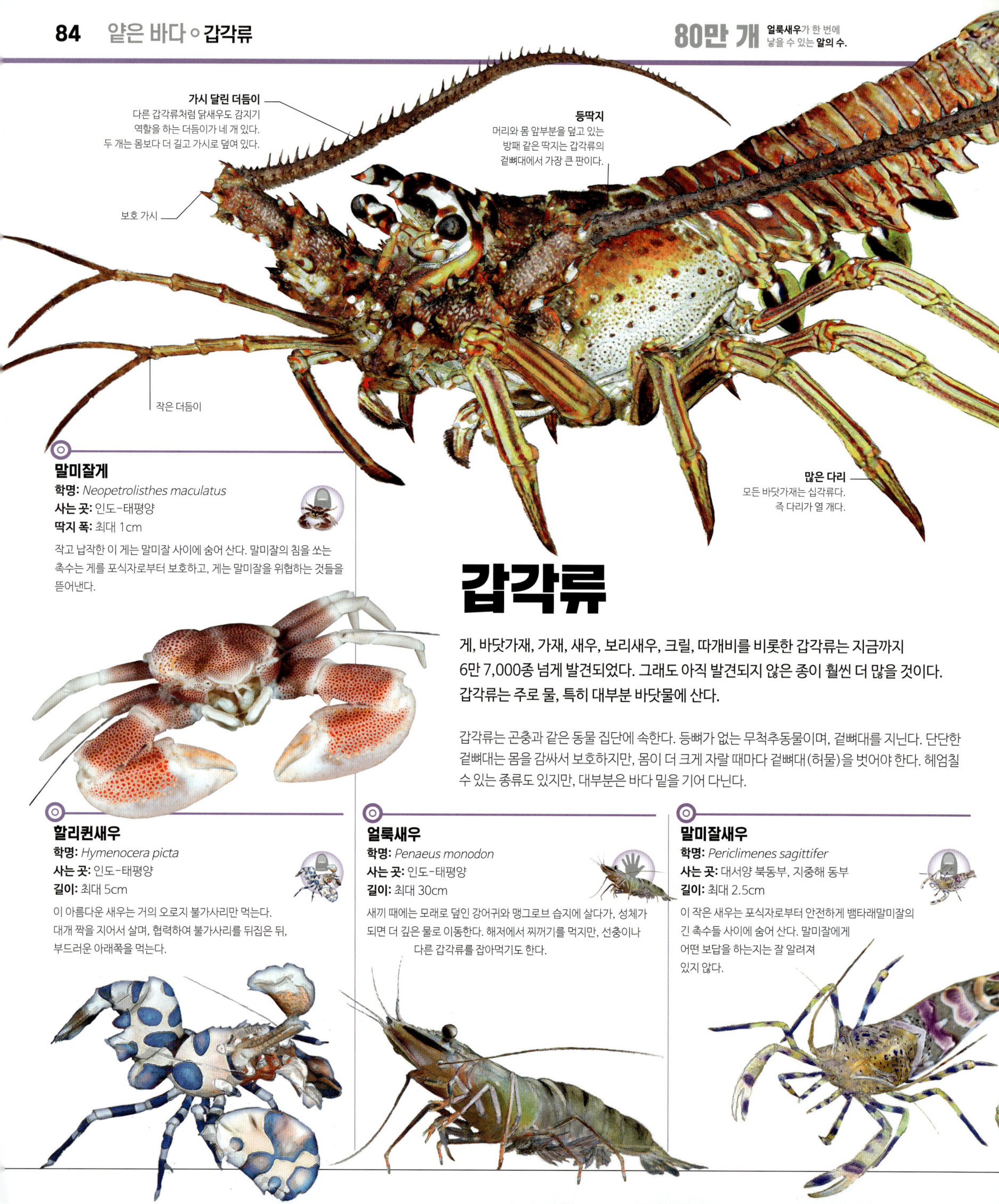

가시 달린 더듬이
다른 갑각류처럼 닭새우도 감지기 역할을 하는 더듬이가 네 개 있다. 두 개는 몸보다 더 길고 가시로 덮여 있다.

등딱지
머리와 몸 앞부분을 덮고 있는 방패 같은 딱지는 갑각류의 겉뼈대에서 가장 큰 판이다.

보호 가시

작은 더듬이

많은 다리
모든 바닷가재는 십각류다. 즉 다리가 열 개다.

갑각류

게, 바닷가재, 가재, 새우, 보리새우, 크릴, 따개비를 비롯한 갑각류는 지금까지 6만 7,000종 넘게 발견되었다. 그래도 아직 발견되지 않은 종이 훨씬 더 많을 것이다. 갑각류는 주로 물, 특히 대부분 바닷물에 산다.

갑각류는 곤충과 같은 동물 집단에 속한다. 등뼈가 없는 무척추동물이며, 겉뼈대를 지닌다. 단단한 겉뼈대는 몸을 감싸서 보호하지만, 몸이 더 크게 자랄 때마다 겉뼈대(허물)을 벗어야 한다. 헤엄칠 수 있는 종류도 있지만, 대부분은 바다 밑을 기어 다닌다.

말미잘게
학명: *Neopetrolisthes maculatus*
사는 곳: 인도-태평양
딱지 폭: 최대 1cm

작고 납작한 이 게는 말미잘 사이에 숨어 산다. 말미잘의 침을 쏘는 촉수는 게를 포식자로부터 보호하고, 게는 말미잘을 위협하는 것들을 뜯어낸다.

할리퀸새우
학명: *Hymenocera picta*
사는 곳: 인도-태평양
길이: 최대 5cm

이 아름다운 새우는 거의 오로지 불가사리만 먹는다. 대개 짝을 지어서 살며, 협력하여 불가사리를 뒤집은 뒤, 부드러운 아래쪽을 먹는다.

얼룩새우
학명: *Penaeus monodon*
사는 곳: 인도-태평양
길이: 최대 30cm

새끼 때에는 모래로 덮인 강어귀와 맹그로브 습지에 살다가, 성체가 되면 더 깊은 물로 이동한다. 해저에서 찌꺼기를 먹지만, 선충이나 다른 갑각류를 잡아먹기도 한다.

말미잘새우
학명: *Periclimenes sagittifer*
사는 곳: 대서양 북동부, 지중해 동부
길이: 최대 2.5cm

이 작은 새우는 포식자로부터 안전하게 뱀타래말미잘의 긴 촉수들 사이에 숨어 산다. 말미잘에게 어떤 보답을 하는지는 잘 알려져 있지 않다.

80만 개 얼룩새우가 한 번에 낳을 수 있는 알의 수.

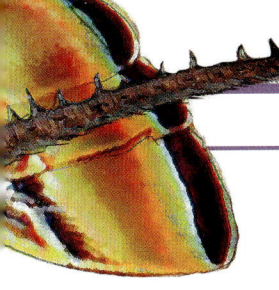

970만 톤 사람이 한 해에 먹는 갑각류의 양.

연어물이

- 학명: *Lepeophtheirus salmonis*
- 사는 곳: 태평양, 대서양
- 길이: 최대 1cm

이 기생 생물은 대개 연어에 기생한다. 연어에 달라붙어서 점액, 피부, 피를 빤다. 자연에서도 살지만, 연어 양식장에서 더 빨리 불어나서 걷잡을 수 없이 퍼진다.

도토리따개비

- 학명: *Balanus glandula*
- 사는 곳: 북아메리카 태평양 연안
- 지름: 최대 2cm

조간대 중상부에서 무리를 지어 산다. 다른 따개비들처럼 물에 잠겼을 때 털 같은 섬모를 뻗어서 먹이를 걸러 먹는다. 썰물 때에는 섬모를 껍데기 안으로 집어넣는다.

섬모

닫힘 석회질 껍데기는 부드러운 몸을 보호한다.

카리브닭새우
- 학명: *Panulirus argus*
- 사는 곳: 대서양, 카리브해, 멕시코만
- 길이: 최대 60cm

일부 바닷가재와 달리 닭새우는 커다란 집게발이 없다. 고둥과 딱지조개 같은 작은 연체동물을 먹는다. 죽어서 가라앉은 동물도 먹는다. 암컷은 배 밑에 알을 품는다. 부화한 유생은 1년 동안 자유롭게 헤엄쳐 다니가다 해초가 자라는 바닥에 정착한다. 성체들은 가을마다 무리를 지어서 더 깊은 곳으로 들어가 알을 낳는다.

걷기 알맞은 관절로 이어진 다리로 해저를 걷는다.

다음 세대 이 암컷의 알은 두 개의 긴 끈 안에 들어 있다.

부끄럼만두게
- 학명: *Calappa calappa*
- 사는 곳: 인도-태평양
- 딱지 폭: 최대 15cm

집게발로 얼굴을 거의 다 뒤덮고 있는 이 게는 포식자를 피해서 아주 빨리 굴을 팔 수 있다. 집게발 끝의 집게로 조개 같은 연체동물의 껍데기를 열거나 부수어서 속살을 먹는다.

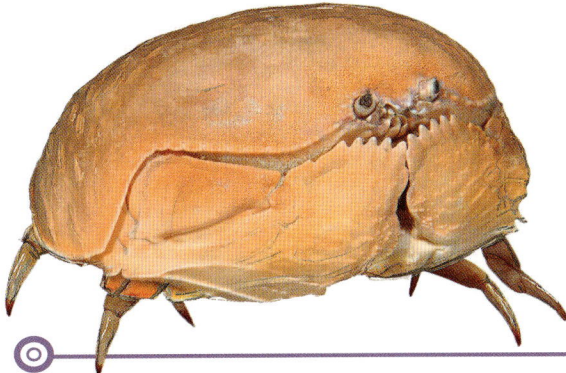

털해면게
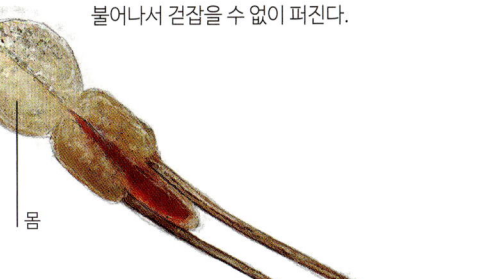
- 학명: *Austrodromidia octodentata*
- 사는 곳: 오스트랄라시아 남부
- 딱지 폭: 최대 8cm

모든 해면 게처럼, 이 털난 종도 해면을 위에 덮어서 위장한다. 해면을 등에 지고서 맨 뒷다리 한 쌍으로 고정시킨 채 돌아다닌다.

유럽바닷가재
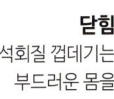
- 학명: *Homarus gammarus*
- 사는 곳: 동대서양, 지중해, 흑해
- 길이: 최대 65cm

이 커다란 바닷가재는 바위 많은 해저에 주로 살며, 작은 굴이나 바위 틈새에 숨어 지낸다. 밤에 나와서 게, 연체동물, 성게, 불가사리 같은 무척추동물을 먹는다.

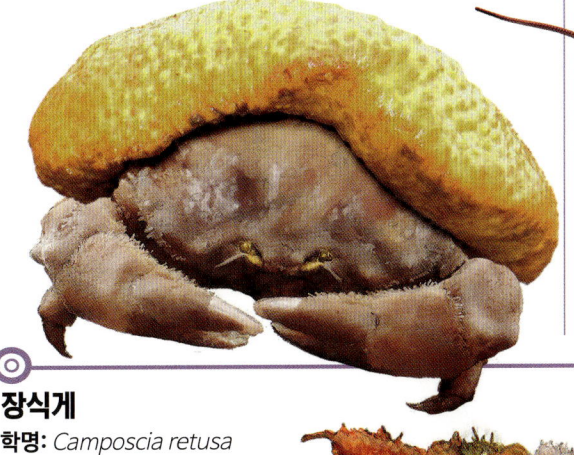

키다리게
- 학명: *Macrocheira kaempferi*
- 사는 곳: 일본과 대만 해안
- 딱지 폭: 최대 40cm

다리를 쫙 펴면 폭이 무려 3.7미터에 달하기도 한다. 키다리게는 수심 50미터 이내에서는 거의 발견되지 않는다.

장식게
- 학명: *Camposcia retusa*
- 사는 곳: 인도-태평양
- 딱지 폭: 최대 3cm

장식게는 주변에 있는 것들로 위장해서 적을 속인다. 바닷말, 해면, 심지어 말미잘을 잘라서 껍데기와 다리에 붙인다. 몸에 작은 털들이 나 있어 붙인 장식물을 고정시킨다.

멋진 차림 다리에도 위장용 조각들이 덮여 있다.

투구게

투구게는 4억 년 넘게 거의 변하지 않았기에, '살아 있는 화석'이라 불린다. 진짜 게보다는 거미와 더 가깝다.

투구게는 생애 대부분을 모랫바닥 위를 걸으며 선충과 연체동물을 잡아먹으면서 보낸다. 번식기에 암컷이 알을 낳을 해변으로 향한다. 헤엄칠 때는 몸을 뒤집은 채 긴 꼬리를 노처럼 흔들어서 나아간다. 헬멧 같은 껍데기 밑에 숨겨져 있던 신체 부위들을 드러내고, 헤엄에 도움이 되도록 관절 다리를 흔들고 아가미도 펄럭거린다.

얕은 바다 · 공작넙치

화려한 색깔 반점은 한쪽 면에만 나타난다.
바닥을 향한 면은 그냥 하얗다.

1 치어
길이가 약 5밀리미터에 불과한 이 치어는 머리 양쪽에 눈이 있고, 똑바로 서서 헤엄친다. 지느러미살은 길어서 포식자에게 몸집이 더 커 보이겠지만, 곧 떨어진다.

2 변신
곧 오른쪽 눈은 이동하기 시작한다. 이제 새끼는 좀 기울어진 자세로 헤엄치며, 왼편이 더 위쪽을 향해 있다. 기울어진 각도는 점점 커져 간다.

임시 가시 지느러미

오른쪽 눈은 몸의 오른쪽에 있다.

등지느러미

이동하는 눈
오른쪽 눈 밑의 조직이 자라면서 눈을 위로 밀기 시작한다. 이윽고 눈은 머리 반대편으로 넘어간다.

투명한 몸
피부에 아직 색소가 전혀 없어서 몸이 투명하다.

뒷지느러미

헤엄 각도
이 단계에서 넙치는 약 20도로 기울어져서 헤엄친다.

색깔을 띠기 시작
몸 왼편의 피부에 조금씩 색깔이 나타나기 시작한다.

넙치류의 눈 이동
처음에 새끼는 보통 물고기처럼 눈이 머리 양쪽에 달려 있지만, 며칠 지나지 않아서 넙치류의 비대칭적인 모습이 나타나기 시작한다. 눈 이동이라는 이 과정이 일어날 때, 새끼는 머리뼈가 아직 비교적 부드럽고 유연해서 한쪽 눈이 머리뼈 반대편으로 돌아갈 수 있다.

헤엄치는 방식
공작넙치는 대개 몸 가장자리에 놓인 등지느러미와 뒷지느러미를 써서 바닥을 기어 다니지만, 필요할 때는 헤엄도 친다. 물결치듯이 몸을 움직이고 등지느러미, 뒷지느러미, 꼬리지느러미로 추진력을 일으킨다. 헤엄칠 때도 결코 바닥에서 멀리 떨어지지 않는다.

넙치 찾기
모든 넙치처럼 공작넙치도 배경에 맞게 빠르게 몸 색을 바꿀 수 있다. 포식자에게 들키지 않게 숨고, 또 먹이에게 들키지 않은 채 다가갈 수 있다. 또 모래로 몸을 덮어서 바닥과 완전히 뒤섞일 수 있다.

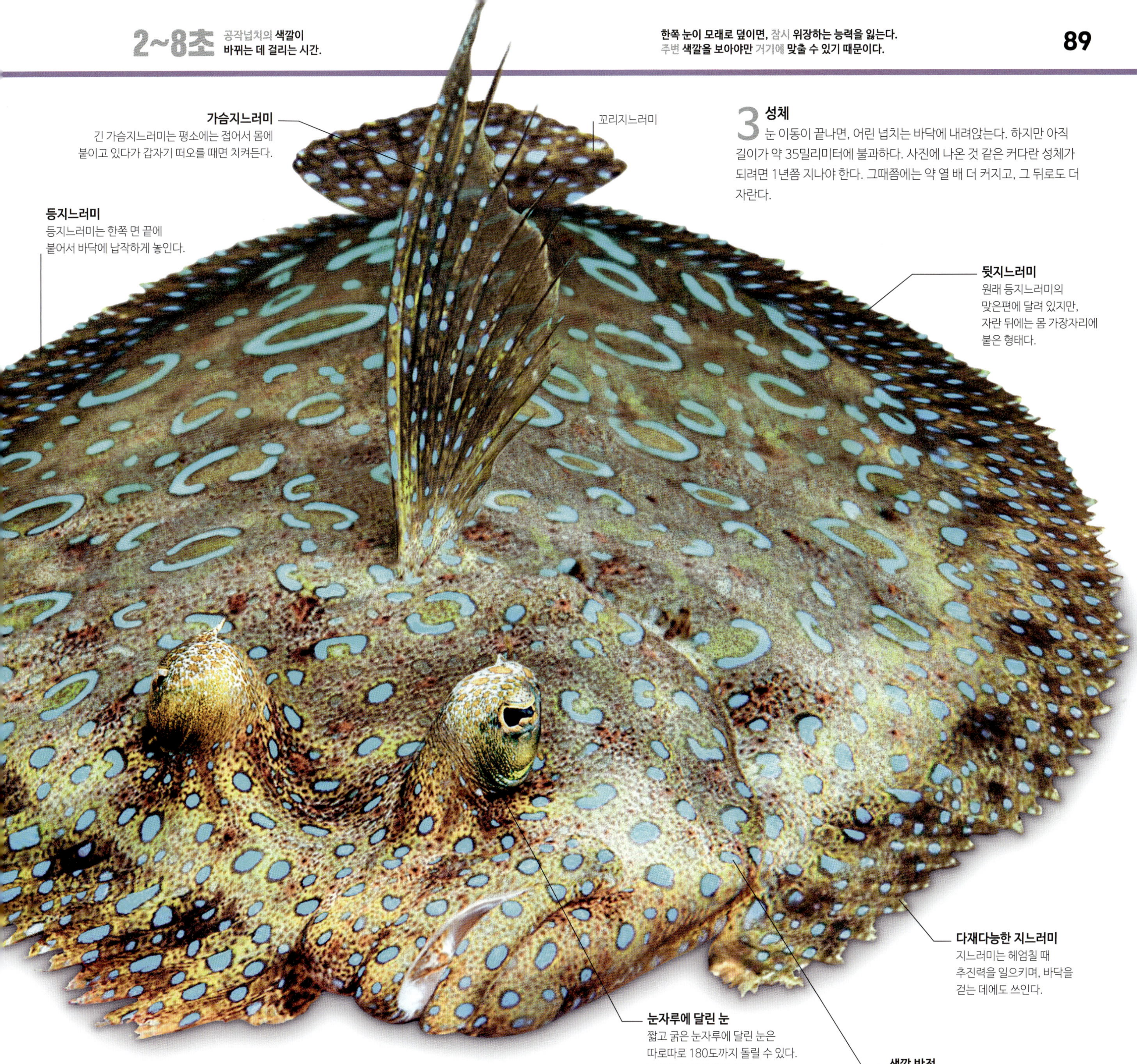

2~8초 공작넙치의 색깔이 바뀌는 데 걸리는 시간.

한쪽 눈이 모래로 덮이면, 잠시 위장하는 능력을 잃는다. 주변 색깔을 보아야만 거기에 맞출 수 있기 때문이다.

가슴지느러미
긴 가슴지느러미는 평소에는 접어서 몸에 붙이고 있다가 갑자기 떠오를 때면 치켜든다.

꼬리지느러미

3 성체
눈 이동이 끝나면, 어린 넙치는 바닥에 내려앉는다. 하지만 아직 길이가 약 35밀리미터에 불과하다. 사진에 나온 것 같은 커다란 성체가 되려면 1년쯤 지나야 한다. 그때쯤에는 약 열 배 더 커지고, 그 뒤로도 더 자란다.

등지느러미
등지느러미는 한쪽 면 끝에 붙어서 바닥에 납작하게 놓인다.

뒷지느러미
원래 등지느러미의 맞은편에 달려 있지만, 자란 뒤에는 몸 가장자리에 붙은 형태다.

다재다능한 지느러미
지느러미는 헤엄칠 때 추진력을 일으키며, 바닥을 걷는 데에도 쓰인다.

눈자루에 달린 눈
짧고 굵은 눈자루에 달린 눈은 따로따로 180도까지 돌릴 수 있다. 그래서 시야가 아주 넓다.

색깔 반점
성체는 파란 반점을 아주 선명해 보이게 할 수 있다.

공작넙치

공작넙치는 가자미류 중에서 눈이 왼쪽으로 몰린 둥글넙치과에 속한다. 자랐을 때 두 눈이 등에 붙어 있는 양 보이지만, 사실은 납작한 몸의 왼쪽에 몰려 있어서다.

이 어류는 원래 이렇게 생긴 것이 아니라, 눈 이동이라는 놀라운 과정을 통해서 변한 것이다. 눈이 옮겨 가면 몸 옆으로 바닥에 엎드려 지내는 저서 생활을 한다. 넙치는 주로 모래 속에 몸을 묻은 채 눈만 내놓고 빙빙 돌리면서 먹이를 찾는다.

어류	
공작넙치	
학명:	*Bothus mancus*
사는 곳:	열대 인도-태평양, 동태평양
길이:	최대 51cm
먹이:	작은 물고기, 게, 새우

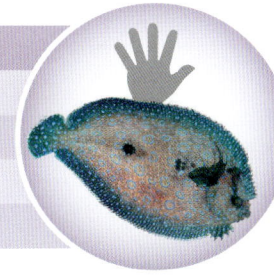

바닥고기(저서어류)

해저나 그 근처에서 사는 물고기를 바닥고기라고 한다. 이들은 두 집단으로 나뉜다. 거의 평생을 바닥에 엎드려서 지내는 종류와 바닥 바로 위에서 헤엄치는 종류다.

바닥고기는 모양과 크기가 제각각이며, 얕은 물에서 깊은 물까지 퍼져 있다. 바닥에 엎드리기 알맞은 몸이 납작한 종류가 많으며, 아예 모래 속에 몸을 묻은 채 눈만 내밀고서 포식자나 먹이를 살피는 종류도 있다. 입이 위로 향한 종류는 헤엄쳐 지나가는 먹이를 잡으며, 입이 아래로 향한 종류는 바닥에 숨어 있는 먹이를 파내어 먹는다.

6m 영국 해안에서 낚싯줄에 걸린 **유럽붕장어**의 길이. 지금까지 잡힌 **붕장어** 중 가장 컸다.

나뭇잎해룡
학명: *Phycodurus eques*
사는 곳: 남부 오스트레일리아
길이: 최대 35cm

나뭇잎해룡은 해마와 같은 과다. 가느다란 통 모양의 입으로 작은 생물을 빨아먹는다. 녹갈색을 띤 잎처럼 생긴 부위 덕분에 바닷말 사이에 숨어 있으면 잘 보이지 않는다. 암컷은 수컷의 꼬리 밑에 알을 낳으며, 수컷은 알을 품어서 부화시킨다.

방어용 가시

이빨 없는 주둥이

위장술
반투명한 피부 돌출부는 바닷말처럼 보인다.

얼룩무늬정원장어
학명: *Heteroconger hassi*
사는 곳: 열대와 아열대 인도-태평양
길이: 최대 40cm

큰 무리를 지어 살며, 몸의 3분의 1을 파묻은 채 해류에 맞서서 흘러가는 먹이를 잡는다. 위협을 받으면, 재빨리 모래 속으로 숨는다.

유럽아귀
학명: *Lophius piscatorius* 
사는 곳: 대서양 북동부, 지중해
길이: 최대 100cm

머리에 난 가시는 '미끼' 역할을 하는 쪽으로 진화했다. 아귀는 진흙이나 모래에 반쯤 몸을 묻은 채 미끼를 흔든다. 미끼는 꿈틀거리는 작은 물고기처럼 보이며, 살펴보러 다가오는 동물을 집어삼킨다.

미끼

이빨붕장어
학명: *Conger triporiceps*
사는 곳: 열대 서대서양
길이: 최대 80cm

이빨붕장어는 흔히 섬 주위의 산호초에서 바닥을 돌아다니면서 먹이를 찾는다. 갓 부화한 새끼는 모습이 전혀 다르다. 작고 납작한 투명한 치어 상태로 1년까지 지내기도 한다.

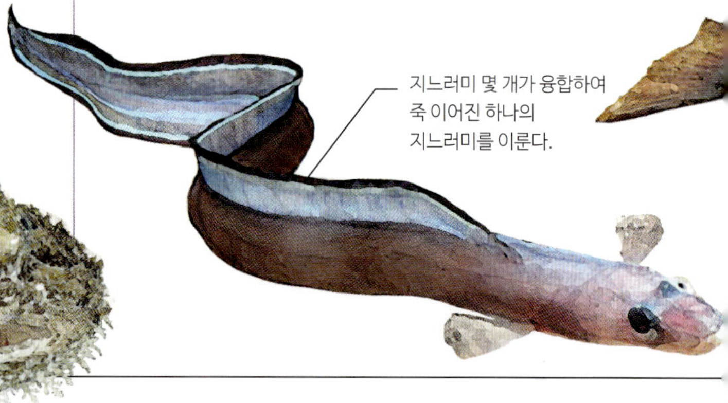

지느러미 몇 개가 융합하여 죽 이어진 하나의 지느러미를 이룬다.

50년 대서양가자미의 최장 수명 기록.

117km 대서양홍어가 한 달간 이주할 수 있는 거리.

잘피실고기
학명: Syngnathoides biaculeatus
사는 곳: 인도-태평양
길이: 최대 29cm

황록색에서 갈색을 띤 이 얇은 풀잎 같은 물고기는 해초나 바닷말 사이에 숨으면 잘 보이지 않는다. 더욱 풀처럼 보이도록, 주로 머리를 아래로 향한 채 거꾸로 서서 지내곤 한다. 헤엄을 잘 못 치며, 물살에 떠내려가지 않도록 유연한 꼬리로 식물을 감고 지낸다.

몸이 비늘 대신에 뼈판으로 덮여 있다.

빨간씬벵이
학명: Antennarius striatus
사는 곳: 열대와 아열대 바다
길이: 최대 10cm

다리처럼 생긴 지느러미로 해저를 걸을 수 있다. 아주 날랜 움직임으로 먹이를 낚아채며, 입이 길게 늘어나서 자기 몸집만 한 먹이도 삼킬 수 있다.

걷는 데 쓰이는 지느러미

대서양대구
학명: Gadus morhua
사는 곳: 북대서양, 북극해
길이: 최대 1m

대서양대구는 낮에는 해저에서 약 30~80미터 위에서 떼 지어 헤엄치면서 보낸다. 어두워지면 흩어져서 아래로 내려가서 해저에 사는 무척추동물과 작은 물고기를 잡아먹는다. 자기 종의 치어까지도 먹는다.

두꺼비고기
학명: Sanopus splendidus
사는 곳: 멕시코 코수멜섬
길이: 최대 24cm

이 화려한 색깔의 물고기는 어류, 고둥, 선충을 잡아먹는다. 물 위로 튀어나온 산호초 아래나 바위 동굴 근처에서 입만 내밀고 숨어 있곤 한다.

대서양통구멍
학명: Uranoscopus scaber
사는 곳: 대서양 북동부, 지중해
길이: 최대 22cm

통구멍 류의 다른 종들처럼 위쪽을 향한 머리 꼭대기에 눈이 달려 있다. 해저에 몸을 묻은 채 눈만 내놓는다. 방어하고 의사소통할 때 쓰이는 소리와 전기 펄스를 낼 수 있는 특수한 기관이 있다.

대서양가자미
학명: Hippoglossus hippoglossus
사는 곳: 북대서양
길이: 최대 4.7m

남획으로 멸종 위기에 처한 이 종은 가자미 중에서 가장 크다. 몸무게 최대 기록은 320킬로그램이다. 어릴 때는 주로 무척추동물을 먹다가, 자랄수록 물고기를 더 많이 먹는다.

대서양홍어
학명: Raja clavata
사는 곳: 동대서양, 인도양 남서부, 지중해
길이: 최대 85cm

등줄기를 따라서 법랑질로 된 가시 모양의 치상돌기(92쪽)가 주르륵 나 있다. 암컷은 배에도 가시가 나 있다. 새끼는 해안 가까이 사는 반면, 성체는 더 깊은 물에 살다가 봄과 여름에만 더 얕은 곳까지 올라온다.

이빨학치
학명: Chorisochismus dentex
사는 곳: 대서양 남동부
길이: 최대 30cm

아주 얕은 물에, 심지어 조간대에도 산다. 빨판처럼 작용하는 지느러미로 바위에 달라붙으며, 커다란 엄니 같은 이빨로 마찬가지로 바위에 붙어 있는 삿갓조개를 떼어 먹는다.

얕은 바다 · 큰귀상어

큰귀상어

580kg 커다란 큰귀상어 성체의 무게.

큰귀상어는 귀상어 아홉 종 중에서 가장 크며, 넓적하고 곧게 뻗은 '귀'와 높이 솟은 등지느러미가 특징이다. 헤엄을 잘 치는 무시무시한 사냥꾼이며, 해마다 따뜻한 물에서 차가운 물로 이주하여 여름을 보내고 돌아온다.

큰귀상어는 등지느러미를 자르려는 사람들 때문에 멸종 위기에 처해 있다. 몇몇 나라에서 요리 재료와 약재로 이 등지느러미를 쓰기 때문이다. 귀상어는 번식 속도가 느리다. 암컷은 임신 기간이 11개월이며, 2년마다 한 번 새끼를 낳는다. 그래서 남획에서 회복되기가 쉽지 않다.

등지느러미
이 커다란 지느러미는 몸이 옆으로 돌지 않도록 막고, 급회전할 때 도움을 준다.

상어 피부
상어 피부를 자세히 들여다보면 V자 모양의 거친 비늘이 보인다. 치상돌기라는 이 비늘은 이빨과 똑같은 구조이며, 법랑질로 덮여 있다. 마찰과 저항을 줄이는 역할을 한다.

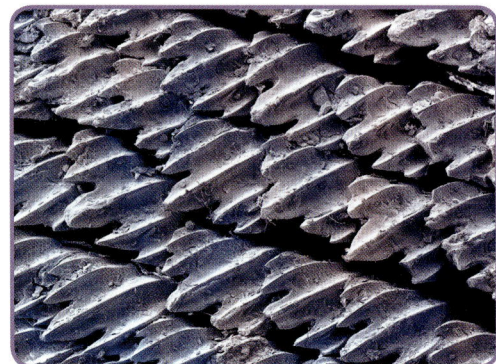

뛰어난 수영 선수
귀상어는 계속 움직여야 한다. 헤엄을 멈추면 아가미로 물이 흘러들지 않아서, 질식해 죽는다. 뼈대가 가볍고 몸이 유선형이어서 아주 빠르게 효율적으로 헤엄칠 수 있다. 지느러미의 각도를 바꾸어서 몸 주위 물의 흐름을 바꾸어서 빨리 몸을 돌릴 수 있다.

꼬리지느러미
좌우로 움직이면서 몸을 앞으로 미는 프로펠러 역할을 한다. 귀상어의 꼬리지느러미는 위아래로 갈라져 있고 언제나 위쪽이 아래쪽보다 길다.

제2등지느러미는 몸 뒤쪽을 안정시킨다.

먹이 위치 파악하기
큰귀상어는 사냥할 때 해저 가까이에서 헤엄치면서 머리를 앞뒤로 까닥거린다. 마치 해저를 훑는 듯하다. 이들은 시각과 후각을 지닐 뿐 아니라, 이 넓적한 귀 모양의 부위에 미세한 전기 감각기도 지니기 때문이다. 이 감각기는 먹이에서 발생하는 전기적 파동을 감지해 모래 속에 숨어 있는 먹이도 찾아낸다.

- 뇌
- 망치 머리
- 물에서 전압 변화를 측정하는 전기 감각기
- 모래 속에 숨은 노랑가오리
- 노랑가오리의 근육이 일으키는 전기장

가슴지느러미
한 쌍의 가슴지느러미는 방향을 틀고 몸을 뒤집고 위아래로 움직이는 데 쓰인다.

방어피음
상어는 배는 하얗고 등은 어둡다. 밑에서 올려다볼 때는 환한 수면과 어우러져 보이지 않고, 위에서 내려다볼 때는 컴컴한 물과 섞여서 보이지 않게 하기 위해서다.

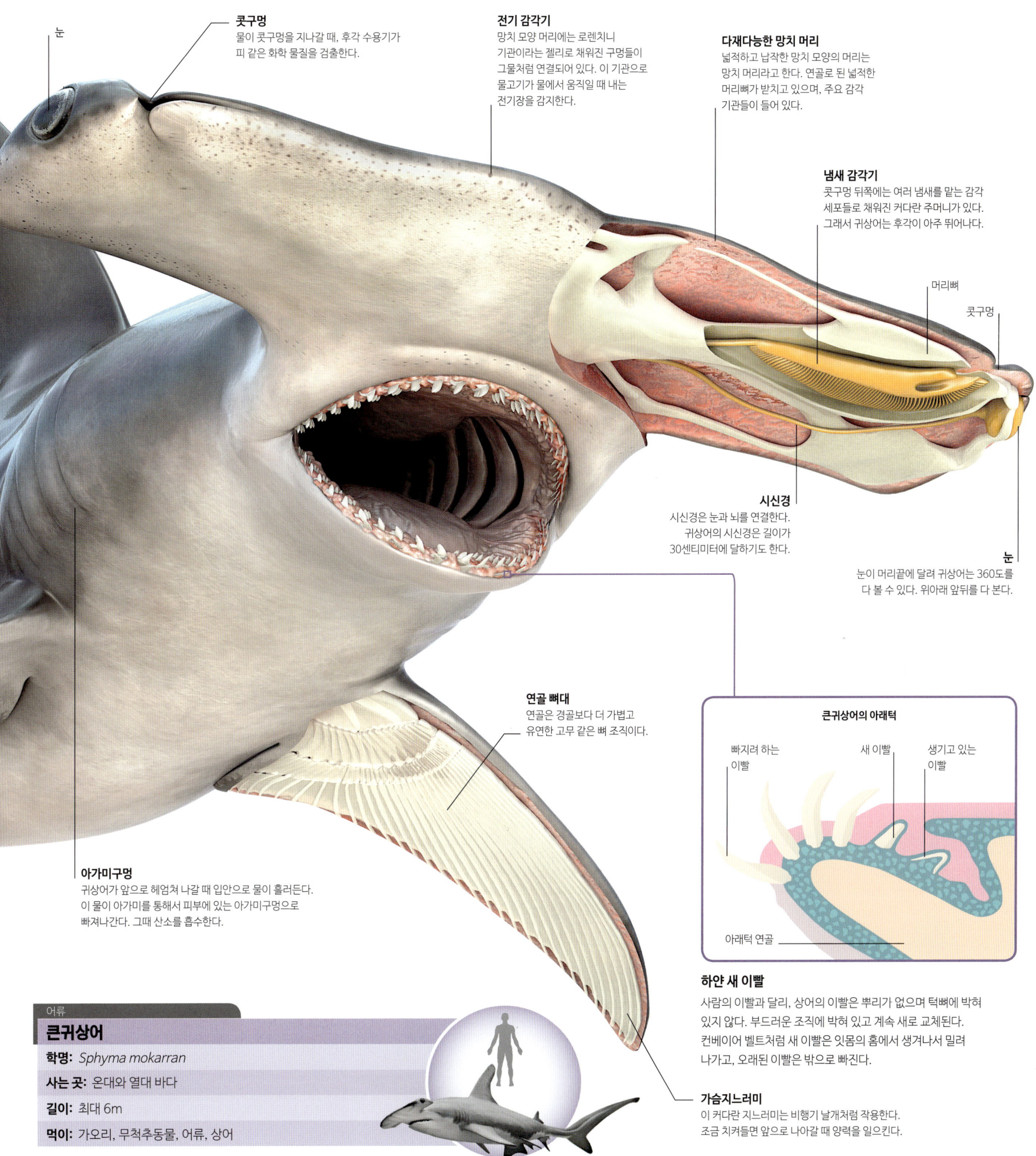

상어

얕은 바다 · 상어

1억 마리 해마다 **사람이 죽이는 상어의 수**. 반면에 상어에게 물려 죽는 사람은 겨우 6명이다.

상어는 500종이 넘는다. 가장 작은 종은 연필만 하고, 가장 큰 종은 시내버스보다 길다. 모두 단단한 경골이 아니라 연골이라는 탄력 있는 물질로 된 뼈대를 지니며, 후각이 아주 뛰어나다.

상어는 모습과 크기뿐 아니라 서식지도 다양하다. 많은 종이 해안이나 산호초 같은 얕은 물을 거의 떠나지 않는다. 반면에 더 깊은 물에 살면서, 계절에 따라 물범 새끼나 이주하는 어류 같은 먹이를 찾아서 얕은 물로 오거나 겨울에 더 따뜻한 얕은 바다로 오는 종도 있다. 날쌔고 뛰어난 포식자인 종도 있고, 물에서 작은 동물을 걸러 먹는 종도 있으며, 해저에 사는 단단한 껍데기를 지닌 연체동물을 씹어 먹는 종도 있다.

뱀상어
학명: *Galeocerdo cuvier*
사는 곳: 전 세계의 따뜻한 바다
길이: 5.5m 이상

검은 줄무늬가 뚜렷하게 나 있다. 무늬는 새끼 때는 아주 진하며, 나이를 먹을수록 흐려진다. 바다뱀과 오징어에서 물범과 돌고래에 이르기까지 아주 다양한 먹이를 먹는다.

돌묵상어
학명: *Cetorhinus maximus*
사는 곳: 전 세계
길이: 10m 이상

수면 가까이에서 거대한 입을 쩍 벌린 채 느릿느릿 헤엄친다. 물에서 치어와 작은 먹이를 포함한 플랑크톤을 걸러 먹는 여과 섭식자다. 이 작은 생물들은 아가미 갈퀴라는 센털에 걸린다.

흑기흉상어
학명: *Carcharhinus melanopterus*
사는 곳: 인도-태평양
길이: 최대 2m

얕은 산호초에 사는 가장 흔한 상어 중 하나다. 멀리 돌아다니는 대신에, 몇 년 동안 한곳에 머물러 있는 쪽을 선호한다. 대개 오징어와 문어 같은 연체동물, 어류, 갑각류를 먹는다.

황소상어
학명: *Carcharhinus leucas*
사는 곳: 따뜻한 바닷가
길이: 최대 3.4m

얕은 해안에 살며, 짠물과 민물을 오갈 수 있는 유일한 상어다. 강을 거슬러서 아주 멀리까지 올라가기도 한다. 다양한 동물을 먹는다.

토니너스상어
학명: *Nebrius ferrugineus*
사는 곳: 인도-태평양
길이: 최대 3.2m

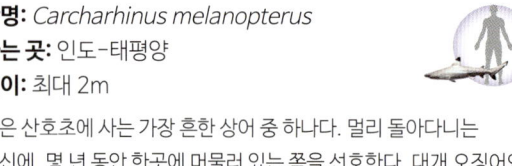

낮에는 동굴이나 바위 밑에서 서로 포개져서 모여 있다. 밤에 나와서 굴이나 틈새에 숨어 있는 문어, 바다뱀, 어류, 무척추동물을 빨아내어 먹는다.

각 등지느러미 앞에 가시가 나 있다.

뿔괭이상어
학명: *Heterodontus francisci*
사는 곳: 북아메리카 태평양 연안
길이: 최대 1m

이 야행성 사냥꾼은 연체동물, 불가사리, 성게, 갑각류를 먹는다. 무는 힘이 세서 껍데기를 부술 수 있다. 상어치고는 작고 느리게 움직이며, 등지느러미에 난 커다란 가시로 몸을 방어한다.

70년 백상아리 수컷의 예상 수명.

약 513종 지금까지 발견된 상어의 종 수.

450톤 돌묵상어가 한 시간에 거르는 물의 양.

쿠키커터상어
학명: *Isistius brasiliensis*
사는 곳: 전 세계의 따뜻한 바다
길이: 최대 56cm

이 작은 상어는 기생 생물이다. 반죽 자르는 칼 같은 날카로운 이빨로 다른 어류와 해양 동물의 살을 베어 낸다. 죽이려는 의도는 갖고 있지 않다. 해가 지면 깊은 바다에서 수면 가까이 올라온다.

전자리상어
학명: *Squatina squatina*
사는 곳: 북대서양, 지중해, 흑해
길이: 최대 2.4m

납작한 몸 때문에 가오리나 홍어로 착각하기도 하는 이 상어는 모래에 몸을 묻고 있다가 지나가는 물고기나 오징어를 덮친다. 여름과 가을에 얕은 물에 살다가 더 깊은 곳으로 가서 겨울과 봄을 지낸다.

긴코톱상어
학명: *Pristiophorus cirratus*
사는 곳: 남부 오스트레일리아
길이: 최대 1.5m

긴 주둥이의 가장자리를 따라 날카로운 이빨들이 톱니처럼 나 있으며, 큰 무리를 지어서 다니곤 한다. 작은 물고기와 갑각류를 먹는다. 주둥이에 난 수염으로 먹이를 감지해서, 날카로운 이빨로 후려친다.

수염에는 먹이를 감지하는 맛봉오리가 있다.

백상아리
학명: *Carcharodon carcharias*
사는 곳: 전 세계
길이: 최대 6m

백상아리는 전 세계의 해안과 앞바다에 살며, 섭씨 5~25도의 수온에서 살 수 있다. 대개 암컷이 수컷보다 크다. 많은 상어와 달리, 백상아리는 물 밖으로 머리를 내밀곤 하며, 수면에 있는 새를 잡아먹기도 한다.

물범 먹이

사슬두톱상어
학명: *Scyliorhinus retifer*
사는 곳: 대서양 북동부, 멕시코만, 카리브해
길이: 최대 59cm

아름다운 무늬를 지닌 사슬두톱상어는 낮에는 해저에 엎드린 채 쉬다가, 밤에 오징어, 어류, 갑각류를 사냥한다. 생체 형광이 가능한 종으로, 바다의 파란빛을 흡수하여 피부가 초록색으로 빛난다.

얼룩상어
학명: *Chiloscyllium plagiosum*
사는 곳: 일본, 동남아시아
길이: 최대 95cm

이 야행성 상어는 얕은 산호초에서 어류, 작은 게, 새우를 먹는다. 커다란 상어에게 먹히지 않기 위해, 좁은 틈새로 피할 수 있도록 몸이 가늘다. 얼룩상어는 포획하여 수족관에서 키우기도 하기에, 야생에서 수가 줄어들 수도 있다.

정어리 떼 대이동

남아프리카 해안에서는 겨울마다 장관이 펼쳐진다. 이때 정어리 수백만 마리가 이주하는데, 그들을 잡아먹기 위해 포식자들도 몰려든다.

어류는 무리를 짓곤 한다. 물고기 떼는 때로 촘촘하게 모여서 동시에 같은 움직임을 보이기도 한다. 이주하거나 포식자를 물리치기 위해 이런 행동을 한다. 정어리 떼 대이동은 세계 여러 해역에서 일어나지만, 남아프리카 해역의 떼가 가장 규모가 크다. 수와 규모는 해마다 달라진다.

베이트 볼 쪼개기

정어리 떼가 이동하면 곧 포식자들이 알아차리고 몰려든다. 정어리들은 포식자가 다가온다는 것을 알고, 이들을 혼란에 빠뜨리기 위해서 서로 가까이 모여든다. 이윽고 공 모양으로 서로 뭉쳐서 헤엄친다. 이를 베이트 볼이라고 한다. 대개 참돌고래들이 가장 먼저 모여서, 정어리들을 더 촘촘하게 모이게 만든 뒤, 수면 쪽으로 밀어 댄다. 그러면 정어리 떼는 더 이상 달아날 곳이 없어진다. 곧이어 다른 포식자들도 몰려든다. 물속에서도 물 위에서도 몰려들어 공격하면서 베이트 볼은 쪼개진다.

차가운 물을 따라서

정어리는 차가운 물을 좋아하며, 여름에는 남아프리카 서쪽의 벵겔라 해류를 타고 차가운 물로 몰려든다. 겨울에는 동부 해안까지 충분히 차가워지므로 더 북쪽으로 올라가서 알을 낳는다. 때로 수백만 마리가 이동하곤 한다. 그 뒤에는 따뜻한 아굴라스 해류의 밑으로 흐르는 더 차가운 물을 타고서 남쪽으로 돌아오는 듯하다.

7km 남아프리카 해안에서 이동하는 대규모 정어리 떼의 전체 길이.

자카스펭귄
펭귄은 빠르고 날쌔게 헤엄을 치지만, 자칫하다가는 물개나 상어에게 잡아먹힐 수도 있다.

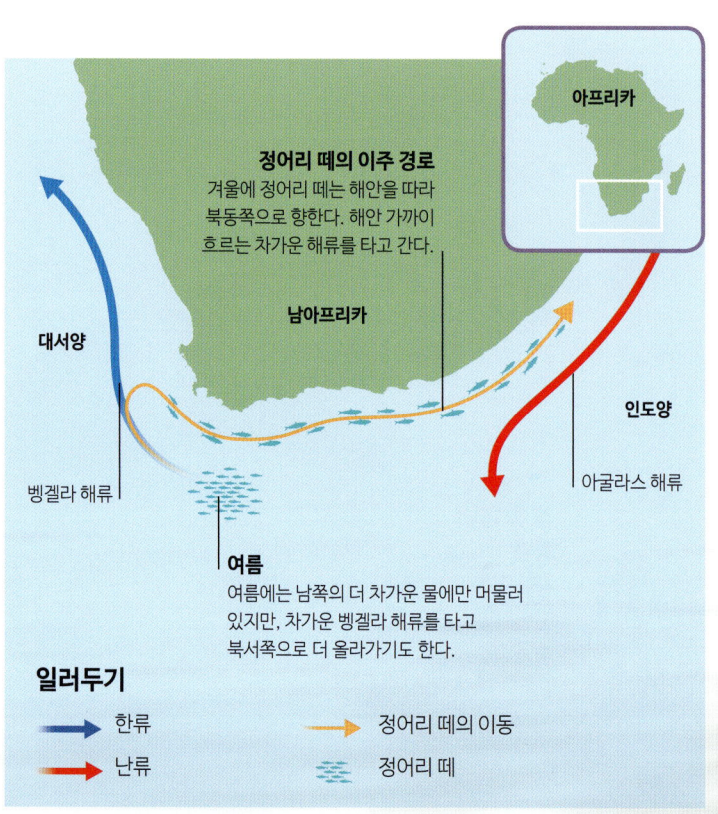

정어리 떼의 이주 경로
겨울에 정어리 떼는 해안을 따라 북동쪽으로 향한다. 해안 가까이 흐르는 차가운 해류를 타고 간다.

아프리카 / 대서양 / 남아프리카 / 인도양 / 벵겔라 해류 / 아굴라스 해류

여름
여름에는 남쪽의 더 차가운 물에만 머물러 있지만, 차가운 벵겔라 해류를 타고 북서쪽으로 더 올라가기도 한다.

일러두기
→ 한류
→ 난류
→ 정어리 떼의 이동
 정어리 떼

남아프리카물개
소규모 무리를 지어서 사냥하며, 베이트 볼 한가운데로 곧장 헤엄쳐 들어가 물고기를 낚아챈다.

베이트 볼
이 대형은 포식자의 감각을 혼란시켜서, 어느 한 개체를 골라서 공격하기 어렵게 만든다.

무태상어
이 상어는 협력하여 먹이인 물고기들을 한데 몰아서 베이트 볼로 만든 뒤에, 번갈아 덮치면서 잔뜩 먹어 치운다.

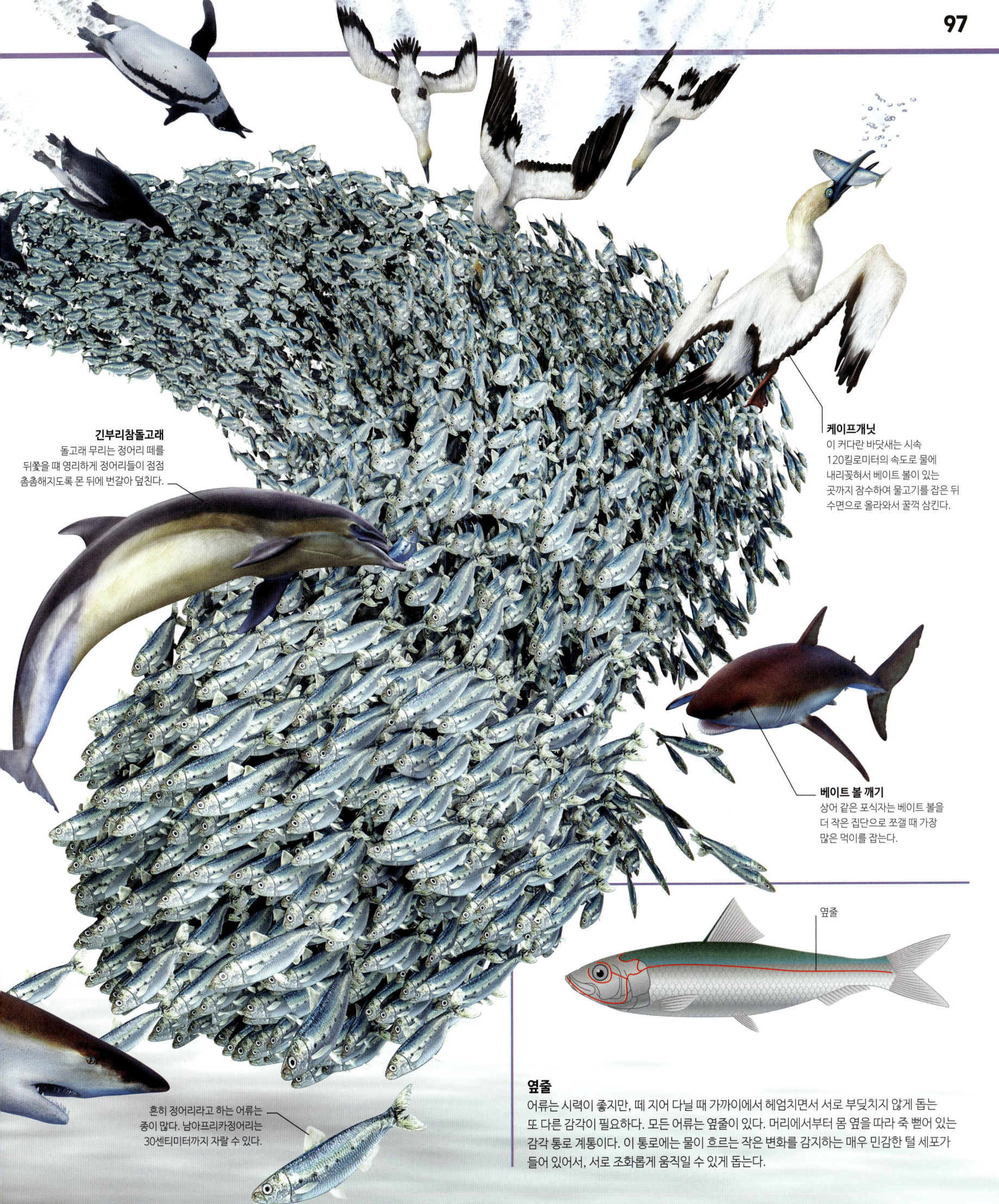

얕은 바다 · 산호초

산호초는 해저의 약 1퍼센트에 불과하지만, 해양 종의 25퍼센트에게 보금자리를 제공한다.

산호초

우주에서 보일 만큼 아주 큰 것도 있는 산호초는 살아 있는 산호들이 자라면서 수천 년에 걸쳐서 형성된다. 해양 생물의 온상인 산호초는 열대 저기압과 파도로부터 해안선을 보호하는 역할도 한다.

서로 연결된 수많은 산호 폴립들로 이루어지는 산호는 무척추동물이며, 햇빛을 받아야 건강하게 자랄 수 있다. 산호는 해면동물을 비롯한 다른 생물들과 함께 산호초를 만들어서 다른 생물들이 살아갈 서식지를 제공한다. 산호초 구조는 조류와 무척추동물에게 완벽한 서식지가 된다. 그리고 그들을 먹는 종들도 모여듦으로써, 온갖 색깔, 모양, 소리로 가득한 활기찬 풍경이 펼쳐진다.

산호 군체
산호는 폴립이라는 작은 동물들이 살아 있는 조직으로 연결되어서 큰 집단을 이룬다. 폴립은 탄산 칼슘이라는 광물질을 분비하여 산호초의 단단한 뼈대를 이룸으로써 군체의 모양을 형성한다.

(폴립 / 뼈대 / 연결 조직)

산호초의 낮과 밤
낮의 산호초에는 온갖 화려한 색깔의 물고기들이 바쁘게 돌아다닌다. 먹이를 찾아 먹고 영역을 지키느라 바쁘다. 움푹 들어간 곳이나 틈새에는 야행성 어류들이 숨어서 쉬고 있다. 밤이 되면 초식성 어류는 대부분 보금자리를 찾아서 숨고, 육식성 어류들이 나와서 사냥을 한다. 또 산호 폴립들도 대부분 밤에 열려서 먹이를 찾아 먹는다.

낮의 산호초

긴코나비고기 산호초에서 자기 영역에 들어오는 침입자는 다 내쫓는다.

파랑비늘돔 이 종은 산호와 그 안에 사는 조류를 뜯어 먹는다.

리걸에인절피시 이 에인절피시는 해면동물을 즐겨 먹는다. 해면동물은 식물처럼 생긴 단순한 동물로서 산호초에 붙어 자란다.

자리돔 이 작은 어류는 산호초를 떼 지어 다니면서 플랑크톤을 먹는다.

부채뿔산호 부드러운 연산호에 속한다. 단단한 탄산 칼슘 뼈대를 만들지 않는다.

뇌산호 뇌처럼 둥글고 주름이 나 있다. 낮에는 촉수를 움츠린 채 가만히 있다가 밤에 뻗어서 먹이를 걸러 먹는다.

상어 은신처 백기흉상어는 낮에는 동굴이나 움푹 들어간 곳에서 쉰다.

갯민숭달팽이 산호초를 돌아다니면서 해면동물을 뜯어 먹는다. 독이 있는 종류도 있다.

관해면

옐로탱 이 샛노란 색은 낮의 색이다. 밤에는 흐릿해지고 대신 하얀 줄무늬가 뚜렷이 드러난다.

33% 전 세계 **산호초** 중에서 **오스트레일리아**와 **인도네시아**가 차지하는 비율.

약 1,000종 전 세계 **경산호**의 종 수. 이들이 어류 4,000종 이상을 지탱한다.

밤의 산호초

사냥하는 백기흉상어
이 야행성 사냥꾼은 무리 지어 다니면서 산호 틈새에 숨어 있는 물고기를 찾아낸다.

다람쥐고기(얼게돔과)
낮에는 숨어 있다가 밤에 나와서 게와 새우를 잡아먹는다.

군인고기(얼게돔과)
눈이 커서 약한 빛에도 잘 볼 수 있으며, 산호초 위를 돌아다니면서 떠다니는 플랑크톤인 작은 갑각류를 잡아먹는다.

폴립을 열고 여과 섭식하는 뇌산호

곰치
곰치는 밤에 먹이의 냄새로 사냥한다.

성게
독을 지닌 가시로 몸을 방어하면서 산호초를 기어 다니면서 조류를 갉아 먹는다.

잠자는 파랑비늘돔
냄새를 숨겨 주는 점액 방울로 몸을 감싸고 잠든다.

산호의 섭식 시간
대부분의 산호처럼 검은태양산호도 밤에 먹이를 먹는다. 폴립을 열고 침을 쏘는 섬세한 촉수를 뻗어서 떠다니는 플랑크톤을 잡는다.

산호 폴립

산호의 각 폴립은 개별 생물이다. 폴립이 열려 있을 때만 보이는 촉수에는 먹이를 마비시키는 침을 쏘는 특수한 세포가 있다. 먹이는 플랑크톤과 작은 물고기다. 촉수는 먹이를 중앙의 입으로 가져간다. 각각의 부드러운 폴립은 산호 뼈대에 들어 있다. 폴립은 자라면서 뼈대에 광물질을 덧붙이고, 이에 따라 뼈대도 점점 굵어진다.

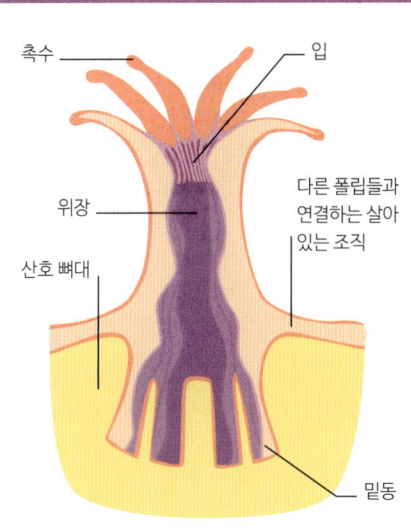

촉수 · 입 · 위장 · 다른 폴립들과 연결하는 살아 있는 조직 · 산호 뼈대 · 밑동

산호 백화 현상

황록공생조류라는 미세한 조류는 산호의 조직 속에 살면서 햇빛 에너지를 써서 먹이를 만들어 산호를 돕는다. 그런데 수온이 평균보다 섭씨 1도만 올라가도, 조류는 산호 밖으로 빠져나올 수 있다. 그러면 산호가 하얗게 변하는 백화 현상이 일어난다. 곧 다른 조류가 안으로 들어오지 않으면, 산호는 하얀 껍데기만 남기고 죽을 수도 있다.

얕은 바다 · 청소놀래기

1,218마리 청소놀래기 한 마리가 하루에 먹는 기생충의 수를 기록한 **최댓값**.

청소장
청소장은 주로 산호초에 마련된 공간으로서, 해양 동물들이 기생충, 조류, 죽은 피부를 제거하기 위해서 오는 곳이다. 이곳에 오는 고객은 청소놀래기의 청소 서비스를 받는다.

유용한 관계
이 토마토그루퍼는 몸에서 기생충과 죽은 조직이 제거되는 혜택을 얻는다. 보답으로 청소놀래기는 좋은 먹이를 얻는다. 그루퍼는 이 청소원이 관심을 가졌다 싶으면, 청소원이 일을 시작해도 안전하다는 것을 보여 주기 위해서 느긋한 자세를 취한다. 고객 종마다 나름의 느긋한 자세가 있다.

줄서기
고객은 청소장 앞에 줄을 서서 기다릴 것이다. 기다리는 동안 청소원이 일하는 모습을 지켜본다. 청소원이 고객을 속이고 살점을 뜯어 먹으면, 기다리던 물고기들은 딴 데로 가 버릴 것이다. 사진은 옐로탱이 앞 고객의 청소를 마치기를 기다리는 푸른바다거북의 모습이다.

청소새우
바다에서 어류만이 청소원으로 일하는 것이 아니다. 이 곰치 같은 고객의 기생충을 제거하는 일을 하는 새우 종도 있다. 청소새우도 산호초에 청소장을 지닐 때가 많으며, 때로 산호초에서 청소놀래기와 함께 일을 하기도 한다.

어류

청줄청소놀래기
- **학명:** *Labroides dimidiatus*
- **사는 곳:** 인도양, 태평양
- **길이:** 최대 14cm
- **먹이:** 갑각류 기생충, 죽은 피부, 점액

청줄청소놀래기

이 종은 별난 섭식 습성을 지니고 있어서 청소한다는 이름이 붙었다. 조를 짜서 협력하는 이 물고기는 다른 어류의 몸에 붙은 기생충, 죽은 피부, 점액을 뜯어 먹는 전문가다.

한 조는 수컷 한 마리와 암컷 서너 마리, 암수 한 마리씩, 또는 덜 자란 새끼들만으로 이루어진다. 청줄청소놀래기는 부화할 때는 모두 암컷이다. 수컷이 죽으면, 가장 큰 암컷이 수컷으로 변해서 그 자리를 대신한다. 수컷이 자기 조의 암컷을 다 잃으면, 그 뒤에 처음으로 마주친 개체와 짝을 짓는다. 처음 만난 개체가 수컷이라면, 몸집이 작은 쪽이 암컷으로 변해서 짝을 짓는다. 청줄청소놀래기는 평생을 얕은 열대 해안의 산호초에 마련한 청소장에서 산다.

환영
청소놀래기는 꼬리를 위아래로 흔들면서 춤을 추는 듯한 행동으로 고객을 환영한다. 새로운 고객이거나, 청소놀래기가 아직 덜 자라서 먹힐 가능성이 높을 때 더욱 그렇다.

움츠릴 수 있는 턱
청소놀래기는 입을 쭉 내밀어서 집게처럼 기생충을 잡은 뒤 입안으로 당겨 넣는다.

알아볼 수 있는 몸차림
몸 양쪽에 검은 줄이 뚜렷이 나 있어서 고객은 청소놀래기 성체를 멀리서도 알아본다.

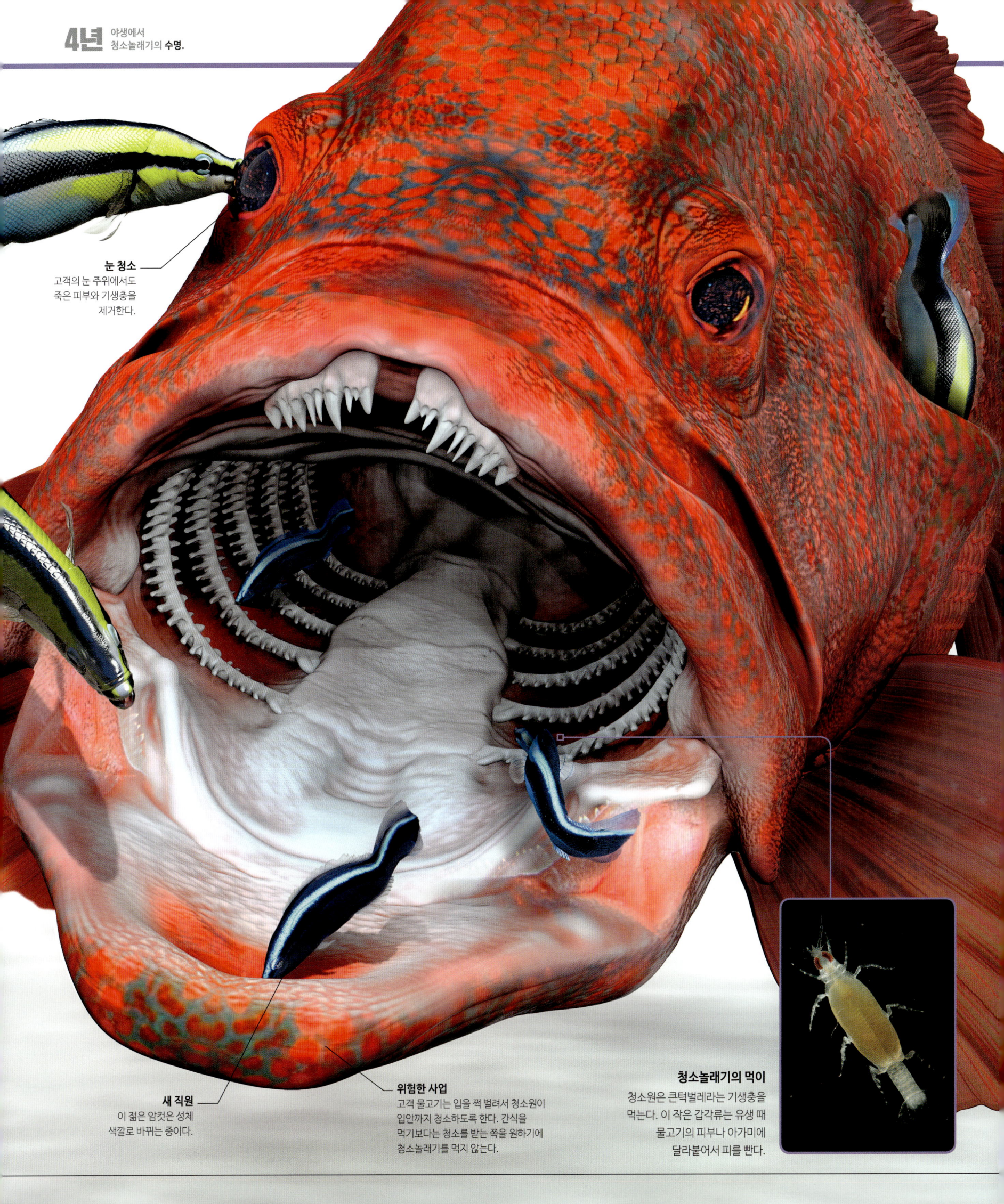

4년 야생에서 청소놀래기의 **수명**.

눈 청소
고객의 눈 주위에서도 죽은 피부와 기생충을 제거한다.

새 직원
이 젊은 암컷은 성체 색깔로 바뀌는 중이다.

위험한 사업
고객 물고기는 입을 쩍 벌려서 청소원이 입안까지 청소하도록 한다. 간식을 먹기보다는 청소를 받는 쪽을 원하기에 청소놀래기를 먹지 않는다.

청소놀래기의 먹이
청소원은 큰턱벌레라는 기생충을 먹는다. 이 작은 갑각류는 유생 때 물고기의 피부나 아가미에 달라붙어서 피를 빤다.

산호초의 생물들

바다의 열대 숲이라고도 하는 산호초에는 아주 다양한 종이 산다. 복잡한 구조를 하고 있어서 많은 동물에게 집, 섭식지와 사냥터가 되며, 많은 화려한 무척추동물과 어류가 산다.

전 세계의 따뜻한 물에서 형성되는 활기찬 산호초에는 많은 생물이 살아간다. 햇빛을 받아서 스스로 먹이를 만드는 미세한 해양 조류도 많다. 무수한 작은 무척추동물과 어류는 이 미생물을 먹으며, 그들은 더 큰 물고기에게 먹힌다. 그리고 그 물고기를 잡아먹는 더욱 큰 포식자도 찾아온다.

중국주벅대치
- **학명:** *Aulostomus chinensis*
- **사는 곳:** 홍해를 제외한 인도-태평양
- **길이:** 최대 80cm

주벅대치는 매복 포식자다. 산호 뒤에 숨어서 작은 물고기가 다가오기를 기다린다. 가까이 오면 노처럼 생긴 꼬리지느러미로 긴 몸을 쑥 밀면서 불쑥 튀어나와 덮친다.

입을 쩍 벌려서 먹이를 빨아들인다.

가시관불가사리
- **학명:** *Acanthaster planci*
- **사는 곳:** 인도-태평양
- **지름:** 70cm 이상

독이 든 가시로 뒤덮인 팔을 최대 23개까지 지닌 이 무시무시한 불가사리는 산호를 먹는다. 기후 변화에 따른 수온 증가와 이 종의 개체 수 증가가 겹쳐져서 일부 산호초는 파괴되어 왔다.

노란입술바다뱀
- **학명:** *Laticauda colubrina*
- **사는 곳:** 인도-태평양
- **길이:** 최대 1.5m

얕은 산호초에서 뱀장어를 사냥하는 이 독을 지닌 바다뱀은 먹이를 삼킨 뒤에는 땅으로 올라와서 소화시킨다. 자라면서 육지에서 허물을 벗는다. 암컷은 커다란 붕장어를 좋아하지만 수컷은 작은 곰치를 선호한다.

목수놀래기
- **학명:** *Paracheilinus carpenteri*
- **사는 곳:** 서태평양
- **길이:** 최대 8cm

수컷은 날랜 움직임과 화려한 몸 색을 써서 암컷에게 구애한다. 산호초에서 바다 쪽으로 휙휙 움직이면서 지느러미를 반짝반짝 빛나게 한다. 구애 시기에는 몸 색도 더 선명해지고 밝아진다.

크리스마스트리갯지렁이
- **학명:** *Spirobranchus giganteus*
- **사는 곳:** 전 세계 열대 바다
- **길이:** 최대 3.8cm

이 갯지렁이는 산호에 석회질로 된 관을 만들고 그 안에 숨어 산다. 산호 표면 위로 두 개의 나선형 크리스마스트리 모양의 촉수를 뻗어서 숨을 쉬고 지나가는 플랑크톤을 거른다. 위협을 받으면, 재빨리 관 안으로 움츠려 숨는다.

대서양골리앗참바리
- **학명:** *Epinephelus itajara*
- **사는 곳:** 대서양 열대 해안
- **길이:** 최대 2.5m

이 커다란 물고기는 먹이를 찾으면서 느릿느릿 산호초를 돌아다닌다. 갑각류, 특히 가시 투성이 바닷가재를 좋아하지만, 거북, 문어, 어류도 먹는다. 동굴이나 난파선에서 쉬곤 한다.

입이 커서 먹이를 통째로 삼킬 수 있다.

42종 세계의 산호초에 사는 주벅대치의 종 수.

455kg 지금까지 잡힌 대서양골리앗참바리의 최대 무게.

딱총새우가 **집게발**을 아주 빨리 **다물** 때 공기 방울이 생기며, 이 방울이 터지면서 내는 큰 소리에 먹이는 기절한다.

만다린피시
학명: Synchiropus splendidus
사는 곳: 서태평양
길이: 최대 7cm

이 환상적인 색깔의 물고기는 산호초 바닥에서 작은 무리를 지어 산다. 척추동물 중에서 아주 드물게도, 빛을 반사해서 파란색을 띠는 것이 아니라 파란 색소를 만든다. 포식자를 내쫓기 위해서 악취를 풍기는 점액으로 덮여 있다.

할리퀸쥐치
학명: Oxymonacanthus longirostris
사는 곳: 인도-태평양
길이: 최대 12cm

쌍쌍이 또는 작은 무리를 지어 죽은 산호의 밑동에서 자라는 조류를 보금자리로 삼는다. 식성이 아주 특이해서, 오직 한 종류의 돌산호 폴립만 먹는다. 자신이 먹는 산호와 같은 냄새를 풍겨서 포식자를 따돌린다.

줄무늬강담복
학명: Chilomycterus schoepfi
사는 곳: 서대서양
길이: 최대 28cm

복어류에 속하며 피부에 가시가 나 있다. 산호초와 해초로 덮인 해안에 살며, 고둥, 조개, 갑각류를 잡아먹는다. 다른 복어들처럼 위험에 처하면 몸을 부풀릴 수 있다.

피카소쥐치
학명: Rhinecanthus assasi
사는 곳: 인도-태평양
길이: 최대 30cm

쥐치복과에 속하며, 같은 과의 종들처럼 위쪽에 큰 가시가 솟아 있는데, 그 뒤쪽에 있는 '트리거'라는 더 작은 가시를 써서 큰 가시를 고정시킬 수 있다. 이 가시를 세워서 산호초 틈새에 몸을 꽉 끼우면 포식자가 끌어내기 어렵다. 위험이 지나가면, 가시를 푼다.

곤추세운 가시

인도양딱총새우
학명: Alpheus randalli
사는 곳: 인도양
길이: 최대 3cm

줄무늬 사탕같이 생긴 딱총새우는 커다란 집게발로 산호초 부스러기가 쌓인 곳에 굴을 파고, 이 굴에서 망둥이와 함께 산다. 망둥이는 딱총새우와 크기가 비슷하거나 좀 크며, 시력이 더 좋다. 그래서 망둥이가 굴속으로 몸을 피하면, 새우도 따라서 피한다.

바구니혹가지거미불가사리
학명: Astrocladus euryale
사는 곳: 남아프리카
지름: 1m 이상

불가사리의 친척이며, 열 개의 팔이 더욱 가늘게 갈라져서 뻗어 나간다. 비틀린 긴 팔로 먹이를 잡는다. 대개 작은 갑각류를 잡아서 원반 모양의 중심부 밑쪽에 있는 입으로 가져간다.

가까운 이웃

산호초는 생명이 가득한 활기찬 세계다. 많은 다양한 종들이 위아래, 좌우에 있는 이웃들과 가까이에서 복작거리며 살아간다.

일부 산호 주민들은 서로에게 이로운 쪽으로 협력하는 방법을 찾아냈다. 인도-태평양의 큰산호말미잘에 사는 이 흰동가리는 말미잘의 촉수에 든 침을 견딘다. 촉수에 붙은 찌꺼기를 청소하는 대신, 먹이와 안전한 생활 공간을 얻는다.

전 세계 **바다** 밑에는 약 300만 척의 **난파선**이 가라앉아 있다.

인양 잠수부
잠수부가 들어가서 유용하거나 가치 있는 배 부품이나 화물을 인양하기도 한다.

문어의 활동
이 문어 같은 동물은 난파선의 부품을 움직이거나 부수어서 자신의 집으로 삼기도 한다.

1 가라앉은 배
배가 어떻게 왜 가라앉느냐에 따라서, 그림처럼 거의 온전한 모습으로 가라앉기도 하고, 조각나서 가라앉기도 한다. 사고로 가라앉을 때는 기름 같은 위험하거나 유독한 화물이 흘러나와서 환경에 심각한 피해를 입히기도 한다.

2 분해
쇠로 된 선체는 녹이 슬기 시작하면서 점점 약해진다. 녹슨 부위들은 떨어져 나가고, 오가는 동물들에게 부딪혀 더 떨어질 수도 있다. 얼마나 빨리 분해되는지는 선체의 재료와 나이, 수심, 파도, 산소 농도, 수온에 따라 달라진다. 물살이 심하고 물이 더 따뜻할수록 더 빨리 삭는다.

이사하기
난파선의 구석이나 틈새는 이런 게에게 완벽한 은신처가 된다. 몸을 드러낸 채 해저를 돌아다니지 않아도 된다.

난파선

배는 어떤 크기든 간에 태풍, 충돌, 해상 전투, 산호초나 움직이는 사퇴 같은 항해 위험 요소 때문에 바다 밑에 가라앉을 수 있다. 가라앉은 배는 시간이 흐르면 해양 환경의 일부가 된다.

난파선이 반드시 사고로 생기는 것은 아니다. 인공 산호초를 만들기 위해서 고철로 분해될 낡은 배를 일부러 가라앉히기도 한다. 어떻게 가라앉았든 간에, 난파선은 해양 생물의 서식지가 될 수 있으며, 많은 어류가 모여들어서 어장이 형성되고, 잠수 관광도 활성화한다.

난파선에서 산호초로
미국 노스캐롤라이나 아우터뱅크스 해안에 가라앉은 이 배는 수심 약 30미터에 놓여 있다. 곧 해류에 실려서 산호와 치어들이 오면서 새로운 산호초 서식지가 형성되었다. 쇠로 된 선체는 서서히 인공물에서 자연 서식지처럼 변해 갔다.

123종 미 해군 호이트 S. 밴더버그 장군호가 **침몰한 지 1년 만**에 모여든 생물 중 수.

배만 인공 산호초가 되는 것이 아니다. 인공 산호초를 조성하기 위해 **지하철 차량, 탱크, 비행기**도 가라앉히곤 했다.

대서양의 묘지
미국 노스캐롤라이나 해안에서는 16세기 초부터 움직이는 사퇴와 거친 폭풍우 때문에 5,000척이 넘는 배가 침몰했다. 해적선도 현대 화물선도 가라앉았다. 제2차 세계 대전 때 이곳에서는 독일의 잠수함 유보트가 많은 상선을 침몰시켰기에, 어뢰 통로라고 불렸다. 지금은 많은 사람이 난파선을 보기 위해 잠수한다.

어류 다양성
난파선에는 양머리돔을 비롯한 많은 어류가 산다.

해양 묘지
모든 난파선이 물속에 잠긴 것은 아니다. 수백 년 동안 많은 배가 아우터뱅크스의 이동하는 모래 해안에 부딪혀서 좌초되었다.

미국 노스캐롤라이나 연안의 난파선들

3 해양 생물의 은신처
해류를 타고 산호, 해면, 말미잘의 유생이 흘러와 난파선에 붙어서 자란다. 그러면 은신처, 먹이, 동료를 찾아서 더 많은 해양 생물들이 모여든다.

상어 은신처
이 모래뱀상어 같은 포식자는 풍부한 먹이를 찾아서 난파선에 들르곤 한다. 또 많은 난파선은 모래뱀상어 새끼의 육아실이나 어린 상어들의 모임터 역할도 한다.

4 인공 산호초
시간이 흐르면 선체는 해양 생물로 뒤덮여서 거의 알아볼 수 없게 된다. 지역과 수심에 따라서는 수백 년이 아니라 수십 년 사이에 새로운 산호초가 생기기도 한다.

난파선의 쇠 부분에 **녹이 슬어서 생긴 고드름 모양**의 덩어리를 녹고드름이라고 한다.

바닷가

해안은 육지와 바다의 경계로, 밀물과 썰물의 영향을 받아 환경이 끊임없이 변한다.
밀물 때 파도는 해변 높은 곳까지 밀려와 육지에 짠물을 뿌린다. 썰물 때 물이 빠져나간 자리에서는 해양 생물이 드러난다. 이렇게 살아가기 힘겨운 곳임에도 바닷가에는 많은 생물이 살고 있다.

해안

해안은 바다와 육지가 만나는 곳이다. 이 두 세계가 만나는 곳에는 독특한 환경이 조성되며, 이곳에 사는 생물들은 극단적인 두 개의 환경에 대처해야만 한다. 해안은 파도에 부서지고, 물에 잠겼다 드러나기도 하는 지역으로 여러 유형이 있다. 돌로 뒤덮인 곳도 있고, 모래나 진흙으로 뒤덮인 곳도 있다. 조석, 파도, 해류는 해안선의 모양을 빚어내고 그곳에 사는 동물과 사람에게도 영향을 미친다.

해안의 종류

해안이 어떤 모습일지는 지질에 크게 좌우된다. 지각판이 어떻게 움직이느냐에 따라서 그 해안의 지각 모습이 달라지고, 암석과 광물의 종류도 정해진다. 또 물도 해안의 모습을 빚어내고, 자라는 식물도 해안의 모습에 영향을 미친다. 해안은 암석 해안, 모래로 이루어진 편평한 해안, 맹그로브나 염습지로 둘러싸인 진흙 해안 등이 있다.

암석 해안
안정적인 암석 해안은 조류와 동물이 달라붙을 수 있을 만큼 단단한 표면을 제공하지만, 파도가 난타하는 지역은 험한 서식지가 될 수 있다.

모래 해안
모래 해안은 짧은 기간에 모습이 심하게 바뀔 수도 있다. 모래알 사이의 공간에는 작은 동물들이 산다.

맹그로브 숲
짠물의 가장자리에서 살도록 적응한 맹그로브는 해안 침식을 막고 많은 동물에게 보금자리를 제공한다.

조석

해수면은 조석에 따라 오르내린다(28~29쪽 참조). 대부분 지역에서는 조석이 24시간마다 두 번 일어나지만, 조차(조석이 얼마나 오르내리는지를 나타내는 조수 간만의 차)는 해안과 대륙붕의 모양 같은 요인에 따라 달라질 수 있다.

만조 때
조차가 16미터에 달하기도 하는 캐나다 펀디만에 어선들이 정박해 있다.

간조 때
해수면이 가장 낮아지는 간조 때 배는 바닥에 닿는다. 평소에 물에 잠겨 있는 바닥이 그곳에 사는 동물들과 함께 공기에 드러난다.

쇄파

바람은 파도를 해안으로 밀어붙인다. 파도가 해안에 다가올수록 바닥은 얕아지며, 이윽고 파도는 높아지다가 불안정해지는 시점에 다다른다. 이때 파도는 부서진다. 파도가 언제 어떻게 부서지는지는 파도의 에너지와 해안의 기울기에 따라 달라진다.

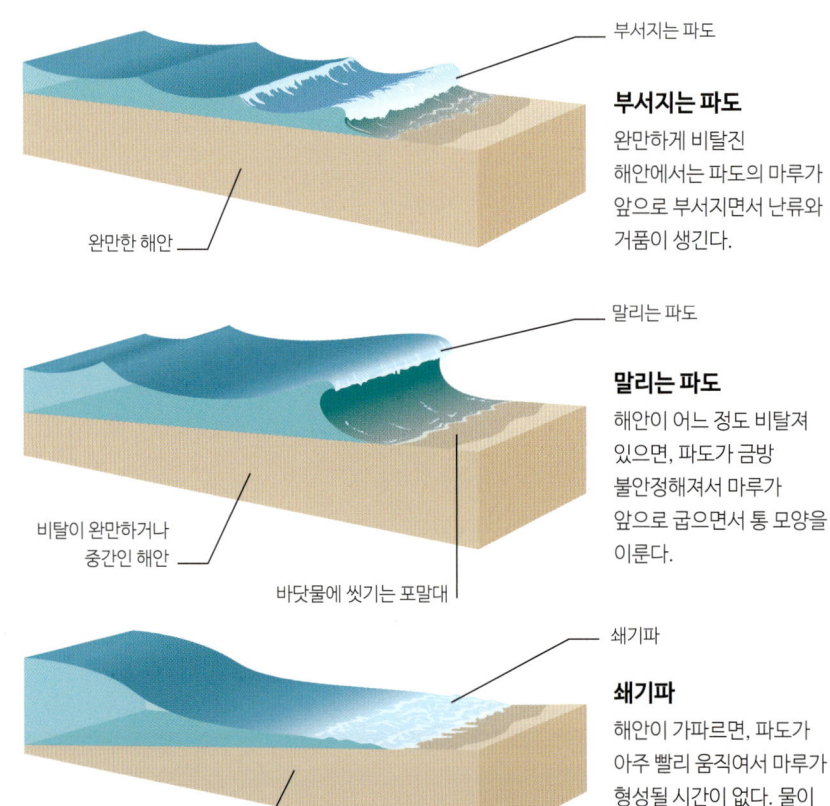

부서지는 파도
완만하게 비탈진 해안에서는 파도의 마루가 앞으로 부서지면서 난류와 거품이 생긴다.

말리는 파도
해안이 어느 정도 비탈져 있으면, 파도가 금방 불안정해져서 마루가 앞으로 굽으면서 통 모양을 이룬다.

쇄기파
해안이 가파르면, 파도가 아주 빨리 움직여서 마루가 형성될 시간이 없다. 물이 곧바로 해안으로 밀려든다.

변하는 해안선

해안선은 바람, 파도, 조석, 해류에 영향을 받아서 계속 변한다. 이런 힘들 때문에 해안선이 침식되는 곳도 있고(114~115쪽 참조) 해안이 넓어지는 곳도 있다. 계절풍과 파도의 작용으로 계절마다 해안선 모양이 바뀔 수도 있고, 훨씬 더 긴 세월에 걸쳐서 일어나는 변화도 있다.

해변 형성 과정

흙, 모래, 돌로 이루어진 퇴적물은 강, 해류, 파도를 통해 해변으로 운반된다. 파도가 특정한 각도로 해변에 들이닥칠 때, 쳐올림파는 모래를 해변으로 밀어 올리고, 되돌림파는 모래를 다시 가져간다. 연안 표류에는 이 오락가락하는 움직임이 필요하다. 연안 표류는 모래와 물이 해변을 따라 이동하는 것을 말한다. 시간이 흐르면서 물의 흐름이 약한 지점에 모래가 쌓인다.

해안 방파제

바다의 에너지에 심하게 난타당하는 해안 지역도 있다. 세찬 파도가 해안으로 밀어닥치고, 땅이 침식되고, 도로와 철도, 건물이 무너지기도 한다. 그런 지역에서는 자연적 또는 인위적 방파제가 파도의 충격을 줄여서, 풍화와 침식을 막는 데 도움을 줄 수 있다.

방조제
대개 콘크리트로 만든 벽이나 제방은 해안 침식을 막는 데 도움을 줄 수 있지만, 건설비가 많이 든다.

모래 언덕
풀은 바람에 밀려서 해변으로 올라와 쌓인 모래 언덕을 고정시킴으로써, 모래가 쓸려 나가는 것을 막을 수 있다.

돌출제
해변에 대개 나무나 돌로 알맞은 각도로 세운 구조물은 모래를 가두고 연안 표류를 줄일 수 있다.

폭풍 해일 장벽
해안 저지대의 침수를 막는 이 장벽은 조석 때에는 물이 흐르게 하고, 해수면이 너무 높아지거나 폭풍이 칠 때는 닫을 수 있다.

사라지는 해안

단단한 암석이 잘게 부서지는 것을 풍화라고 한다. 풍화는 다양한 방식으로 일어날 수 있다(115쪽). 해안에 쌓인 그 조각들이 파도, 해류, 조석에 씻겨 나가는 것을 침식이라고 한다. 흑해 연안의 크림반도 지역에 있는 이 해안 같은 곳은 다른 곳보다 침식이 더 빨리 일어나서, 집도 위험하다. 한 채는 이미 침식된 절벽 아래로 무너졌다.

조수 웅덩이

많은 암석 해안은 울퉁불퉁해서 썰물 때 물이 고이는 웅덩이가 생긴다. 이런 조수 웅덩이는 여러 해양 생물에게 먹이와 피신처를 제공한다.

조수 웅덩이는 피신처가 되지만, 그곳에 사는 생물은 몇 가지 도전 과제에 직면한다. 썰물 때 웅덩이에 해가 비치면 바다의 냉각 효과를 얻지 못하기에, 물이 금방 가열될 수 있다. 수온이 높은 물은 산소가 적고 더 빨리 증발하면서 염분 농도가 높아진다. 반면에 비가 내리면 염분 농도가 낮아진다. 썰물 때 웅덩이에 갇히는 동물도 있지만, 밀물이나 파도에 씻겨 나가지 않으려 애쓰면서 웅덩이에서 살아가는 동물도 있다. 조수 웅덩이에서 살아가는 바닷말과 다양한 동물들은 이런 극한 상황에 대처하는 나름의 방법을 갖추고 있다.

20년 자주불가사리의 최대 수명.

포스텔시아
포스텔시아는 식물의 줄기 같은 튼튼한 자루를 지니고 있어서 물속에 있을 때나 파도나 조석에 부딪칠 때도 바위에서 찢겨 나가지 않고 흔들린다.

둥근헛가지말
썰물 때 몸이 말라붙지 않게 보호하는 물로 채워진 주머니가 있다.

캘리포니아홍합
바위에 단단히 달라붙은 이 커다란 홍합은 물웅덩이 안팎의 해안 전역에서 자란다. 그러나 열파가 밀려들면, 웅덩이 바깥에 있는 홍합들은 썰물 때 익어서 죽을 위험이 있다.

모자반
모자반은 썰물 때 몸이 말라도 견딜 수 있어서 조간대에 번성한다. 많은 동물이 포식자를 피해서 이 갈조류 아래 숨는다.

보태니컬 해변 조수 웅덩이
캐나다 서부 해안의 보태니컬 해변은 오른쪽 그림처럼 조간대 생물들이 우글거리는 조수 웅덩이로 가득하다. 밀물과 파도가 플랑크톤에서 작은 물고기에 이르기까지 다양한 생물에게 유용한 새로운 양분을 운반하고, 바위에 꽉 달라붙어 있지 않은 동물은 파도에 씻겨 나가기도 한다. 홍합과 따개비는 접착제 같은 물질로, 바닷말은 부착기로 달라붙어 있다. 다른 생물들은 다른 방법을 써서 최대한 바위에 달라붙어 있다.

자주풀게
이 작은 게는 주로 녹조류를 먹지만, 죽은 생물은 무엇이든 다 먹어 치우며, 어린 새우, 조개, 고둥 알도 먹는다.

검은터번고둥
검은터번고둥은 조류를 뜯어 먹는다. 고둥이 죽으면 껍데기는 소라게의 집이 되곤 한다.

자주불가사리
이 상위 포식자는 팔로 홍합의 껍데기를 벌린 뒤, 위장을 그 틈새로 밀어 넣어서 부드러운 살을 먹는다.

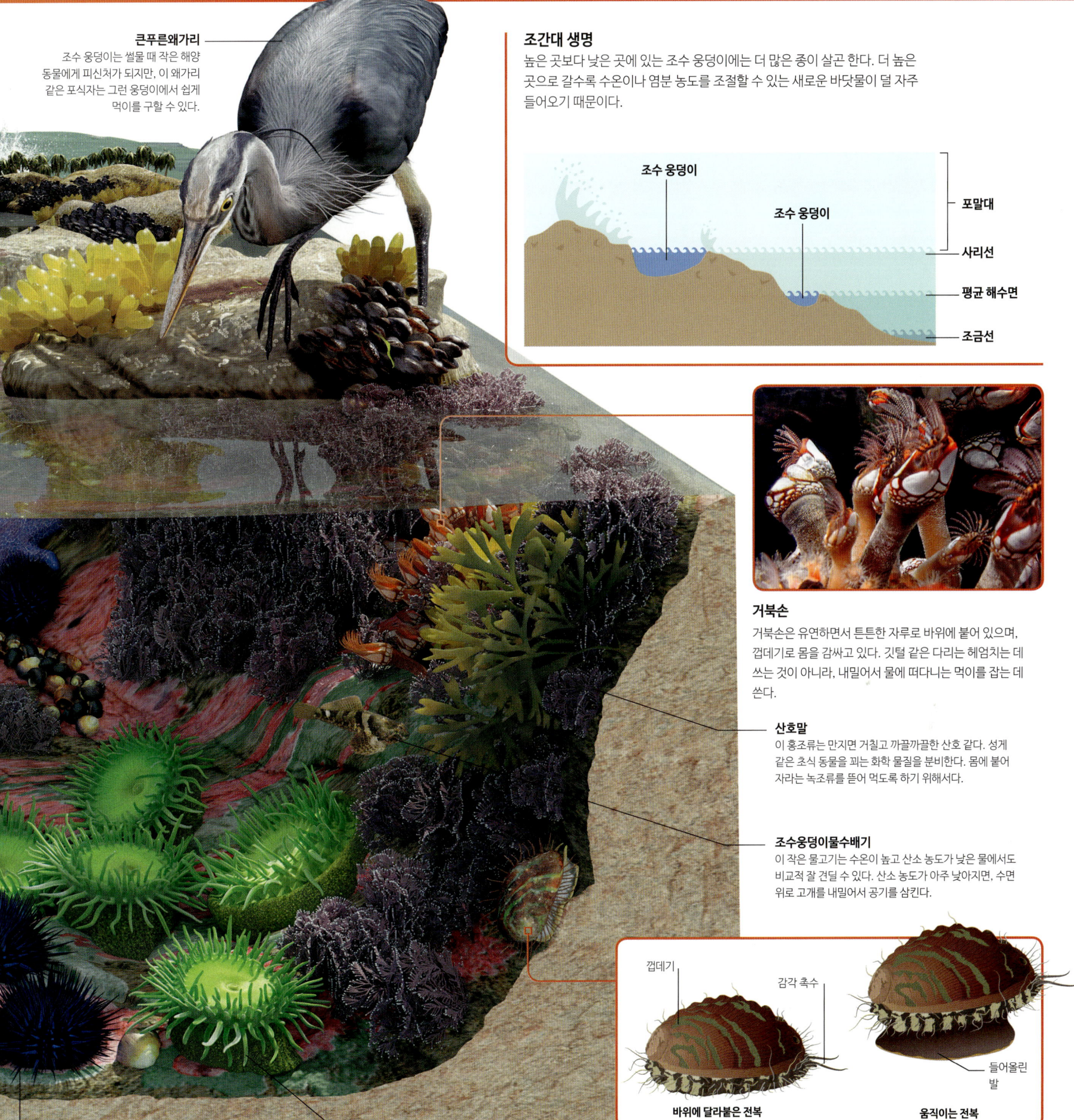

연간 2m 유럽에서 가장 빠르게 침식되는 해안인 영국 동부 해안이 깎여 나가는 속도.

석회암과 사암으로 이루어진 절벽

곶 절벽의 이 부위는 더 단단한 암석으로 이루어져 있어, 만이 된 곳보다 더 느리게 침식된다.

약한 암석 약한 암석이 깎여서 구멍이 생겼다.

물러나는 절벽 절벽이 무너져 내리곤 하면서 해안선이 점점 물러난다.

동굴 형성 파도가 바위의 틈새로 들이닥친다. 이 압력으로 암석이 쪼개지면서 동굴이 생기기 시작한다.

만 해안에서 더 부드러운 암석이 더 빨리 깎여 나간 곳에 생긴다.

파도의 작용 수천 년에 걸쳐서 파도가 치면서 절벽의 암석을 부순다.

굴러떨어진 암석 물속에는 절벽에서 굴러떨어진 돌 더미가 쌓여 있다.

1 드러난 곶 곶은 부드러운 암석이 더 단단한 암석보다 빨리 침식되어 단단한 부위가 해안 쪽으로 불쑥 튀어나오게 되면서 생긴다. 곶은 심한 파도와 바람에 노출된다. 더 심하게 노출될수록, 더 많이 침식된다.

2 침식의 징후 파도는 절벽의 아래쪽을 깎아 내기 시작한다. 암석의 약한 부위가 점점 깎여 커다란 동굴이 생긴다. 부서진 조각들이 파도에 밀려서 곶에 부딪히면서 침식이 더 빨라진다.

해안 침식

해안선 중에는 가장 단단한 암석으로 이루어진 곳도 있고, 더 부드러운 암석이나 점토, 모래 같은 퇴적물로 이루어진 곳도 있다. 파도가 칠 때 더 부드러운 곳이 더 빨리 깎여 나가면서 해안은 새로운 모습으로 변한다.

파도가 해안을 빠르거나 늦게 깎아 내면서, 작은 돌덩이부터 커다란 절벽 파편에 이르기까지 온갖 것들이 물속으로 떨어진다. 육지를 이루는 물질들은 침식이라는 과정을 통해서 깎여 점점 작은 조각으로 부서진다. 침식된 물질은 조석과 해류를 통해 운반되어 바다 밑이나 해변에 쌓인다. 기후 변화에 따른 해수면 상승과 심한 날씨 변화는 해안 침식을 가속화할 것이라고 예상된다.

변하는 해안선
포르투갈의 대서양 연안에서 보이는 것과 같은 이런 멋진 지층, 곶과 만의 모양은 침식의 산물이다. 이런 변화는 느리게 일어난다. 곶이 처음 생긴 뒤 파도에 깎여서 아치 모양이 생기기 시작할 때까지 수십만 년이 걸리기도 하며, 다시 1만 년쯤 지나면 아치는 무너질 것이다. 붕괴 자체는 갑작스럽게 극적으로 일어날 수도 있다.

86% 지난 100년 사이에 **침식**이 일어난 **미국 동부 해안**의 비율.

2017년 아주르윈도라는 몰타의 유명한 석회암 아치가 무너진 해.

절벽이 사라지는 과정

파도는 암석을 점점 더 작게 쪼갠다. 이 과정을 풍화라고 한다. 풍화는 암석이 화학 반응으로 분해되면서 화학적으로도 일어날 수 있다. 또 마찰, 마모, 압력 같은 물리적 작용으로도 일어날 수 있다. 암석의 종류, 해안의 모양, 파도의 힘은 이 과정에 영향을 미친다.

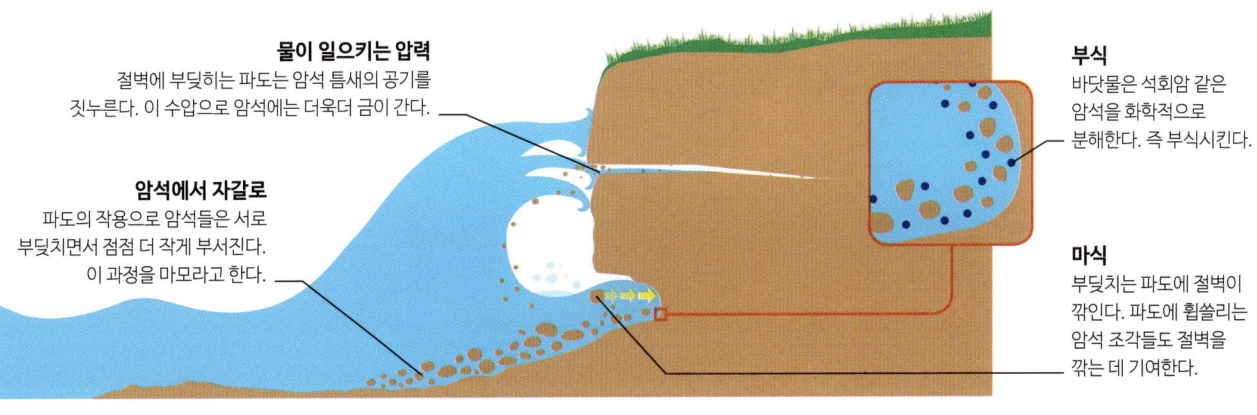

물이 일으키는 압력 절벽에 부딪히는 파도는 암석 틈새의 공기를 짓누른다. 이 수압으로 암석에는 더욱더 금이 간다.

암석에서 자갈로 파도의 작용으로 암석들은 서로 부딪치면서 점점 더 작게 부서진다. 이 과정을 마모라고 한다.

부식 바닷물은 석회암 같은 암석을 화학적으로 분해한다. 즉 부식시킨다.

마식 부딪치는 파도에 절벽이 깎인다. 파도에 휩쓸리는 암석 조각들도 절벽을 깎는 데 기여한다.

침식되는 곶 약한 부위가 계속 침식되면서 곶은 더욱 파도에 노출되고 더 빠르게 침식된다.

아치 파도는 양쪽에서 동굴을 부수어 아치를 만든다.

무너진 아치 파도에 깎여서 아치는 점점 더 커지다가 이윽고 자체 무게로 무너져 내린다.

홀로 서 있는 기둥 아치가 무너지면 높은 기둥만이 남는다. 기둥은 아래쪽이 계속 침식되다가 이윽고 무너져서 더 짧은 밑동만 남았다가, 마침내 그것도 사라진다.

모래 해안 부드러운 암석은 점점 더 작게 부서진다. 이윽고 모래가 되어서 파도에 실려 운반된다. 모래가 쌓이는 곳에서는 해변이 형성된다.

3 변하는 모습 침식이 진행될수록 절벽은 더 내륙으로 밀려난다. 더 약한 부위가 더 빨리 침식되면서 아치 같은 독특한 해안 특징들이 생기기 시작한다. 곶보다 파도 작용이 약한 아늑한 만에는 모래가 쌓여서 해변이 형성된다.

파식와 파도는 절벽의 아래쪽을 침식시키며, 간조와 만조의 흔적을 남긴다. 시간이 흐르면서 그 위쪽 절벽은 점점 불안정해진다.

4 침식된 해안 침식 과정으로 절벽의 모양이 완전히 바뀌었다. 가장 단단한 암석도 노출되면 파도의 작용에 손상될 것이다.

파식 대지 무너진 절벽은 서서히 부서지며, 이윽고 물속에 평탄한 지형이 생긴다.

전부 사라짐 위로 튀어나와 있던 절벽이 무너져 사라진다.

파도의 힘

바닷물은 해안선을 끊임없이 침식하지만, 강한 바람과 밀물이 결합할 때 엄청난 위력을 발휘한다.

잔잔했던 해수면이 폭풍으로 높이 솟구치면서 포효할 때, 파도는 믿을 수 없는 높이로 해안으로 밀어닥칠 수 있다. 포르투갈 해안의 도루강 어귀에 있는 높이 10미터 등대가 작아 보일 만큼 엄청난 파도가 밀려들었다. 마치 부두가 부서질 것 같다. 전 세계에서는 파도가 지닌 이 엄청난 에너지를 전기로 전환하기도 한다.

모래 해안

모래가 바닷가에 쌓이면 모래 해안이 생긴다. 또 환초의 꼭대기에 쌓여서 작은 섬을 이루기도 한다. 조석은 해변을 형성하는 한편으로, 해안으로 양분도 운반한다.

해변은 해류와 파도가 약해서 물에서 운반되던 모래와 자갈이 바닥에 가라앉는 곳에 생긴다(111쪽 참조). 파도와 바람이 모래를 어떻게 움직이냐에 따라서, 침식되는 해안, 모양이 바뀌는 해안도 있고, 비교적 안정된 해안도 있다. 암석 해안만큼 종이 많지는 않지만, 모래 위나 모래 속에 많은 무척추동물이 산다. 그리고 여기에는 무척추동물이나 어류를 잡아먹거나 번식을 하려는 새들도 모인다.

초록청개구리
이 섬에 사는 유일한 양서류이다. 더운 낮에는 관목 그늘에 숨어 있다 저녁에 나와서 곤충을 사냥한다.

헬리오트로피움
이 관목은 짠 바닷물을 잘 견디며, 모래 해안에 흔하다.

검은제비갈매기
구애 행동을 할 때 이 새는 마치 서로에게 인사를 하듯이 계속 고개를 끄덕인다.

꼬까도요
이 해안 조류는 작은 돌을 뒤집어서 그 밑에 숨은 무척추동물을 찾는다.

흰배바다수리
바닷가에서 먹이를 찾고 둥지를 짓는 이 새는 갈고리발톱으로 물속의 물고기를 움켜잡는다.

갈색얼가니새
이 멋진 잠수부는 빠른 속도로 물속으로 뛰어들어서 물고기를 잡는다.

살아 있는 산호
얕은 산호초로 둘러싸인 산호섬에는 해양 생물이 많다.

산호섬 해안

오스트레일리아 그레이트배리어리프에 있는 산호섬인 레이디엘리엇섬은 모래에 관목과 나무가 뿌리를 내릴 만큼 오래되었다. 뿌리는 위쪽 해변을 안정시키는 데 도움을 주지만, 파도와 해류에 모래가 움직이면서 섬의 가장자리는 모습이 바뀐다. 폭이 0.5킬로미터에 불과한 이 섬에는 새들이 가득하다. 텃새도 있고, 번식하기 위해 찾는 철새도 있다.

450kg 큰파랑비늘돔이 한 해에 배설하는 모래의 양.

둥지를 짓는 검은제비갈매기
나무와 덤불에 둥지를 지으며, 스무 마리 이내의 무리를 짓는다. 여름에는 수천 마리의 철새들이 와서 둥지를 짓고 번식한다.

핏소니아
이 나무의 씨는 끈적거려서 새의 깃털에 달라붙는다. 새는 다른 섬으로 갈 때 이 씨를 운반하게 된다. 온몸이 이 씨로 뒤덮이는 바람에 결국 날지 못해서 죽는 새도 있다.

산호섬 형성
해류에 실려 온 모래가 얕은 산호초 해역에 쌓인다. 모래가 점점 쌓이면서 산호는 죽고 단단한 탄산 칼슘 토대가 남는다. 이 위에 모래가 쌓여서 작고 평탄한 산호섬이 생긴다. 섬이 생기면 새들이 찾아와서 양분이 풍부한 배설물을 남기곤 하며, 이윽고 식물이 자랄 수 있게 된다.

담황색띠무늬뜸부기
이 해안 조류는 식생 가까이에 있는 마른 모래를 선호한다. 낙엽을 헤집어서 곤충 같은 무척추동물을 찾아 먹으며, 검은 솜털로 덮인 새끼들은 어미 뒤를 졸졸 따라다닌다.

산호초 토대
얕은 그릇 모양의 산호초 토대는 산호섬의 모래가 흩어지지 않도록 돕는다.

산호모래
모래알만 한 크기로 부서진 산호는 해류에 실려서 얕은 거초면으로 운반된다. 이곳에 쌓이긴 하지만, 해수면에서 몇 미터 이상 올라가는 사례는 거의 없다.

파랑비늘돔의 모래 공장
파랑비늘돔은 강력한 부리 모양의 입으로 산호를 한 움큼씩 물어뜯어서 먹은 뒤, 산호와 그 안에 든 조류를 소화한다. 소화되지 않는 산호의 단단한 암석 같은 뼈대는 모래알만 한 알갱이로 배설된다. 이 모래는 물에 흩어지며, 그중 상당수는 파도에 휩쓸려서 해변으로 올라온다.

소라게
소라게는 몸이 완전히 겉뼈대로 덮여 있지 않아서, 다른 동물의 빈 껍데기를 써서 부드러운 부위를 보호한다. 자라면서 점점 더 크고 튼튼한 껍데기로 바꿔 쓴다. 때로 소라게들이 죽 늘어서서 서로 맞는 껍데기를 교환하기도 한다. 가장 잘 맞는 껍데기를 차지하기 위해서 서로 싸울지도 모른다.

부드러운 부위

해안의 게

게는 자연의 해안 청소원이다. 많은 게는 썰물 때 남겨진 물고기나 다른 게 등 죽은 유기물을 먹어 치움으로써, 조간대에서 중요한 역할을 한다.

게들은 대부분 물속에서 아가미로 호흡하지만, 해안선에 사는 많은 종류의 게들은 아가미가 젖어 있기만 하면 물 바깥에서도 지낼 수 있다. 농게처럼 밀물 때에는 모래 굴에 숨어 있다가 썰물 때 나와서 죽은 먹이를 찾아다니는 종류도 있다. 야자집게처럼 허파로 공기 호흡을 하는 종도 몇 종류 있다. 그런 게는 알을 낳을 때만 물로 가며, 물에 빠지면 익사할 수도 있다.

28kg 야자집게가 강한 집게발로 들어 올릴 수 있는 무게.

병정게는 등에 붙은 모래를 떨어내기 위해 공중제비를 넘곤 한다.

엽낭게
학명: *Scopimera inflata*
사는 곳: 동부 오스트레일리아
등딱지 폭: 최대 1.2cm

이 게는 입으로 모래를 걸러서 먹이를 먹는다. 그리고 걸러 낸 모래를 공 모양으로 뭉쳐서 버릴 때면 원을 돌면서 이동하는 재미있는 행동을 한다.

작은 모래 뭉치

야자집게
학명: *Birgus latro*
사는 곳: 인도-태평양
등딱지 폭: 최대 20cm

야자집게는 땅에 살며 알을 낳을 때만 바다로 돌아간다. 육지에 사는 게 중에서 가장 크며, 다리 폭이 최대 1미터에 달한다. 코코넛을 비롯한 열매와 견과, 죽은 동물을 먹는다.

특수한 더듬이 — 이 게는 더듬이로 먹이의 냄새를 맡는다.

새 코코넛

모래농게
학명: *Uca pugilator*
사는 곳: 미국 남동부
등딱지 폭: 최대 2.5cm

모래농게는 강어귀나 아늑한 해안의 모래나 펄에 산다. 수컷은 커다란 집게발을 앞뒤로 흔들어서 암컷을 굴로 꾀어 들이거나 다른 수컷에게 경고를 보낸다.

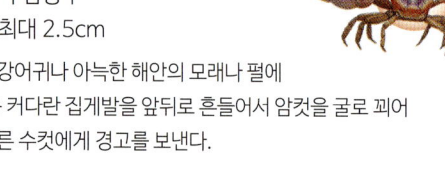

새로 자란 집게발 — 수컷끼리 싸우다가 집게발을 잃기도 하지만, 다시 자란다.

날랜 발 — 대부분의 게와 달리, 이 재빠른 게는 여덟 개의 걷는 다리로 옆으로만이 아니라 사방으로 다 움직일 수 있다.

크리스마스섬홍게
학명: *Gecarcoidea natalis*
사는 곳: 크리스마스섬, 코코스 제도
등딱지 폭: 최대 11cm

대개 이 게는 숲 그늘이나 모래에 깊이 판 굴에 숨어 있지만, 12월과 1월에는 약 3000만 마리가 바다로 이주하여 짝짓고 산란을 한다.

파란병정게
학명: *Mictyris longicarpus*
사는 곳: 인도-태평양
등딱지 폭: 최대 2.5cm

이 작은 게는 썰물 때 모래 속에서 기어 나와서 군대처럼 무리를 지어서 바다를 향해 앞으로 행군한다. 물가의 축축한 모래에서 먹이를 찾아 먹는다.

유령달랑게
학명: *Ocypode gaudichaudii*
사는 곳: 태평양 남동부
등딱지 폭: 최대 10cm

이 게는 조류, 죽은 물고기, 곤충 등 조간대에서 발견하는 생물들을 가리지 않고 먹는다. 암수 모두 한쪽 집게발이 좀 더 크며, 깊은 굴을 파고 산다.

싸우는 수컷들

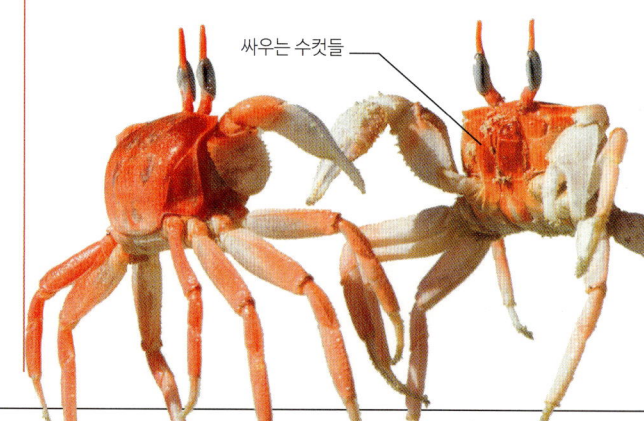

5mm 조개와 굴의 몸속에 사는 작은 **속살이게**의 지름.

붉은바위게는 **갈라파고스 제도**에서 바다이구아나의 몸 위를 기어 다니면서 **진드기**를 잡아먹는다.

갑각류
붉은바위게

학명: *Grapsus grapsus*

사는 곳: 태평양 남동부

등딱지 폭: 최대 8cm

먹이: 조류, 작은 동물, 죽은 유기물

화려한 등딱지
이 게의 등딱지는 처음에는 검은색이지만, 몇 차례 허물을 벗은 뒤에는 선명한 빨간색과 파란색을 띤다. 새 껍데기가 더 선명한 색깔을 띤다.

죽은 새끼 바다거북

충분히 담은 물
해안의 게는 대부분 아가미가 축축하게 젖은 상태로 있어야 호흡을 계속할 수 있다. 그래서 겉뼈대 안쪽 아가미 방에 물을 충분히 담고 있다. 붉은바위게는 때로 이 물을 찍 뱉는다. 방어 수단으로 쓴다고 여겨지지만, 몸에 쌓인 염분을 배출하는 용도로도 쓰일 것이다.

기회만 있으면 달려드는 섭식자
붉은바위게는 조간대의 포말대에서 바위 사이를 돌아다닌다. 이따금 들이치는 파도를 피해서 아주 잘 뛸 수 있다. 주로 조류를 뜯어 먹으면서 많은 시간을 보내지만, 새끼 바다거북을 비롯한 손쉬운 먹잇감을 발견하면 기회를 놓치지 않을 것이다.

푸른바다거북

푸른바다거북은 물에 사는 쪽으로 아주 잘 적응해 있지만, 알을 낳으려면 육지로 돌아와야 한다. 많은 개체는 아주 먼 거리를 헤엄쳐서 번식할 해변으로 돌아간다.

푸른바다거북은 전 세계의 따뜻한 바다에 산다. 생애 대부분을 얕은 바다에서 지내며, 해초밭과 산호초에서 먹이를 찾는다. 섭식지는 산란지에서 2,600킬로미터까지 떨어져 있기도 한다. 암컷은 바다에서 짝짓기한 뒤에 알을 낳으러 그 해안까지 긴 여행을 한다.

해변 부화기
암컷은 따뜻한 모래에 알을 묻기 위해서 해변으로 올라온다. 암컷은 구멍을 파고서 알을 낳은 뒤, 모래로 잘 덮고 바다로 돌아간다. 부화한 새끼는 모래밭을 가로질러서 물까지 가야 한다. 이때가 매우 위험하다. 번식할 만큼 자라면, 암컷은 본능적으로 자신이 알에서 깨어난 해변을 찾아가서 알을 낳는다.

1 뭍으로
암컷은 길면 20세가 되어서야 첫 번식을 한다. 대개 밤에 해변으로 올라온다.

멀리 있는 물
알이 젖지 않을 만큼 둥지는 물에서 멀리 떨어져 있다.

2 둥지 만들기
거북은 만조선 위쪽까지 올라가서 뒷지느러미발로 구멍을 판다. 구멍 깊이는 50센티미터를 넘을 수도 있다.

3 알 낳기
충분히 깊게 팠으면, 최대 200개까지 알을 낳는다. 알은 완벽하게 둥글며, 껍데기는 가죽 같다.

파충류
푸른바다거북
- 학명: *Chelonia mydas*
- 사는 곳: 열대와 아열대 해역
- 길이: 최대 1.5m
- 먹이: 해초(성체), 해파리, 물고기 알

80년 야생에서 푸른바다거북의 추정 수명.

갓 부화한 푸른바다거북 새끼 중 번식 연령까지 **살아남는 것은 1퍼센트 미만**이다.

2만 5,000개 남대서양 한가운데 있는 산란지인 **어센션섬**의 해변에 한 해에 생기는 **푸른바다거북 둥지**의 수.

123

바다 생활

성숙한 푸른바다거북은 헤엄도 잘 치고 잠수도 잘한다. 두 튼튼한 앞지느러미발로 물을 가르고 나아가고 뒷지느러미발을 키처럼 쓴다. 이 방법으로 아주 멀리 있는 섭식지와 산란지 사이를 오간다. 새끼 거북은 바다에 다다르자마자 헤엄치기 시작한다.

거북의 해부학적 구조

푸른바다거북의 유선형 껍데기는 융합된 뼈 위를 사람의 손톱과 똑같은 물질인 케라틴으로 된 딱딱한 판이 덮은 구조다. 땅거북과 달리 바다거북은 머리와 다리를 껍데기 안으로 집어넣을 수 없다.

- 움츠릴 수 없는 목뼈
- 갈비뼈
- 등딱지(둥근 등 쪽 껍데기)
- 척추
- 꼬리뼈
- 이빨 없는 부리
- 앞지느러미발
- 배딱지(납작한 배 쪽 껍데기)
- 뒷지느러미발

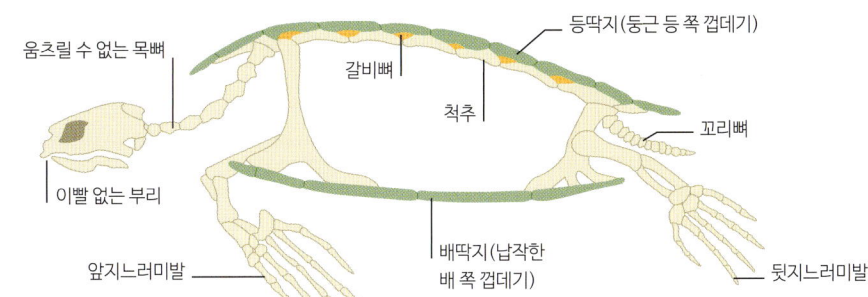

바다로 돌아가기
암컷은 알을 묻자마자 떠난다.

잡아채기
새, 게 등 많은 사냥꾼이 새끼 거북이 물에 닿기 전에 잡아먹는다.

불빛을 향해
새끼 거북들은 물에 반사되는 달빛을 보고 바다를 향해 길을 잡는다. 가로등 같은 인공조명은 거북에게 혼동을 일으킬 수 있다.

4 알 발생
새끼는 포식자의 눈에 띄지 않은 채 따뜻한 열대 모래 속에 담긴 알 속에서 8~10주 동안 발달한다.

5 부화
부화한 새끼 거북들은 모두가 한 번에 나갈 준비가 될 때까지 구멍 안에 숨어 있다. 이윽고 한꺼번에 나와서 최대한 빨리 물을 향해 기어간다.

124 해안 ○ 맹그로브 숲

27종 순다르반스에 자라는 맹그로브의 종 수.

맹그로브 숲

짠 바닷물에 뿌리를 내리는 맹그로브라는 나무는 열대 해안선을 따라 자란다. 세계에서 가장 넓은 맹그로브 숲은 인도와 방글라데시 사이에 걸친 지역인 순다르반스에 있다.

맹그로브는 해안에서 살아가려면 중요한 문제들을 해결해야 한다. 부드러운 펄에 굳게 서 있어야 하며, 대부분의 나무가 살아갈 수 없는 높은 염분 농도를 견뎌야 한다. 하지만 맹그로브는 수생 생활에 잘 적응해 있으며, 이들이 빽빽하게 뒤엉켜서 자라는 곳은 많은 해안 생물들의 중요한 서식지가 된다.

흰배바다수리
이 서식지의 상위 포식자로서, 나무 꼭대기에 앉아서 주변을 훑으면서 먹이를 찾는다.

말뚝망둥어
지느러미를 다리처럼 써서 썰물 때 진흙 위를 걷거나 맹그로브 뿌리에 달라붙는다. 물 밖에서는 입에 머금은 바닷물을 통해서 아가미에 산소를 공급한다.

인도왕뱀
이 무거운 뱀은 먹이를 칭칭 감아서 옥죄어 죽이며, 헤엄도 잘 친다.

바다악어
악어 중 가장 크며, 바다를 자유롭게 헤엄친다. 바다를 건너서 멀리 있는 섬까지 가기도 한다.

연필 같은 뿌리
산소를 얻기 위해서 일부 맹그로브는 진흙 위로 뿌리 끝을 내민다.

납작돔
이 납작한 물고기는 청소동물이다. 강의 민물이 해안으로 흘러드는 곳에서 염분 농도 변화를 견디며 살아갈 수 있다.

동갈치
이빨이 가득 난 긴 턱으로 새우 같은 작은 동물을 잡아먹는다.

순다르반스
순다르반스에는 여러 종의 맹그로브가 번성한다. 크게 휘어진 기둥 같은 뿌리를 지닌 것도 있고, 석순처럼 진흙에서 삐죽 솟아오른 뿌리를 지닌 종도 있다. 이곳에는 나무 꼭대기부터 얕은 진흙에 이르기까지 다양한 동물이 산다.

2.8m 순다르반스 지역의 연 강수량. 80퍼센트는 몬순 계절에 내린다.

10,000km² 순다르반스 맹그로브 숲의 총면적.

붉은털원숭이
주로 채식을 하지만, 순다르반스에서는 진흙으로 내려와서 물고기를 잡곤 한다.

인도호랑이
맹그로브 숲은 아시아에서 가장 큰 포식자가 몸을 숨기기에 좋다. 이 은밀한 호랑이는 덤불에 매복했다가 멧돼지와 원숭이를 사냥한다.

톱상어
비교적 납작한 몸을 지닌 톱상어는 긴 톱니가 난 주둥이로 물고기 떼를 난도질한다.

대말 같은 뿌리
몇몇 맹그로브는 넓은 지역에 걸쳐서 무게를 분산시켜서, 부드러운 진흙 위에서도 안정을 유지한다.

농게
수컷은 진흙에 판 굴에서 나와서 화려한 색깔의 커다란 집게발을 흔들어서 다른 개체에게 신호를 보낸다. 다른 수컷에게 떨어지라고 알리거나, 암컷을 꾀는 것일 수도 있다.

높은 염도에서 살아가기

맹그로브는 대량의 염분에 노출된다. 맹그로브는 염분을 걸러서 잎을 통해 하얀 소금 알갱이로 배출함으로써 처리한다. 때로는 한 잎에 염분을 다 몰아넣기도 하며, 이 잎은 오래되면 노랗게 변해서 떨어진다.

낮은 산소 농도에 대처하기

부드럽고 끈끈한 진흙 안으로는 산소가 많이 들어갈 수 없으며, 그나마 있는 산소도 썩어 가는 물질을 분해하는 세균이 쓴다. 일부 맹그로브는 필요한 산소를 얻기 위해서 진흙 위로 뿌리 끝을 뾰족 내밀곤 한다. 이 뿌리는 썰물 때 공기에서 직접 산소를 흡수하여 온몸으로 보낼 수 있다.

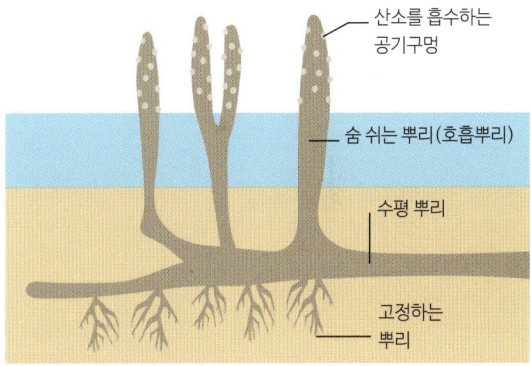

산소를 흡수하는 공기구멍
숨 쉬는 뿌리(호흡뿌리)
수평 뿌리
고정하는 뿌리

자라는 어린 식물

맹그로브는 씨를 퍼뜨리는 대신에 그대로 지니고 있다. 그래서 씨는 모체에 붙은 채로 싹이 터서 어린나무로 자란다. 물에 떠서 살아갈 만큼 커지면 떨어져 나온 뒤, 이윽고 진흙에 뿌리를 내리고 자란다.

개펄(갯벌)

일부 해안 지역, 대개 강과 바다가 만나는 지역에서는 썰물 때 개펄이라는 진흙 벌판이 드러난다. 끈적거리고 냄새나는 흙으로 덮인 개펄은 생명의 보고다.

개펄은 강물이나 밀물 때 운반된 작은 알갱이들이 물에서 분리되어 바닥에 가라앉으면서 발달한다. 그 해역이 파도가 들이치지 않는 곳이라면, 이런 물질들이 해마다 계속 쌓여서 두꺼운 진흙층을 이룬다. 밀물 때 동물들은 진흙에서 나와서 밀물에 실려 온 먹이를 먹는다. 썰물 때 이런 동물들은 개펄 속에 숨지 않으면 새의 먹이가 될 수도 있다.

진흙 속의 만찬

개펄은 전 세계에 있다. 영국에서 개펄에 가장 흔한 종은 갯지렁이와 조개류다. 양분이 풍부한 퇴적물 속에서 먹이를 찾는 무척추동물들도 많다. 개펄에 사는 수많은 무척추동물은 해안 조류의 중요한 먹이 자원이 된다.

갯끈풀
이 질긴 풀은 염분을 견디면서 개펄에서 자랄 수 있다. 뿌리가 진흙을 안정시킴으로써 침식을 막는다.

유럽녹색꽃게
개펄과 잘 어울리는 색깔과 무늬를 지녀서 잘 보이지 않는다. 갯지렁이, 조개, 새우 등을 먹는다.

옆새우
튼튼한 더듬이로 개펄에 굴을 파고, 미생물을 훑어서 굴로 끌어내려 먹는다.

버들갯지렁이
모래 섞인 개펄에 굴을 파면서 미생물과 죽은 유기물을 먹는다.

맛조개
하나의 이음매가 있으면서 양 끝이 열려 있는 길쭉한 껍데기로 부드러운 몸을 감싼 동물이다. 근육질 발로 개펄을 파고 들어간다. 입수관을 통해 양분이 많은 탁한 물을 껍데기 안쪽에 들어 있는 입으로 빨아들여서 걸러 먹는다.

맛조개 발

작은검은갯지렁이
이 종은 모래를 삼키면서 만든 U자 모양의 굴에 산다. 모래에 든 양분을 소화시키고 나머지는 굴 바깥에 배설하여 쌓아놓는다.

10만 마리 개펄 1제곱미터에 사는 옆새우의 수.

1초 맛조개가 개펄 1센티미터를 파고드는 데 걸리는 시간.

염습지
바닷물에 잠기곤 하는 이 저지대 습지는 해안 침식을 막고, 게, 해안 조류, 식물에게 풍성한 서식지가 된다.

사리선
한 해 중 밀물의 수위가 가장 높을 때 잠기는 선.

개펄
조간대의 가장 아래쪽에서는 식물이 자라지 못한다.

밀물과 썰물
밀물 때 개펄은 물에 잠긴다.

검은머리물떼새
이 해안 조류는 튼튼하고 긴 주황색 부리로 개펄을 파헤치면서 갯지렁이를 잡거나 조개의 껍데기를 벌려서 잡아먹는다.

염습지
사리 때를 빼고는 거의 물에 잠기지 않는 곳까지 개펄이 쌓이면 갯끈풀 같은 염생 식물이 자랄 수 있다. 이런 식물이 자라면 진흙이 더 빨리 쌓인다. 시간이 흐르면 염습지가 생기고, 갯질경이 같은 다른 식물들도 뿌리를 내린다.

진주담치
담치는 조간대에서 단단한 표면에 붙어 산다. 이 개체는 검은머리물떼새에게 뜯겨서 먹혔다.

발트해대양조개
새조개와 맛조개처럼, 이 종도 두껍질조개다. 즉 두 껍데기가 강한 근육으로 맞붙어 있다. 이 종은 흰색에서 노란색, 주황색, 분홍색에 이르기까지 색깔이 다양하다.

진흙고둥
이 작은 연체동물은 몸길이가 5밀리미터를 넘는 일이 거의 없다. 짜거나 어느 정도 짠 서식지에서 산다.

참갯지렁이
개펄 속을 꿈틀거리며 돌아다니면서 동식물의 유기물을 먹는다. 개펄을 헤집는 새의 먹이가 된다.

대서양새조개
검은머리물떼새와 꽃게가 좋아하는 먹이로, 밀물 때 입수관을 개펄 표면 위로 내밀어서 물을 빨아들이고 이 물 안에 든 먹이를 걸러 먹는다.

강어귀

강이 바다와 만나는 곳, 특히 파도가 약한 곳에서는 민물과 바닷물이 섞이는 영역이 형성된다. 이런 곳을 강어귀라고 한다.

서아프리카 기니비사우의 게바 강어귀에는 맹그로브, 해양 생물, 많은 해안 조류가 산다. 대서양의 짠 바닷물이 밀려들고 흰 줄기 같은 강물은 퇴적물을 싣고 온다. 가라앉은 퇴적물은 넓은 모래톱과 습지를 형성했다. 강어귀에 흩어진 88개의 섬은 바다소와 바다거북의 집이 된다.

2~3년 둥지를 떠난 새끼 퍼핀이 다시 육지로 돌아오기까지 걸리는 기간.

세가락갈매기는 공중에서 상대방의 **부리**를 물고 비틀면서 서로 **싸운다**.

바닷새 집단 번식지

바닷새는 번식기에 짝을 찾고 새끼를 기르기 위해서 육지로 돌아온다. 해안의 절벽은 둥지를 짓기에 딱 좋은 곳이다. 가까이에서 물고기를 찾을 수 있고 포식자는 다가올 수 없기 때문이다.

수십만 마리의 새들이 한 무리를 이루기도 한다. 둥지의 조건에 따라서 절벽의 조금씩 다른 지점을 서로 다른 종이 차지한면서다. 남들을 수 있는 포식자를 베낀 대다수의 포식자가 오지 못하는 안전한 곳이긴 하지만, 절벽 생활은 위험할 수 있다. 갖아지를 낭떠러지의 가장자리에 있으니, 부모와 새끼 모두 강한 바람과 폭풍이 들이닥칠 때 세찬 물보라에 노출된다. 또 자리를 놓고 싸움도 벌어지고, 일과 새끼가 옆자리거나 내던져지젖처럼 수도 있다. 하지만 이 시끄러운 무리는 전 세계에서 번성한다.

흰죽지바다비둘기 새끼
흰죽지바다비둘기는 좁은 틈새에 알을 낳는다. 새끼는 부화한 지 한 달쯤 되면 스스로 날아서 독립한다.

세가락갈매기의 저녁거리
세가락갈매기는 수면에 앉아 있다가 물속으로 머리를 들이밀어서 물고기를 잡거나, 낮게 낮다가 뛰어들어서 얕게 잠수하여 고등어를 잡기도 한다.

북방개닛
북방개닛은 이 집단 번식지의 가장자리에서 방방 둘러가 맺지에 잠수하여 고등어를 잡는다.

세가락갈매기의 둥지 짓기
암수가 힘을 모아서 진흙, 풀, 바다말로 작은 둥지를 짓는다.

바다오리
바닷은 단단한 암석 선반 위에 알을 하나만 낳으므로, 부모가 아주 잘 돌봐야 한다. 뾰족한 알은 그림색에서 파란색에 이르기까지 색깔이 다양하다.

물고기 잡기
세가락갈매기는 먹이를 구하러 한 번에 48킬로미터까지 날기도 한다.

132 해안 ○ 해안의 새

3만 2,000km 일부 세가락도요가 여름 서식지와 겨울 서식지를 이주하는 거리.

쇠가마우지
학명: *Phalacrocorax pelagicus*
사는 곳: 북태평양
길이: 최대 76cm

홀로 생활하는 이 작은 가마우지는 수심 36.5미터까지 잠수하여 먹이를 찾는다. 작은 물고기, 새우, 갯지렁이 등을 먹는다. 소규모 집단을 이루어서 또는 홀로 둥지를 지으며, 바닷말, 풀, 이끼가 주재료다. 깎아지른 절벽에 둥지를 짓기도 한다.

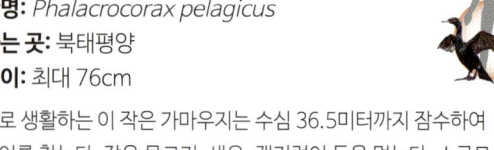

세가락도요
학명: *Calidris alba*
사는 곳: 전 세계
길이: 최대 21cm

세가락도요는 작은 섭금류로서 해안에서 파도가 칠 때마다 무리 지어 뛰면서 왔다 갔다 하곤 한다. 파도가 밀려날 때 모래나 진흙에서 게 같은 무척추동물을 찾아 먹는다. 여름에 북극 지방에서 번식한 뒤, 남반구로 이주한다.

아메리카뿔호반새
학명: *Megaceryle alcyon*
사는 곳: 북아메리카
길이: 최대 33cm

아메리카뿔호반새는 하천 위로 드리운 나뭇가지에 앉아서 물고기를 찾는다. 때를 기다리다가 물속으로 뛰어들어서 먹이를 잡는다. 송어, 가재, 개구리도 잡는다. 이 덥수룩한 볏을 지닌 새는 강어귀에서도 종종 보인다.

• **암컷은** 가슴에 붉은 띠가 있다.

해안의 새

해안에는 다양한 조류가 산다. 먹이를 찾아 가깝거나 먼바다에서 오는 새들이다. 많은 종류의 새들이 물가에서 사는 쪽으로 진화했으며, 해안 조류는 방수 깃털과 헤엄치고 잠수하기 알맞은 체형 같은 특징들을 갖추고 있다.

물총새와 물수리 같은 일부 종은 해안에서도 살고, 호수와 강 주변에서도 산다. 가마우지처럼 바다에서 많은 시간을 보내는 새도 있다. 진정한 해안 조류는 해변을 거닐면서 모래를 헤집어 먹이를 찾으며, 긴 다리로 얕은 물을 걸어서 건너고 모래나 진흙을 헤집는 데 알맞은 긴 부리를 지닌다.

페루펠리컨(페루사다새)
학명: *Pelecanus thagus*
사는 곳: 칠레, 페루
길이: 최대 1.5m

날개폭이 2.2미터인 이 커다란 새는 먼 거리를 활공할 수 있다. 대개 부리를 물속에 담근 채 헤엄치면서 물고기를 잡지만, 때로는 낮게 날다가 물속에 뛰어들어 잠수해 먹이를 잡기도 한다. 소규모 무리를 짓기도 하며, 땅에 둥지를 짓는다.

• **볼주머니**
부리에 잘 늘어나는 피부가 붙어 있어서 물에서 잡은 물고기를 담아 갈 수 있다.

장다리물떼새보다 몸에 비해 다리가 더 긴 새는 홍학뿐이다.

13.5L 펠리컨이 볼주머니에 담을 수 있는 물의 양.

물수리
학명: *Pandion haliaetus*
사는 곳: 남극 대륙을 제외한 모든 대륙
길이: 최대 58cm

잠수하는 다른 새들은 대개 머리부터 물에 집어넣지만, 물수리는 발을 먼저 담가서 먹이를 움켜쥔다. 바깥 발가락을 뒤로 돌려서 미끄러운 물고기도 잡을 수 있다.

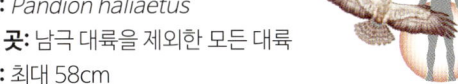

검은해오라기
학명: *Egretta ardesiaca*
사는 곳: 아프리카 사하라 이남, 마다가스카르
길이: 최대 66cm

이 섭금류는 개펄에서도 먹이를 잡곤 하지만, 연못에서 독특한 방법으로 낚시를 한다. 물에 서서 날개를 펼쳐서 그늘을 만들고, 포식자를 피할 곳을 찾는 물고기들이 몰려들면 손쉽게 먹이를 잡는다.

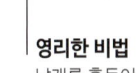

영리한 비법
날개를 흔들어서 '양산'을 만들어 물고기를 꾄다.

밝은 색깔의 발
성체는 흑갈색의 긴 다리 끝에 노란 발이 달려 있다.

웃는갈매기
학명: *Larus atricilla*
사는 곳: 북아메리카, 카리브해, 남아메리카
길이: 최대 46cm

큰 소리로 우는 소리가 '하하하'처럼 들려서 이런 이름이 붙었다. 갑각류, 곤충, 어류를 먹는다. 갈색사다새에게서 먹이를 훔치기도 한다. 사다새의 머리에 내려앉아서 볼주머니에 담긴 먹이를 낚아챈다.

회색 날개
웃는갈매기는 대부분의 작은 갈매기보다 훨씬 더 짙은 회색 날개를 지닌다.

뒷부리장다리물떼새
학명: *Recurvirostra americana*
사는 곳: 미국, 멕시코, 캐나다 남부
길이: 최대 51cm

발에 물갈퀴가 달린 이 우아한 새는 내륙 호수에 살지만, 겨울이나 번식기에 강어귀와 개펄에서 지내기도 한다. 뒤집힌 긴 부리로 개펄에서 갯지렁이, 갑각류, 연체동물을 찾아 먹는다.

마도요
학명: *Numenius arquata*
사는 곳: 유라시아, 아프리카
길이: 최대 60cm

가장 큰 섭금류 중 하나인 다리가 긴 이 새는 개펄과 강어귀에서 겨울을 난다. 아주 길게 굽은 부리로 개펄을 깊이 헤집어서 조개, 게, 갯지렁이를 찾아낸다.

탐사 도구
아주 민감한 부리 끝으로 숨은 먹이를 찾아낸다.

검은집게제비갈매기
학명: *Rynchops niger*
사는 곳: 남북아메리카
길이: 최대 46cm

석호, 호수, 염습지 위를 낮게 날면서 먹이를 찾는다. 물고기와 곤충이 주 먹이이다. 부리의 아랫부분을 물에 담근 채 날면서 먹이가 부리에 닿으면 탁 다문다.

큰붕어오리
학명: *Tachyeres pteneres*
사는 곳: 남아메리카
길이: 최대 84cm

이 작달막한 오리는 날개폭이 너무 짧아서 날아오를 수가 없다. 대신에 빠르게 움직이고 싶을 때는 날개를 노처럼 저어서 물 위를 나아간다. 연체동물, 갑각류, 작은 어류를 먹으며, 쌍쌍이 또는 가족과 살아간다.

장다리물떼새
학명: *Himantopus himantopus*
사는 곳: 전 세계
길이: 최대 40cm

대말 같은 빨간 다리가 눈에 확 띈다. 강어귀에서 긴 부리로 모래나 개펄을 뒤적이면서 작은 무척추동물이나 물고기를 찾는다. 번식기에는 내륙으로 이동한다.

극지 바다

몹시 춥고 바람이 심하며, 떠다니는 얼음으로 덮인 극지 바다는 지구에서 가장 살기 어려운 곳처럼 보일 수 있다. 그러나, 사실 이 얼음장 같은 물에는 미세한 조류부터 물범, 펭귄, 거대한 고래에 이르기까지 생물이 가득하다.

얼음장 같은 물

극지 바다는 세계의 대양 중에서 가장 작고 가장 춥다. 겨울이면 수면이 얼어서 탁 트인 바다가 드넓은 얼음판이 된다. 일 년 내내 얼어붙은 채로 있는 물도 있다. 그렇긴 해도 육지의 몇몇 지역보다는 더 따뜻하다. 북극에서도 해빙은 온도가 어는점보다 몇 도 더 낮을 뿐이다. 비교적 따뜻한 물 위에 떠 있어서다. 그래서 겨울에 극지 바다는 바람이 심한 극지 해안보다 살기가 훨씬 더 나으며, 사실 일 년 내내 생물이 풍부한 서식지가 된다.

태양 에너지

지구의 남북극 주변 지역은 일 년 내내 춥다. 태양 에너지가 적도 주변 지역에 비해 더 넓은 면적에 걸쳐 닿기에 가열 효과가 덜하다.

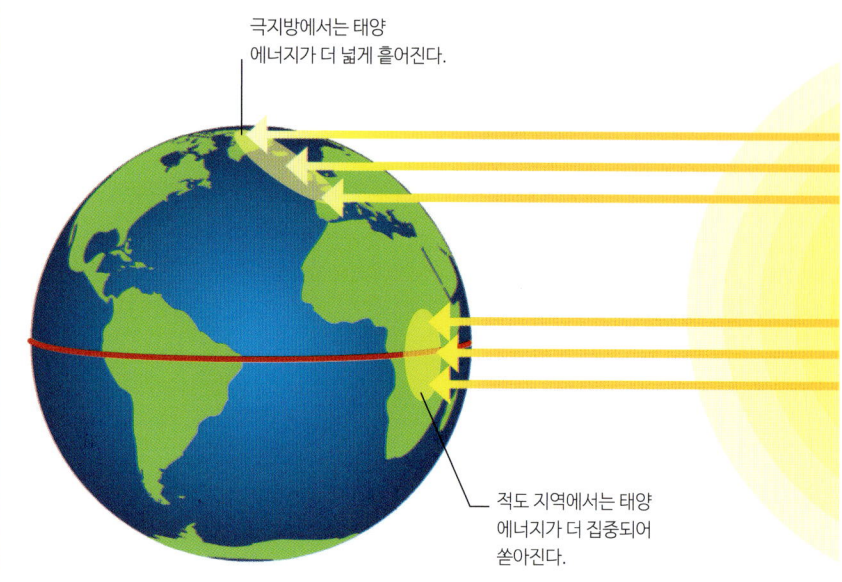

극지방에서는 태양 에너지가 더 넓게 흩어진다.

적도 지역에서는 태양 에너지가 더 집중되어 쏟아진다.

극지의 계절

지구는 지축이 기울어져 있어서 계절마다 남북극에 해가 비치는 시간이 달라진다. 12월에는 북극이 태양과 먼 쪽으로 기울어져 24시간 어둠에 잠겨 있어 북극권은 겨울이 된다. 태양의 열기가 없기에, 기온이 아주 낮아지고 북극해 수면은 얼어붙는다. 그 시기에 남극은 태양 쪽으로 기울어져서, 남극 대륙은 여름이 된다. 24시간 햇빛이 들어 기온이 오르고 해빙은 대부분 녹는다. 6개월 뒤인 6월에는 남극 대륙은 겨울, 북극권은 여름이 된다.

북극은 6월에 태양 쪽으로 기울어져 있다.

북극은 12월에 태양에서 먼 쪽으로 기울어져 있다.

남극은 6월에 태양에서 먼 쪽으로 기울어져 있다.

6월

남극은 12월에 태양 쪽으로 기울어져 있다.

12월

얼어붙은 바다

겨울에 극지가 계속 어둠에 잠겨 있을 때는 기온이 심하게 떨어져서 해빙이 생기면서 극지방 바다의 대부분을 뒤덮는다. 여름에는 이 얼음이 대부분 녹지만, 햇빛이 약해서 일 년 내내 남아 있는 얼음도 있다. 이 두 사진은 얼음 면적이 가장 넓을 때의 극지 바다 모습이다.

겨울의 남극 대륙

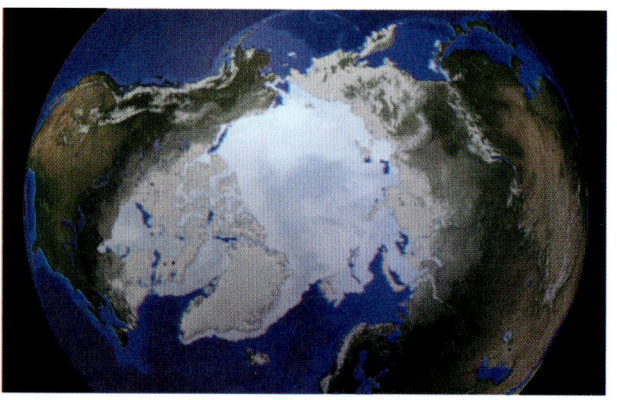

겨울의 북극권

넓어지는 얼음

남극 대륙에서는 최대 2,000미터에 달하는 영구 빙원으로 뒤덮인 얼어붙은 대륙을 차가운 남극해가 둘러싸고 있다. 남극권의 해빙은 남극 대륙에서부터 남극해를 뒤덮는다.

연결된 대륙

북극권에서 육지로 둘러싸인 북극해는 겨울에 물이 언다. 해빙은 북극권을 중심으로 퍼지면서 북극해, 배핀만, 허드슨만 대부분을 뒤덮는다.

생명이 가득한 바다

거의 얼어붙을 듯한 수온이지만, 극지방의 물에는 생명이 가득하다. 따뜻한 여름 몇 달 동안 바렌츠해(사진)를 비롯한 극지 바다의 여러 해역에서는 규조류 같은 단세포 조류인 식물성 플랑크톤이 구름처럼 불어난다. 더 짜고 차가운 물은 가라앉으면서 식물성 플랑크톤의 먹이가 되는 양분이 더 풍부한 깊은 곳의 물을 수면으로 밀어 올린다.

북극권 먹이 그물

북극권 먹이 그물의 바닥에는 식물성 플랑크톤, 즉 광합성을 통해 자신의 먹이를 만드는 생산자가 있다. 북극해의 풍부한 식물성 플랑크톤은 작은 요각류와 좀 더 큰 크릴 등 수많은 동물성 플랑크톤을 지탱한다. 동물성 플랑크톤은 많은 여과 섭식 어류의 먹이가 된다. 크릴과 어류는 북극제비갈매기 같은 바닷새와 물범의 먹이가 된다. 그리고 이 동물들은 범고래와 북극곰 같은 사냥꾼의 먹이가 된다.

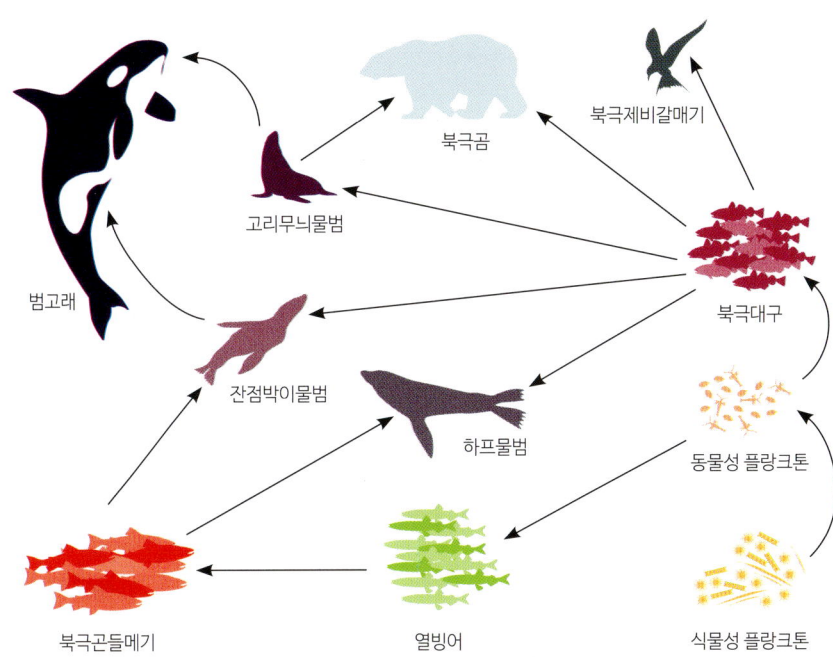

해안 집단 번식지

극지 바다와 닿아 있는 땅은 겨울에 얼어붙은 바닷물보다 훨씬 춥다. 그러나 봄에 해가 수평선 위로 떠오르면, 눈이 일부 녹으면서 모래와 바위가 드러나며, 심지어 식물도 자란다. 이런 곳은 먹이는 바다에서 구하지만, 번식은 육지에서 해야 하는 동물들의 중요한 서식지가 된다. 물범과 펭귄, 앨버트로스 같은 바닷새들이 주로 몰려든다. 사우스조지아섬의 임금펭귄(사진)은 먹이를 구하기 쉽게, 해안 가까이에서 10만 마리 이상이 집단으로 번식한다.

녹아 사라지는 얼음

기후 변화는 극지방에 훨씬 더 극단적으로 영향을 미친다. 극지 바다의 수온은 온대와 열대 해역보다 두 배 더 빠르게 올라가고 있다. 해빙은 거울처럼 태양의 열기를 반사하는 반면, 더 밀도가 높은 바닷물은 열을 흡수하여 따뜻해지면서 얼음을 더 녹이기 때문이다. 해빙이 녹아서 바닷물이 더 드러날수록, 기온은 더 올라간다. 따뜻해지는 물은 이미 극지 해양 생태계에 영향을 미치고 있으며, 해빙이 녹으면 그 위에서 번식하는 물범들은 심각한 위기에 처할 것이다. 또 해빙에서 사냥하는 쪽으로 적응한 북극곰도 생존이 어려워질 것이다.

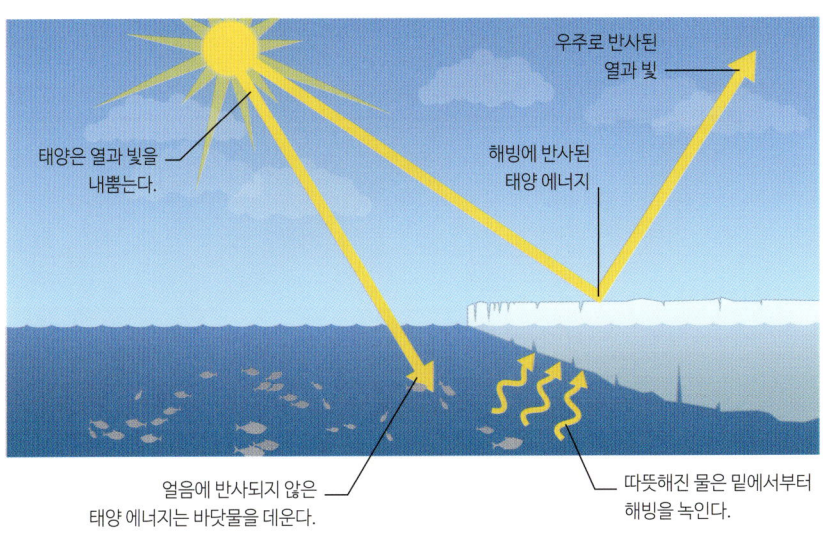

13% 극해의 해빙이 기후 변화로 10년마다 줄어드는 비율.

빙붕

남극 대륙의 가장자리에서는 대륙 빙원의 일부가 바다로 밀려 나오면서 떠 있는 빙붕을 이룬다. 그중에는 거대한 것도 있다. 로스 빙붕은 프랑스만 하며, 가장자리는 길이 600킬로미터가 넘는 얼음 절벽을 이룬다. 빙붕은 거대한 해안 빙하처럼 움직인다. 비탈을 따라 바다로 밀려 나와 커다란 덩어리로 끊어져 떨어진다. 떨어진 덩어리는 위가 평평한 거대한 빙산이 되어 떠돈다.

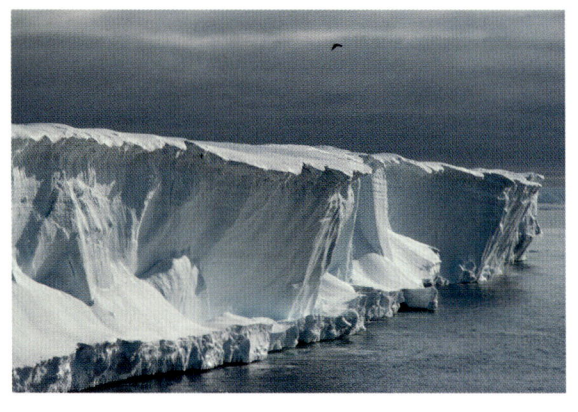

해빙

극지방에 겨울이 찾아오면 몹시 추운 바람이 해수면에 불면서 얼음이 언다. 탁 트인 바다는 조금씩 단단한 해빙으로 뒤덮인다.

얼음은 처음에는 수면을 떠다니는 질퍽한 얼음 결정들에 불과하다. 기온이 더 떨어지면서 얼음 결정들은 뭉쳐서 단단한 얼음판이 된다. 거센 파도에 쪼개지기도 하지만 다시 하나로 얼어붙으며, 이윽고 해류에 따라 흘러 다니는 두껍고 거대한 총빙이 된다. 북극점에서 떠다니는 해빙은 몇 년 동안 녹지 않을 수도 있지만(다년생 얼음), 많은 해빙은 여름이면 녹아 사라진다. 지구 기온이 점점 올라감에 따라, 겨울에 얼음이 어는 면적이 줄어들고 있다.

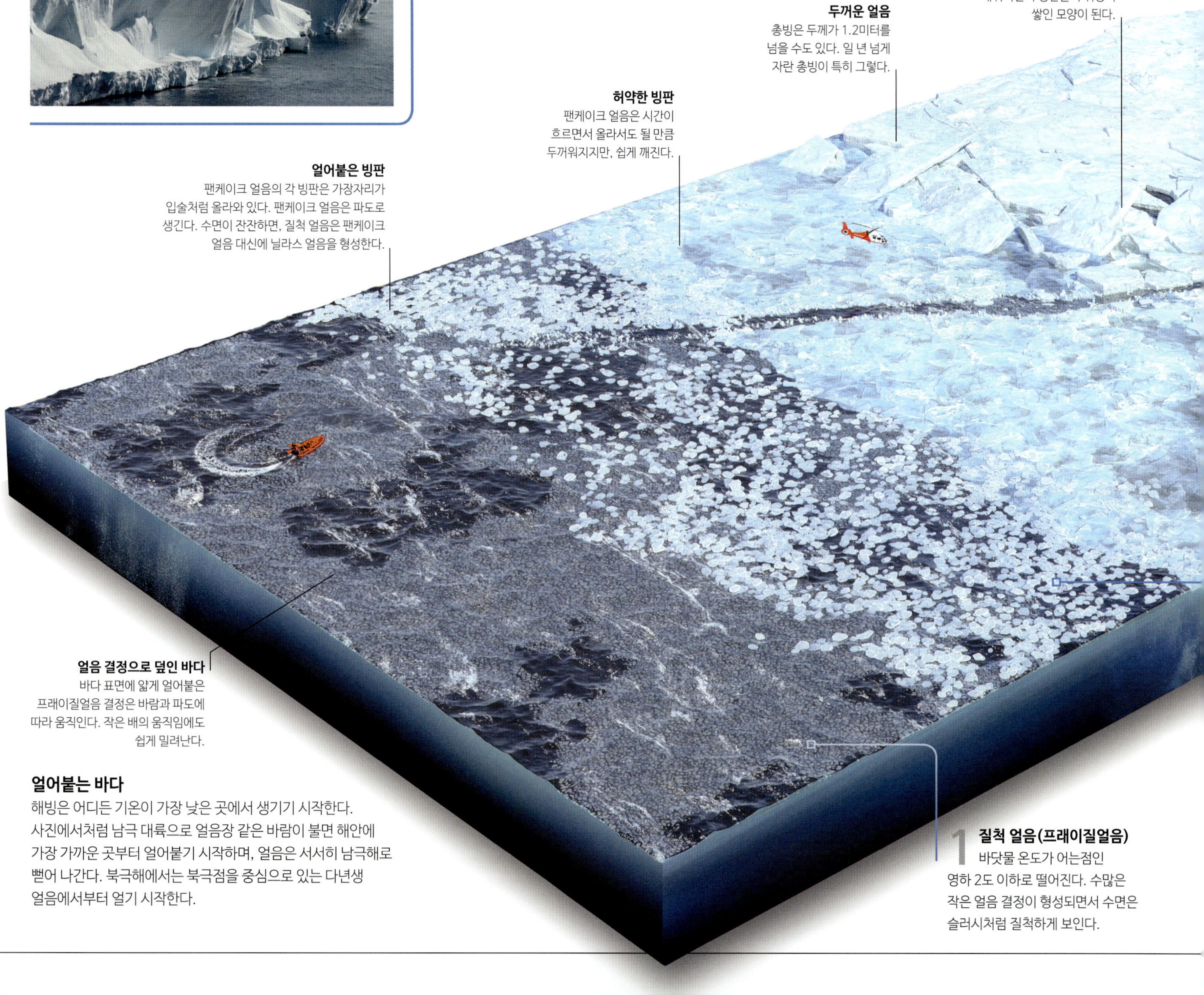

난빙대
총빙은 해류에 밀려 부서지고 세워지면서 빙판들이 뒤엉켜 쌓인 모양이 된다.

두꺼운 얼음
총빙은 두께가 1.2미터를 넘을 수도 있다. 일 년 넘게 자란 총빙이 특히 그렇다.

허약한 빙판
팬케이크 얼음은 시간이 흐르면서 올라서도 될 만큼 두꺼워지지만, 쉽게 깨진다.

얼어붙은 빙판
팬케이크 얼음의 각 빙판은 가장자리가 입술처럼 올라와 있다. 팬케이크 얼음은 파도에 생긴다. 수면이 잔잔하면, 질척 얼음은 팬케이크 얼음 대신에 닐라스 얼음을 형성한다.

얼음 결정으로 덮인 바다
바다 표면에 얇게 얼어붙은 프레이질얼음 결정은 바람과 파도에 따라 움직인다. 작은 배의 움직임에도 쉽게 밀려난다.

1 질척 얼음(프레이질얼음)
바닷물 온도가 어는점인 영하 2도 이하로 떨어진다. 수많은 작은 얼음 결정이 형성되면서 수면은 슬러시처럼 질척하게 보인다.

얼어붙는 바다

해빙은 어디든 기온이 가장 낮은 곳에서 생기기 시작한다. 사진에서처럼 남극 대륙으로 얼음장 같은 바람이 불면 해안에 가장 가까운 곳부터 얼어붙기 시작하며, 얼음은 서서히 남극해로 뻗어 나간다. 북극해에서는 북극점을 중심으로 있는 다년생 얼음에서부터 얼기 시작한다.

1800만km² 겨울에 남극 대륙 주위에 생기는 해빙 면적. 남극 대륙보다 더 넓다.

1만 1,000km² 지금까지 기록된 가장 큰 탁상형 빙산의 크기.

해안 빙하
극지방에서는 빙하가 바다로 흘러가서 물 위에 뜬다.

빙산의 생성
물에 뜬 빙하의 가장자리에서 커다란 얼음 덩어리가 끊겨 나가서 바다를 떠다니는 빙산이 된다.

빙산
빙산 무게의 90퍼센트는 수면 아래에 있다.

빙하
빙하를 이루는 얼음은 눈이 짓눌려서 생긴 것이다.

5 고착빙
해안에 얼어붙은 단단한 얼음은 고착빙이다. 고착빙의 가장자리는 물에 떠 있으며, 조석에 따라서 오르내리다가 떨어져 나가곤 한다.

4 총빙
물이 더 많이 얼수록, 얼음은 점점 두꺼워지면서 단단해진다. 그러다가 파도에 깨져서 부빙이라는 더 작은 판으로 되었다가, 다시 합쳐져서 얼어붙곤 하면서 떠다니는 두꺼운 총빙이 된다.

전단대
고착빙과 떠다니는 총빙 사이에는 부빙이 점점이 흩어져 있는 구간이 있다.

쇄빙선
선체를 특수하게 보강한 쇄빙선은 총빙을 뚫고서 길을 낼 수 있다.

3 두꺼워지는 얼음
프래이질 결정이 더 커지고 그 밑에서 기둥형 얼음이라는 길쭉한 결정이 생김에 따라서, 팬케이크 얼음은 더 두꺼워지면서 함께 떠다닌다.

2 팬케이크 얼음
얼음 결정은 모여서 둥근 팬케이크 같은 빙판을 형성한다. 이 빙판들은 파도에 실려 서로 부딪치면서 가장자리가 부서진다.

얼음이 일으키는 해류

차가운 극지 바다에서 해빙이 형성될 때, 염분이 밀려 나가 얼음 아래 있는 바닷물은 더 짜진다. 이 물은 아주 차갑기도 해서, 밀도가 더 높고, 더 무거워 아래로 가라앉는다. 이 차가운 짠물의 침강이 지구 전체의 심해류를 일으킨다. 또 주변 표층수가 이 침강 해역으로 모여 빈자리를 채우면서, 표층류도 일으킨다.

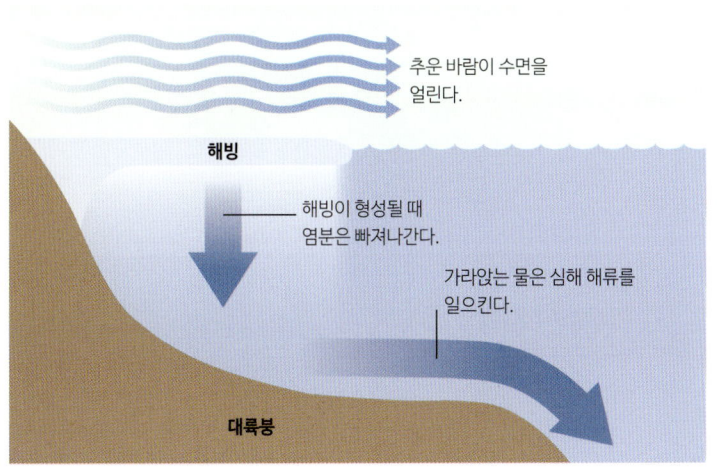

추운 바람이 수면을 얼린다.

해빙

해빙이 형성될 때 염분은 빠져나간다.

가라앉는 물은 심해 해류를 일으킨다.

대륙붕

얼음 밑

극지의 겨울에 수면은 얼어붙지만, 떠 있는 얼음 밑에서는 생명이 살아간다. 생명은 얼음 속에도 있다. 봄에 햇빛이 가득해질 때를 기다리면서다.

남극 대륙의 햇빛은 얼음을 파랗게 물들이고 얼음 밑에 사는 미세한 조류의 성장을 촉진한다. 이 조류는 다른 해양 생물들의 중요한 먹이 자원이다. 한편 얼음 아래로 빠져나가는 차가운 짠물은 얼면서 브리니클이라는 수중 고드름을 형성한다. 이 고드름은 해저까지 뻗기도 한다. 사냥하는 웨들물범은 얼음에 난 틈새인 밝은 지점을 찾아 이빨로 갉아서 넓히고, 그 구멍으로 고개를 내밀고 호흡한다.

차가운 식사

남극 대륙의 해빙 밑에는 먹이가 적을 때가 종종 있기에, 물범이 죽어서 가라앉으면 그 냄새를 맡고서 아주 멀리에서도 청소동물이 몰려든다. 바다 밑을 기어 다니는 불가사리와 다리가 긴 바다거미는 거대등각류, 끈벌레와 함께 이 먹이를 놓고 경쟁한다. 빨리 움직이지 못하고 얼음 밑에서 뻗어 내려오는 브리니클에 닿아서 얼어 죽는 동물도 있다.

80분 웨들물범이 숨을 참고 물속에서 사냥할 수 있는 시간.

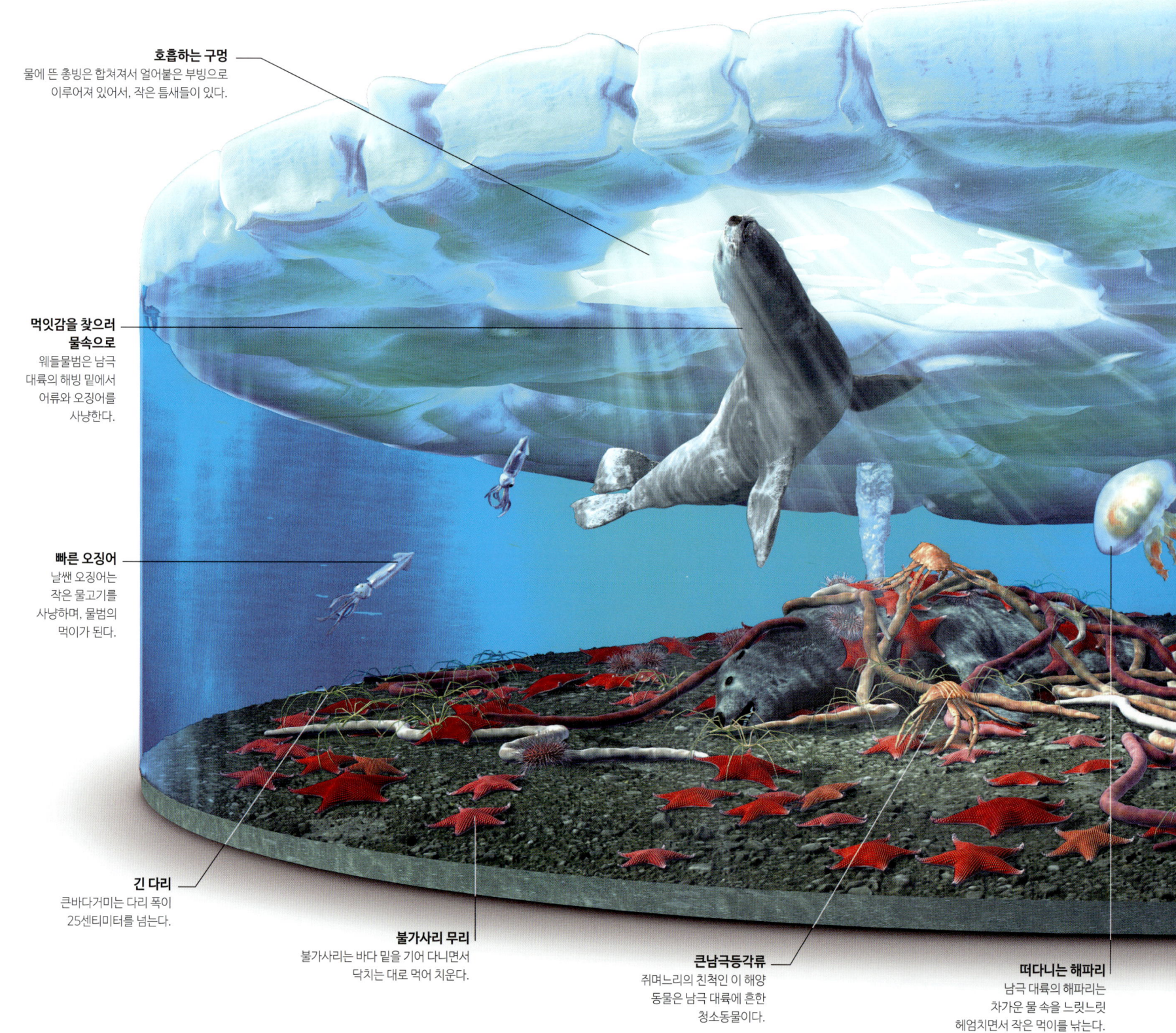

호흡하는 구멍
물에 뜬 총빙은 합쳐져서 얼어붙은 부빙으로 이루어져 있어서, 작은 틈새들이 있다.

먹잇감을 찾으러 물속으로
웨들물범은 남극 대륙의 해빙 밑에서 어류와 오징어를 사냥한다.

빠른 오징어
날쌘 오징어는 작은 물고기를 사냥하며, 물범의 먹이가 된다.

긴 다리
큰바다거미는 다리 폭이 25센티미터를 넘는다.

불가사리 무리
불가사리는 바다 밑을 기어 다니면서 닥치는 대로 먹어 치운다.

큰남극등각류
쥐며느리의 친척인 이 해양 동물은 남극 대륙에 흔한 청소동물이다.

떠다니는 해파리
남극 대륙의 해파리는 차가운 물 속을 느릿느릿 헤엄치면서 작은 먹이를 낚는다.

2m 남극해에 떠다니는 해빙의 가장 두꺼운 두께.

바다거미의 창자는 먹이를 소화하고 흡수하는 면적을 늘리기 위해 다리 밑동까지 늘어난다.

갉아서 먹는 크릴

해빙 안에는 단세포 조류인 규조류가 산다. 이들은 남극 대륙 크릴의 주된 먹이이다. 크릴은 앞다리로 얼음에서 조류를 긁어낸다. 얼음이 녹을 때 조류는 물에서 불어나고, 그에 따라 크릴도 폭발적으로 늘어난다. 물속에서 엄청나게 불어난 크릴은 펭귄, 물범, 수염고래의 먹이가 된다.

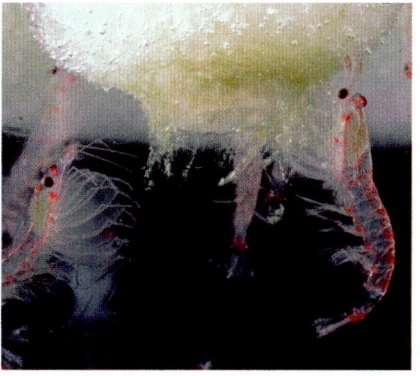

얼음에 붙어 사는 말미잘

남극거꾸로말미잘은 남극 대륙의 해빙 밑면에 붙어 산다. 얼음에 붙어 있어도 꽁꽁 얼지 않은 채, 섬세한 긴 촉수를 물로 뻗어서 떠다니는 작은 먹이 알갱이들을 걸러 먹는다. 생물이 있을 것이라고는 전혀 예상하지 못한 엄청나게 두꺼운 로스 빙붕의 밑에서 처음 발견되었다.

얼음에 사는 조류
해빙 내의 짠물이 흐르는 미세한 틈새에는 크릴의 주요 먹이인 규조류라는 아주 작은 크기의 조류가 산다.

남극이빨고기
농어처럼 생긴 이 커다란 어류는 웨들물범이 좋아하는 먹이이다.

동사
이 운 나쁜 불가사리는 브리니클에 닿아서 얼어붙었다.

기어 다니는 살해자
브리니클은 바다 밑에 다다르면 기둥을 뻗으며 닿는 것은 모조리 얼려 버리는 죽음의 얼음이 된다.

브리니클
얼고 있는 얼음에서 빠져나오는 더 짠물은 아주 차가워서 주변의 물을 얼린다.

미끄러지듯 나아가는 청소동물
길이가 최대 100센티미터에 달하는 끈벌레가 미끄러지듯 웨들물범 사체로 몰려든다.

극지 바다 · 추운 곳에 사는 생물

450km² 가장 큰 크릴 떼가 뒤덮은 면적.

흑지느러미빙어(남극빙어)
학명: *Chaenocephalus aceratus*
사는 곳: 남극해
길이: 최대 72cm

이 종은 피가 투명하다. 다른 어류는 아가미에서 물에 든 산소를 주로 빨간 헤모글로빈을 통해 흡수한다. 그런데 이 종은 헤모글로빈이 전혀 없다. 혈중 산소 농도가 낮으므로, 남극빙어는 커다란 심장으로 많은 피를 온몸으로 보내서 산소를 공급한다.

큰남극등각류
학명: *Glyptonotus antarcticus*
사는 곳: 남극해
길이: 최대 9cm

땅에 사는 쥐며느리의 친척인 이 갑각류는 남극 대륙 주위의 얕은 바다에 산다. 대다수의 등각류보다 크며, 해저에 사는 동물을 잡아먹거나 죽은 동물을 먹는다.

큰화산해면
학명: *Anoxycalyx joubini*
사는 곳: 남극해
길이: 최대 2m

다른 모든 해면처럼 이 단순한 동물은 꽃병 같은 몸에 난 구멍을 통해 바닷물을 빨아들여서 먹이 알갱이를 걸러 먹는다. 차가운 물에서 아주 느리게 자라며, 수명이 1,000년을 넘는다고 보는 과학자도 있다.

극지의 거인
이 해면동물은 어른이 안에 들어갈 만큼 크게 자랄 수 있다.

바닥을 기는 동물
등각류는 튼튼한 다리로 기어 다닌다.

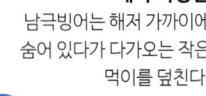

매복 사냥꾼
남극빙어는 해저 가까이에 숨어 있다가 다가오는 작은 먹이를 덮친다.

추운 곳에 사는 생물

추운 극지 바다에는 따뜻한 바다보다 산소가 훨씬 더 많이 녹아 있고 양분도 더 많을 때가 많다. 그래서 거의 얼어붙을 듯이 춥지만, 아주 많은 수의 어류와 무척추동물이 살고 있다.

이들은 변온 동물이므로, 추위에 맞서서 스스로 열을 낼 수 없다. 많은 동물은 체액에 동결 방지 단백질이 들어 있어서 몸의 주요 기관을 파괴하여 죽일 수 있는 얼음 결정이 자라는 것을 막는다.

큰사마귀오징어(긴팔문어오징어)
학명: *Kondakovia longimana*
사는 곳: 남극해
길이: 최대 2.3m

날카로운 갈고리가 달린 긴 촉수로 남극해에서 사냥하는 무시무시한 오징어다.

큰에메랄드암치
학명: *Trematomus bernacchii*
사는 곳: 남극해
길이: 최대 35cm

남극해의 해빙 아래 아주 찬물에서 살아가도록 적응한 이 종은 해저에서 주로 갯지렁이, 고둥, 갑각류, 조류를 먹는다.

남극크릴
학명: *Euphausia superba*
사는 곳: 남극해
길이: 최대 6.2cm

새우처럼 생긴 크릴은 미세한 식물성 플랑크톤을 먹으며, 아주 큰 무리를 이루어서 해류에 떠다닌다. 아델리펭귄, 게잡이물범, 거대한 대왕고래 등 훨씬 더 많은 남극 동물들의 주된 먹이다.

여과 섭식자
깃털 같은 앞다리는 물에서 플랑크톤을 거르는 체 역할을 한다.

400년 그린란드상어의 추정 수명. 신체 활동이 느려서 오래 사는 듯하다.

30m 지금까지 발견된 가장 큰 유령해파리의 촉수 길이.

북극곤들메기
학명: Salvelinus alpinus
사는 곳: 북극해
길이: 최대 61cm

연어의 가까운 친척으로, 북극권의 강, 호수, 해안에도 산다. 민물에서 번식하므로, 강을 거슬러 올라가서 알을 낳은 뒤에 바다로 돌아와야 한다. 평생에 걸쳐서 이 여행을 여러 번 한다.

유령해파리
학명: Cyanea capillata
사는 곳: 북극해
갓 길이: 최대 2.4m

이 거대한 해파리는 차가운 물에 살며, 북극해까지도 올라간다. 침을 쏘는 촉수를 질질 끌면서 해류에 떠다닌다. 촉수로 물고기와 더 작은 해파리를 낚는다.

고동치는 갓
해파리는 종 모양의 몸을 고동치면서 물속을 나아 간다.

그린란드상어
학명: Somniosus microcephalus
사는 곳: 북극해
길이: 최대 6.4m

얼어붙을 듯이 차가운 물에서 느릿느릿 움직이면서 살아가는 쪽으로 적응했다. 아주 천천히 몰래 다가가서 와락 덮치는 방법으로 물고기, 물범, 바닷새를 사냥한다.

이 거대한 상어는 1년에 겨우 1센티미터씩 자란다.

독을 지닌 덫
각 촉수에는 미세한 자세포가 수천 개씩 늘어서 있다.

대게
학명: Chionoecetes opilio
사는 곳: 아한대 해역
등딱지 폭: 최대 15cm

다리가 긴 이 게는 알래스카, 캐나다, 그린란드, 러시아, 시베리아 연안의 차가운 물에 산다. 해저에서 조개와 불가사리 같은 동물을 먹지만, 죽은 물고기 같은 찌꺼기도 먹는다.

북극노벌레
학명: Calanus hyperboreus
사는 곳: 북극해
길이: 최대 7mm

수십 억 마리씩 수면 근처에 떠다니면서 미세한 조류를 먹는 동물성 플랑크톤이다. 아주 수가 많아서 북극의 물고기, 바닷새, 거대한 고래의 주된 먹이가 된다.

움직이는 더듬이
이 요각류는 노처럼 생긴 튼튼한 더듬이를 써서 헤엄친다.

헤엄치는 '날개'
무각거북고둥은 물속을 '날아간다.'

무각거북고둥
학명: Clione limacina
사는 곳: 북극해
길이: 최대 5cm

몸에서 짧은 날개처럼 뻗은 부속지를 흔들면서 헤엄치는 갯민숭달팽이의 일종이다. 입에서 촉수를 뻗어서 작은 동물을 잡아먹는다.

대왕고래

99% 1900년 이래 고래잡이 때문에 줄어든 대왕고래의 비율.

대왕고래는 지구에 지금까지 살았던 동물 중에서 가장 크지만, 바다에서 가장 작은 동물을 먹는 쪽으로 진화했다.

대왕고래는 수염고래에 속한다. 고래수염이라는 뻣뻣한 판을 써서 바닷물에서 작은 동물을 걸러 먹는 고래류다. 이 고래는 전 세계 바다에 사는 새우처럼 생긴 크릴을 먹는다. 특히 플랑크톤이 풍부한 남극해에 우글거리는 남극크릴을 주로 먹는다. 지난 200년 동안 사냥으로 거의 멸종되었다가 1986년 상업적 포경이 금지된 이래로 조금씩 수가 늘고 있다.

돌진 섭식자

일부 수염고래 종처럼 대왕고래도 역동적인 섭식 기법을 쓴다. 입을 쩍 벌린 채 크릴 떼를 향해 돌진하여, 크게 늘어나는 부리 아래 주머니 안에 엄청난 양의 물과 먹이를 함께 담는다.

우글거리는 먹이
작은 크릴은 거대한 분홍 구름처럼 수십 억 마리씩 모여 있다. 고래는 이들을 삼킨다.

위턱
넓적하고 편평한 위턱에는 고래수염이 나 있다.

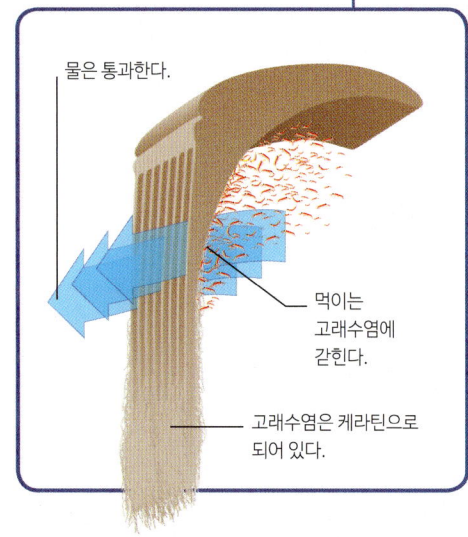

고래수염 필터

대왕고래의 입에는 이빨 대신에 고래수염이라는 뻣뻣한 판이 죽 늘어서 있다. 고래수염은 사람의 손톱과 같은 물질인 케라틴으로 되어 있으며, 올이 풀린 천처럼 가장자리가 헝클어져 있다.

- 물은 통과한다.
- 먹이는 고래수염에 갇힌다.
- 고래수염은 케라틴으로 되어 있다.

거대한 한입
한 번에 자기 몸무게만큼 물을 담는다.

힘센 혀
대왕고래의 혀는 무게가 약 3톤이다. 코끼리만큼 무겁다.

고래의 입안

몸의 밑쪽을 따라 쭉 뻗어 있는 고래의 목은 풍선처럼 부풀면서 먹이가 풍부한 물을 가득 담는다. 그런 뒤 입을 다물고 혀를 앞으로 쭉 밀어서 물을 고래수염 사이로 밀어낸다. 수염고래는 이런 식으로 먹이를 먹기 위해서 많은 에너지를 쓰지만, 엄청난 양의 먹이를 얻을 수 있다.

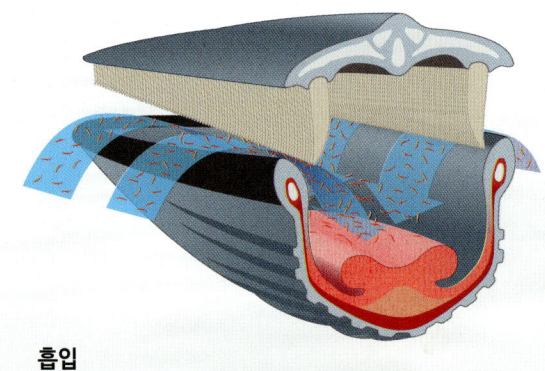

흡입
물과 크릴을 가득 담은 뒤, 입을 다물기 시작한다. 거대한 목은 물을 담기 위해 한껏 부풀어 있다.

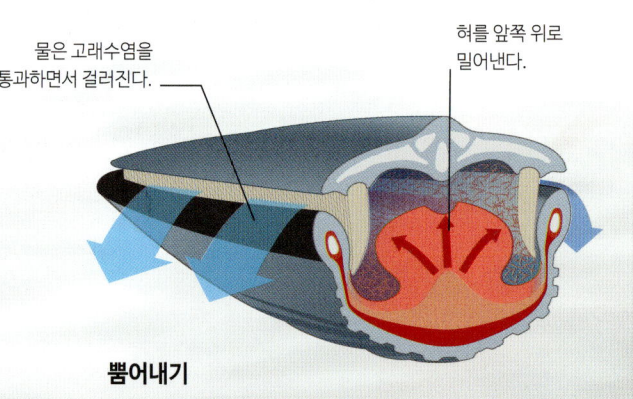

- 물은 고래수염을 통과하면서 걸러진다.
- 혀를 앞쪽 위로 밀어낸다.

뿜어내기
입을 다문 채로, 혀를 앞으로 밀면서 부푼 목을 수축시킨다. 그러면서 물을 고래수염 사이로 뿜어내고 크릴을 거른다.

6,000kg 대왕고래가 하루에 먹을 수 있는 크릴의 양.

150톤 대왕고래의 최대 무게.

지느러미발
머리 옆쪽에 달린 얇고 홀쭉한 지느러미발은 헤엄치는 방향을 잡도록 돕는다.

주름진 목
목에 있는 주름은 크게 늘어나서 엄청난 양의 물을 담을 수 있다.

번식지로 이주
여름에 대왕고래는 남극해나 북극해의 차가운 물에서 주로 먹이를 먹는다. 바다가 얼어붙으면 더 따뜻하지만 먹이는 더 적은 해역으로 이주하여 번식을 한다. 암컷은 한 번에 새끼를 한 마리 낳으며, 새끼는 6개월 동안 젖을 먹고 자란다.

포유류
대왕고래
학명: *Balaenoptera musculus*
사는 곳: 북극 가까운 곳을 제외한 전 세계 바다
길이: 최대 32.6m
먹이: 주로 크릴

146 극지 바다 ○ 일각돌고래

1000만 개 일각돌고래의 엄니에 들어 있는 민감한 신경 말단의 수.

함께 물 위로
겨울에 일각돌고래는 가족 집단을 이루어서 얼음 밑에서 북극대구 같은 물고기를 사냥한다. 꾸르륵, 삐이익, 꽥꽥 등 다양한 소리로 의사소통을 하며, 호흡하기 위해서 얼음 사이의 틈새를 찾아 올라온다. 때로는 바다가 빠르게 얼어붙어서 틈새가 막히는 바람에 숨을 쉴 구멍을 찾지 못해 위험에 빠질 수도 있다.

예민한 엄니
엄니에는 아주 민감한 신경이 가득하다.

멜론
일각돌고래를 비롯한 많은 고래는 반향정위(149쪽 참조)를 써서 먹이를 찾는다. 이마에는 반향정위 소리를 집중시키는 지방 덩어리인 '멜론'이 있다.

작은 눈

일각돌고래(외뿔고래)

일각돌고래는 위턱에 나사 모양의 긴 엄니가 하나 박혀 있다. 이 돌고래는 북극해의 총빙 밑에서 사냥하는 쪽으로 적응한 해양 포식자다.

일각돌고래는 대개 수컷만 엄니를 지닌다. 이 엄니의 주된 기능은 아직 잘 모르지만, 암컷은 이 엄니 없이도 아주 잘 살아가므로 먹이를 잡는 데 꼭 필요한 것은 아니다. 따라서 암컷이나 경쟁자에게 과시하는 용도로 쓸 가능성이 있다. 가장 커다란 엄니를 지닌 수컷이 이기는 것일 수 있다. 그런데 엄니는 아주 예민하기도 해서, 수온이나 염도를 감지하는 데 쓸지도 모른다.

숨구멍
다른 고래들처럼, 일각돌고래도 머리 위쪽에 있는 숨구멍으로 숨을 쉰다.

지느러미발
일각돌고래는 힘센 꼬리로 몸을 추진하고, 앞지느러미발로 물고기 같은 먹이를 잡을 때 방향을 틀고 몸을 돌리는 데 쓴다.

엄니 없는 암컷
암컷 중에서도 아주 드물게 엄니가 자라기도 하지만, 대개는 없다.

포유류	
일각돌고래	
학명:	*Monodon monoceros*
사는 곳:	북극해
몸길이:	최대 5m
먹이:	어류와 오징어

중세에 **일각돌고래의 엄니**는 신화 속 동물인 **유니콘의 뿔**이라면서 비싸게 **거래**되었다.

싸우는 수컷들

일각돌고래는 주로 북극해의 두꺼운 얼음 밑에서 지내기에, 이들의 행동은 거의 알려져 있지 않다. 하지만 수면 위에서 가볍게 엄니를 교차하는 모습이 목격되곤 한다. 의사소통을 하거나 서로의 힘을 평가하는 것일 수도 있다.

길어진 이빨
수컷의 엄니는 3미터까지 자랄 수 있지만, 대개는 약 2미터까지 자란다. 엄니는 송곳니가 변한 것이며, 거의 언제나 위턱의 왼쪽에서 윗입술을 뚫고 뻗어 나온다.

머리뼈
엄니는 뿌리가 턱에 박혀 있다. 엄니가 양쪽에 하나씩 두 개가 난 수컷도 있다.

이빨 없는 입
엄니를 제외하고, 일각돌고래는 이빨이 전혀 없다. 먹이에게 몰래 다가가서 입으로 쏙 빨아들여서 통째로 삼키는 것인지 모른다.

나이를 먹을수록 하얘지는 피부
나이를 먹을수록 일각돌고래는 피부가 하얘진다. 특히 배 쪽이 그렇다. 가장 나이 많은 개체는 온몸이 거의 다 하얗다.

보온에 도움을 주는 유선형 몸
피부밑에 두꺼운 지방층이 있어서 중요한 체열 손실을 막고, 몸을 유선형으로 만든다.

148 극지 바다 ○ 범고래

범고래는 종종 물 위로 뛰어오르는 행동을 보이곤 한다. 그냥 재미로 하는 것일 수도 있다.

56km/h 범고래가 헤엄치는 최대 속도.

1 솟구쳐서 엿보기
범고래는 물 위로 솟구쳐서 물범이 얼음 위 어디에 있는지 엿본다. 더 잘 보기 위해서 몸을 세로로 세우고서 머리를 수면 위로 쑥 내민다.

부빙
총빙 중에서 작게 쪼개져서 홀로 떠도는 빙판을 부빙이라고 한다.

2 편대를 이루어서 잠수하기
이 세 마리는 잠수한 뒤, 완벽하게 보조를 맞추어서 얼음 밑으로 돌진하여 파도를 일으킨다.

파도 운동
범고래들이 세차게 밀어붙임에 따라서 파도는 더 높아진다.

방어피음
범고래는 배가 옅은 색이어서 더 아래쪽에서 헤엄치는 물고기가 올려다볼 때 눈에 잘 안 띈다. 또 등은 검은색이어서 위에서 내려다보는 물범의 눈에 잘 안 띈다.

범고래

범고래는 돌고래 중에서 가장 크며, 극지 바다에서 가장 힘세고 가장 무시무시한 사냥꾼이다. 또 가장 지능이 뛰어나서, 영리한 전술로 먹이를 잡곤 한다.

살해자 고래라고도 불리는 범고래는 상어, 물범, 다른 고래와 같은 커다란 동물을 잡는데 알맞은 억세고 뾰족한 이빨을 지닌다. 소규모 가족 집단을 이루어서 남극해의 총빙에서 북극해에 이르기까지 전 세계의 바다에 퍼져 있다. 각 해역 집단마다 그곳에 사는 먹이를 잡는 독특한 기술을 개발했다.

포유류

범고래
- 학명: Orcinus orca
- 사는 곳: 모든 바다
- 길이: 최대 9.8m
- 먹이: 어류, 해양 포유류, 새

파도 사냥
남극해의 총빙에서 사냥하는 범고래들은 부빙 위에서 쉬고 있는 물범을 잡기 위해서 힘을 모으곤 한다. 먼저 표적을 정한 뒤, 나란히 얼음을 향해 헤엄을 쳐서 파도를 일으킨다. 얼음 위를 덮친 파도에 휩쓸려서 물범이 바다로 떨어지면 잡는다.

범고래는 모든 포식성 상어 중에서 가장 크고 가장 위험한 백상아리까지 공격하여 잡아먹는다고 알려져 있다.

파타고니아 해안의 범고래는 해변 위까지 돌진하여 바다사자 새끼를 잡곤 한다.

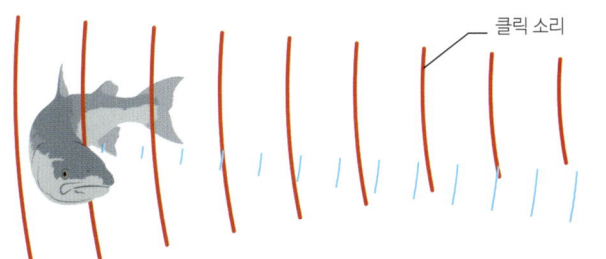

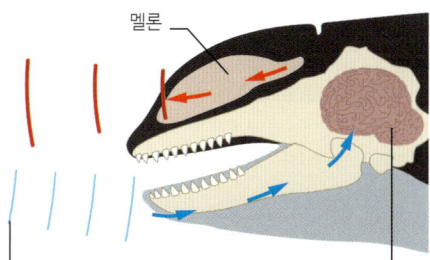

반향정위
범고래는 반향정위를 써서 먹이를 찾아내기도 한다. 물고기를 사냥할 때 주로 그렇게 한다. 이마의 '멜론'을 통해 소리를 집중시켜서 발사한 뒤, 메아리를 들어서 먹이의 위치를 알아낸다.

클릭 소리 메아리
먹이에 부딪쳐서 돌아오는 메아리는 범고래의 아래턱을 통해서 귀로 전달된다.

해독
뇌는 귀가 보낸 신경 신호를 토대로 먹이의 '소리 영상'을 만든다.

의사소통
범고래 가족 집단은 친척들과 함께 더 큰 무리를 지어서 돌아다니기도 한다. 무리마다 클릭 소리, 휘파람 소리 등으로 이루어진 독특한 언어를 쓴다.

3 휩쓸어 떨구기
거센 파도가 부빙에 밀어닥치자 이 운 나쁜 게잡이물범은 깜짝 놀란다. 꼼짝없이 파도에 휩쓸려 물로 떨어지면 기다리고 있던 범고래가 와락 달려들어 문다.

집단별 특징
범고래의 흑백 무늬는 집단마다 다르다.

먹이를 붙잡는 구조
날카로운 이빨과 튼튼한 근육질 턱으로 범고래는 꿈틀대며 미끈거리는 먹이까지 잡을 수 있다.

바다코끼리의 **학명**은 **'이빨로 걷는 바다 말'**이라는 뜻이다.

500m 바다코끼리의 **최고 잠수 기록.**

바다코끼리

장엄한 엄니로 유명한 바다코끼리는 물범과 바다사자의 친척이다. 가죽이 단단하며 북극해의 얕은 물에서 사냥을 한다. 총빙 밑으로 잠수하여 해저에서 먹이를 찾는다.

바다코끼리는 주로 조개 같은 패류를 먹으며, 숱하게 난 아주 예민한 수염을 써서 탁하고 어두운 물에서도 먹이를 찾을 수 있다. 부드러운 모래에 입으로 물을 뿜어서 숨은 동물을 드러내곤 한다. 조개를 찾으면, 입술로 꽉 문 뒤에 혀로 부드러운 살을 빨아낸다.

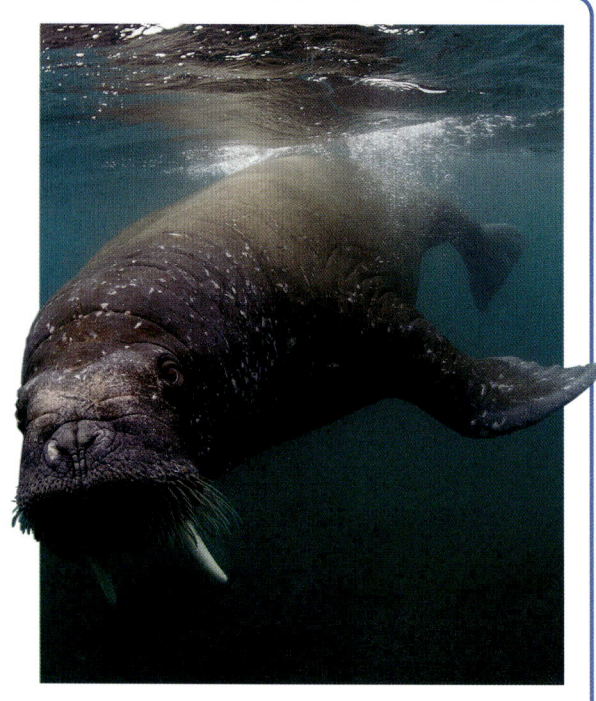

힘찬 수영
앞지느러미발이 튼튼하긴 하지만, 바다코끼리는 물범처럼 몸과 뒷지느러미발을 구부렸다 펴면서 헤엄친다. 이 방법으로 물고기처럼 물을 가르면서 나아간다. 필요할 때면 바다코끼리는 최대 시속 35킬로미터까지 헤엄칠 수 있지만, 대개 훨씬 더 느릿느릿 움직인다.

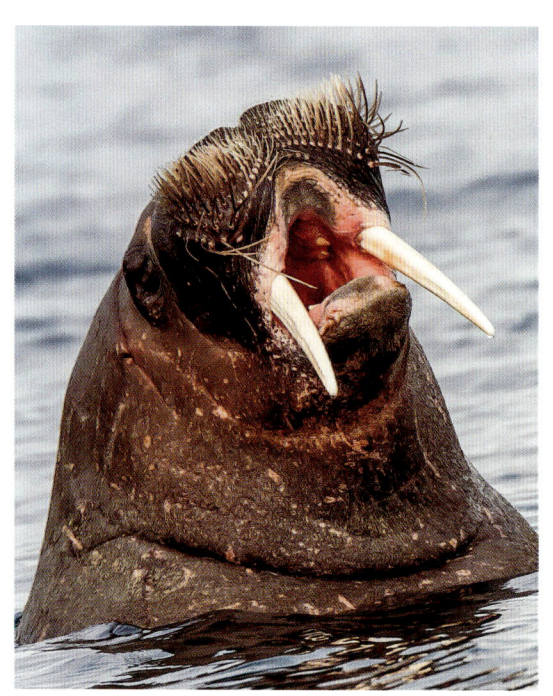

노래하는 수컷
바다코끼리는 목에 커다란 공기주머니가 있어서 부풀리면 머리를 계속 물 위로 내밀고 있을 수 있다. 그런 자세로 잠도 잘 수 있다. 또 수컷은 수컷끼리 경쟁하거나 암컷에게 과시할 때 공기주머니로 소리를 공명시키기도 한다. 클릭 소리, 휘파람 소리, 종소리 같은 소리를 낸다.

포유류

바다코끼리

학명: *Odobenus rosmarus*

사는 곳: 북극해

길이: 최대 3.5m

먹이: 저서동물

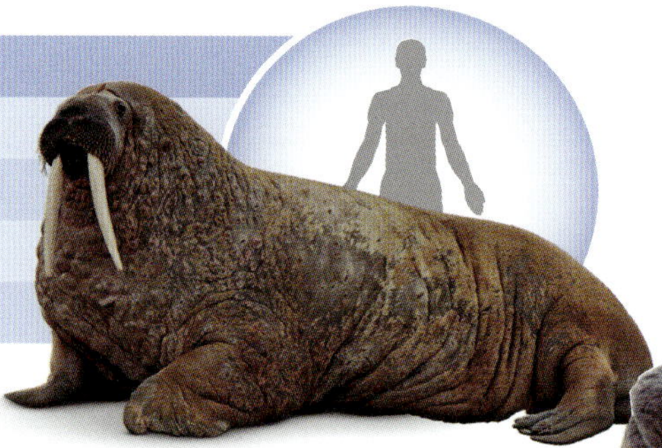

얼음 위로 기어오르기
수컷 성체는 엄니를 써서 과시하거나 싸우지만, 암수 모두 엄니를 평화로운 방식으로 쓰기도 한다. 총빙 아래에서 헤엄칠 때는 숨 쉬는 얼음 구멍이 얼어붙지 않도록 엄니를 써서 주변 얼음을 깬다. 그리고 강한 엄니를 갈고리처럼 얼음에 꽂고서 무거운 몸을 물 밖으로 끌어올릴 수 있다.

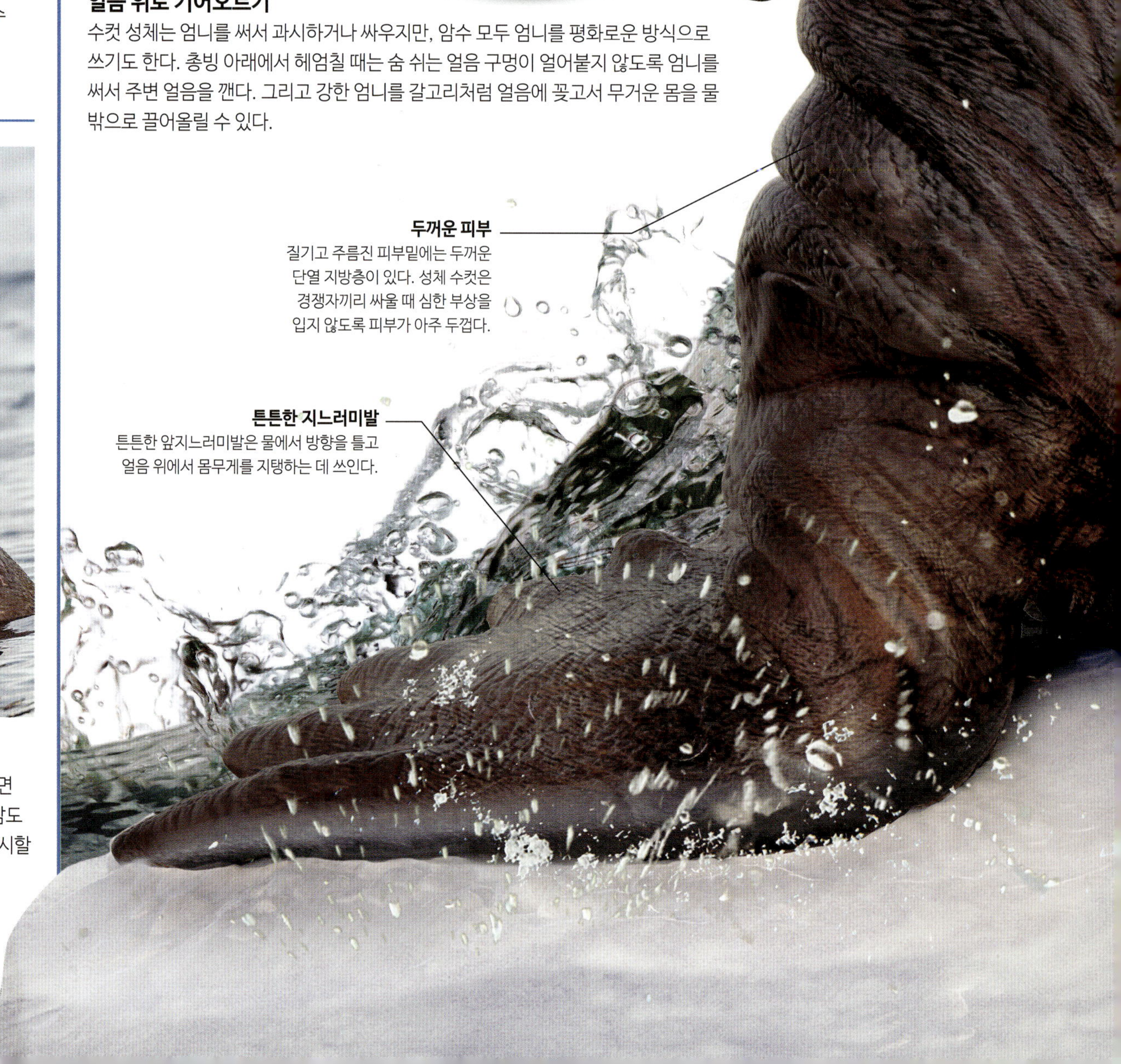
두꺼운 피부
질기고 주름진 피부밑에는 두꺼운 단열 지방층이 있다. 성체 수컷은 경쟁자끼리 싸울 때 심한 부상을 입지 않도록 피부가 아주 두껍다.
튼튼한 지느러미발
튼튼한 앞지느러미발은 물에서 방향을 틀고 얼음 위에서 몸무게를 지탱하는 데 쓰인다.

1,800kg 커다란 바다코끼리 수컷의 무게.

머리뼈와 엄니
엄니는 위턱에서 자라는 아주 커진 송곳니다. 다른 이빨들은 아주 작아서 먹이를 씹을 수 없고, 이빨도 많지 않다. 작은 이빨은 먹이를 으깨는 데 쓰이곤 한다.

움직이는 눈
바다코끼리의 눈은 머리뼈에서 튀어나와 있어서 위와 앞뿐 아니라 주변을 다 볼 수 있다.

알아서 닫히는 콧구멍
모든 물범처럼 바다코끼리도 물에 들어가면 알아서 콧구멍이 닫힌다. 숨을 쉴 때는 특수한 근육을 써서 연다.

거대한 엄니
수컷 성체는 암컷보다 엄니가 길며, 100센티미터 넘게 자란다. 가장 인상적인 엄니를 지닌 수컷은 대개 다른 수컷들을 이긴다.

예민한 수염
주둥이에 매우 예민한 수염이 400개 이상 나 있으며, 이 수염으로 닿는 모든 것의 모양과 크기를 정확히 파악하여 먹이의 위치를 알아낸다.

물범

물범과 바다사자는 두꺼운 지방이나 빽빽한 털로 단열이 잘 되어 있어서 물속에서도 체온을 유지할 수 있다. 추운 극지방에서 살아가는 쪽으로 잘 적응했다. 이들 중에는 얼음장 같은 물에서 사냥을 하고 떠다니는 총빙 위에서 쉬는 등 거의 평생을 바다 위에서 보내는 종이 많다.

극지방에 사는 종은 대부분 뒷다리가 뒤쪽으로 향해 있고, 이 뒷다리로 물을 밀면서 헤엄치는 진정한 물범류다. 반면, 물개와 바다사자는 땅에서 돌아다니기 쉽게 뒷다리를 돌릴 수 있다. 물범은 땅에서는 움직임이 굼떠 공격에 덜 취약한 총빙 위에서 번식하는 종이 많다. 그래도 굶주린 북극곰이나 범고래를 막지는 못한다. 얼음 위에서 번식을 하는 물범들은 기후 변화로 위기에 처해 있다. 해빙의 면적이 줄어들고 있어서다.

가장 무거운 남방코끼리물범 수컷의 최대 무게. 3,700kg

띠무늬물범
학명: *Histriophoca fasciata*
사는 곳: 북태평양과 북극해
길이: 최대 1.75m

인상적인 털 무늬로 금방 알아볼 수 있으며, 알래스카와 시베리아 동부의 총빙 위에서 번식을 한다. 지느러미발에 달린 발톱을 써서 미끄러운 얼음 위를 돌아다니는 데 적응해 있지만, 땅에서는 거의 무력하다.

하얀 띠 암수 모두 띠무늬가 있지만, 수컷의 무늬가 눈에 더 확 띈다.

고리무늬물범
학명: *Pusa hispida*
사는 곳: 북극해
길이: 최대 1.6m

북극해와 인근 바다에 널리 퍼져 있으며, 검은 털에 은회색 고리 무늬가 나 있다. 암컷은 눈으로 덮인 고립된 굴에서 번식한다. 굴은 총빙에 있는 뒤엉킨 부빙 속에 있으며, 입구는 물속에 있다. 이 굴은 돌아다니는 북극곰의 표적이 된다. 북극곰은 냄새를 통해 굴을 찾을 수 있다.

고리 무늬

갓 태어난 새끼

턱수염물범
학명: *Erignathus barbatus*
사는 곳: 북극해
길이: 최대 2.5m

바다코끼리처럼 이 물범도 주로 해저에 사는 동물을 먹는다. 아주 길고 민감한 수염으로 먹이를 찾는다. 북극해 전역에 살며, 부빙에서 번식한다. 많은 개체가 범고래와 북극곰의 먹이가 된다.

두건물범
학명: *Cystophora cristata*
사는 곳: 북대서양과 북극해
길이: 최대 2.7m

그린란드 주위의 얼음장 같은 바다에 살며, 수컷 성체는 암컷과 경쟁자에게 과시하는 데 쓰는 부풀릴 수 있는 검은 '두건'이 있다. 상대방에게 충격을 최대로 주기 위해서 한쪽 콧구멍의 테두리를 분홍 풍선처럼 부풀릴 수도 있다.

부풀릴 수 있는 두건
코 주머니

하프물범
학명: *Pagophilus groenlandicus*
사는 곳: 북대서양과 북극해
길이: 최대 1.7m

하프물범은 캐나다 동부, 그린란드해, 러시아 바렌츠해의 해빙에서 대규모 집단 번식을 한다. 예전에는 물범 사냥꾼들이 새하얀 털로 덮인 새끼를 사냥했지만, 현재 캐나다에서는 불법이다. 하프물범은 생애 대부분을 바다에서 물고기와 크릴을 사냥한다.

새하얀 새끼 새하얀 털은 태어난 지 3주째에 사라진다.

로스해물범
학명: *Ommatophoca rossii*
사는 곳: 남극해
길이: 최대 2.4m

남극 대륙의 얼음으로 덮인 가장자리에 사는 로스해물범은 아주 커다란 눈으로 얼음 밑의 깊고 컴컴한 물에서 오징어와 물고기를 찾는다. 눈에 띄지 않은 채 홀로 살아가는 동물이며, 주로 두꺼운 총빙 위에서 살기에 연구하는 과학자나 쇄빙선 선원의 눈에만 겨우 띌 뿐이다.

37km/h 얼룩무늬물범이 헤엄칠 수 있는 속도. 게잡이물범은 세상에서 가장 수가 많은 포유류 중 하나다.

153

남극물개
학명: *Arctocephalus gazella*
사는 곳: 주로 아남극권
길이: 최대 2m

물범과 달리 물개와 바다사자는 긴 앞지느러미발을 힘차게 저어서 헤엄을 친다. 또 앞지느러미발을 다리처럼 써서 땅에서 훨씬 잘 돌아다닌다. 남극물개는 가장 남쪽까지 퍼져 있으며, 남극해에서 크릴, 물고기, 오징어를 사냥한다. 하지만 너무 차가운 물은 피하며, 사우스조지아 제도 같은 바위섬에서 집단 번식을 한다.

사우스조지아 제도에서 번식하는 남극물개의 수는 **600만 마리**에 달한다.

스텔라바다사자
학명: *Eumetopias jubatus*
사는 곳: 북태평양
길이: 최대 3.3m

바다사자 여섯 종 중에서 북극해에 가까운 곳에 사는 유일한 종이다. 먼 북부 해안에 모여서 번식을 하며, 커다란 수컷은 저마다 영역을 차지하고서 들어오는 모든 암컷과 짝짓기를 시도한다.

암컷

수컷

두 겹의 털
바깥 털 안쪽에 짧은 속털이 빽빽하게 나 있어서 체온이 잘 유지된다.

웨들물범
학명: *Leptonychotes weddellii*
사는 곳: 남극해
길이: 최대 3.3m

남극 대륙 전역의 연안 해빙에 산다. 해안에 붙은 고착빙에서 번식한다. 얼음 밑에서 물고기와 다른 동물을 사냥하며, 숨을 쉬러 올라오는 얼음 구멍을 이빨을 써서 만들고 넓힌다.

게잡이물범
학명: *Lobodon carcinophaga*
사는 곳: 남극해
길이: 최대 2.6m

이름은 게잡이물범이지만 사실은 게가 아니라 크릴을 먹는다. 복잡한 모양의 이빨들이 서로 맞물리면서 체 역할을 한다. 얼음장 같은 남극해에서 크릴을 걸러 먹는다. 떠다니는 총빙에 수백만 마리가 살며, 얼룩무늬물범의 먹이가 된다.

위쪽 끝이 여러 군데가 뾰족한 이빨

얼룩무늬물범
학명: *Hydrurga leptonyx*
사는 곳: 남극해
길이: 최대 3.4m

다른 항온 동물을 잡아먹는 유일한 물범이다. 남극 대륙 전역에 살며, 부빙 가까이나 밑에 숨어 있다가 물속으로 들어오는 펭귄이나 작은 물범을 잡는다.

표범 반점

남방코끼리물범
학명: *Mirounga leonina*
사는 곳: 남극해
길이: 최대 5m

코끼리물범은 수컷의 몸집이 아주 크고 코끼리 코처럼 코가 커서 그 이름이 붙었다. 이 코는 울음소리를 증폭시킨다. 수컷들은 최대한 많은 암컷을 차지하기 위해서 경쟁하며, 이빨로 상대방에게 깊은 상처를 입히기도 한다.

거대한 수컷
남방코끼리물범 수컷은 무게가 작은 트럭만 하다.

암컷은 무게가 수컷의 5분의 1에 불과하다.

얼음 위 사냥꾼

가을 알래스카 해안의 해빙이 두꺼워지면 북극곰 어미가 얼음의 가장자리로 걸으며 단단히 얼었는지 살펴본다. 새끼는 어미 뒤를 따른다.

북극곰은 범고래 다음으로 강력한 북극권 포식자이며, 해빙에서 사냥한다. 뛰어난 후각으로 찾은 물범의 얼음 구멍 옆에서 몇 시간씩 기다려 단번에 물어 죽인다. 기후 변화로 해빙이 생기지 않으면 북극곰은 굶어 죽게 된다.

펭귄

1800만 마리 남극 대륙 연안에 사는 마카로니펭귄의 추정 개체 수.

펭귄은 땅에서는 굼뜨고 우스꽝스럽게 보이곤 하지만, 물속에서는 빠르고 날쌔고 매우 뛰어난 사냥꾼이 된다.

펭귄은 남반구에만 살며, 바닷새 중에서 가장 특수하게 적응한 종류다. 펭귄은 몸의 모든 부위가 물속에서 사냥하기 알맞게 적응해 있으며, 물범 못지않게 뛰어난 사냥꾼이다. 단열이 잘 되어 있어서 물고기와 크릴이 우글거리는 남극해의 차가운 물에서 사냥할 수 있다. 남극 대륙 자체의 해변에 둥지를 트는 종은 거의 없지만, 남극해에 있는 황량한 바위섬에서 집단 번식하는 종들은 있다.

황제펭귄
학명: *Aptenodytes forsteri*
사는 곳: 남극 대륙의 해안과 바다
키: 최대 1.2m

펭귄 중에서 가장 크다. 물고기와 오징어를 사냥하며, 20분까지 물속에 머물면서 먹이를 찾아 깊이 들어갈 수도 있다. 다른 펭귄들과 달리 겨울에 고착빙(해안에 붙은 얼음)에서 번식을 하곤 한다. 수컷은 알이 얼지 않도록 발 위에 올려놓고 품는다.

꽉 물기
모든 펭귄처럼, 아델리펭귄도 혀와 입천장에 뻣뻣한 털 같은 돌기가 나 있어서 부리로 미끈거리는 먹이를 꽉 무는 데 도움을 준다. 센털은 안쪽을 향해 있어서 꿈틀거리는 먹이는 빠져나가지 못하고 목 쪽으로 더 당겨진다.

물고기는 안쪽을 향한 센털 때문에 달아날 수 없다.

임금펭귄
학명: *Aptenodytes patagonicus*
사는 곳: 아남극권
키: 최대 95cm

황제펭귄과 생김새가 아주 비슷하지만, 생활 방식은 다르다. 남극해의 가장자리에 해당하는 먼바다에서 사냥한다. 봄에 사우스조지아섬 같은 아남극권에서 집단 번식을 한다.

새끼는 갈색 솜털로 덮여 있다.

마카로니펭귄
학명: *Eudyptes chrysolophus*
사는 곳: 남극 대륙과 아남극권
키: 최대 71cm

볏이 달린 일곱 종의 펭귄 중 하나이며, 머리에 불타는 듯한 노란 깃털이 달려 있다. 가장 흔한 펭귄에 속하며, 남극반도와 아남극권의 섬에 쌍쌍이 수백만 마리가 둥지를 튼다. 주로 크릴을 먹으며, 작은 물고기와 오징어도 잡는다.

3m 아델리펭귄이 부빙에 오르기 위해서 바다에서 뛰어오를 수 있는 높이.

36km/h 젠투펭귄이 헤엄치는 최대 속도.

아델리펭귄
대부분의 펭귄보다 훨씬 남쪽에 산다. 여름에 얼음이 녹은 남극 대륙의 해안에서 번식하며, 다른 시기에는 바다에서 지낸다. 주로 크릴을 먹는데, 날카로운 부리로 한 마리씩 잡아먹는다. 충분히 먹으면 떠다니는 총빙과 빙산에 올라가 쉰다.

젠투펭귄
학명: *Pygoscelis papua*
사는 곳: 남극 대륙과 아남극권
키: 최대 81cm

남극 대륙 주변의 바다와 섬에 살며, 아주 긴 꼬리가 특징이다. 펭귄 중에서 가장 빨리 헤엄치면서, 다양한 먹이를 잡는다. 머리를 뒤로 젖히고 부리를 하늘로 향한 채 크게 나팔 부는 소리를 낸다.

턱끈펭귄
학명: *Pygoscelis antarcticus*
사는 곳: 남극 대륙과 아남극권
키: 최대 77cm

대서양의 남쪽 끝에 있는 화산섬인 자보도프스키섬에 수백만 쌍이 산다. 화산 활동으로 눈이 녹기 때문에, 추운 기후인 아남극권에서도 번식하기 좋다. 남극 대륙의 얼음이 없는 해안과 주변 섬에서도 약 300만 쌍이 산다.

어뢰 모양
따뜻하면서 두꺼운 깃털로 덮인 몸은 뒤쪽으로 갈수록 좁아지면서 유선형을 이룬다.

물속 비행
펭귄은 빽빽하게 깃털로 덮인 짧은 날개로 물속을 '난다.'

중요한 보호 수단
가슴의 하얀 털은 얼룩무늬물범 같은 포식자가 밑에서 올려다볼 때 밝은 하늘과 잘 섞인다. 그래서 눈에 잘 띄지 않는다.

바위뛰기펭귄
학명: *Eudyptes chrysocome*
사는 곳: 아남극권의 섬과 바다
키: 최대 62cm

노란 볏이 달린 이 작은 펭귄은 아남극권의 암석 해안에 둥지를 틀기에, 물로 가려면 바위를 뛰어다녀야 한다. 아주 비슷한 두 종이 있으며, 대서양 남단의 트리스탄다쿠냐섬 같은 외딴 섬과 해안에서 번식한다.

조류
아델리펭귄
학명: *Pygoscelis adeliae*
사는 곳: 남극 대륙의 해안과 주변 바다
길이: 최대 71cm
먹이: 크릴, 물고기, 오징어

극지 바다 · 극지 바닷새

> **5000만 마리** 남극 대륙 주변에서 번식하는 윌슨바다제비 쌍의 추정 개체 수.

남방큰풀마갈매기
학명: *Macronectes iganteus*
사는 곳: 남극해
길이: 최대 99cm

앨버트로스의 가까운 친척이고 모습도 비슷하지만, 행동은 많이 다르다. 이 새는 주로 물범과 펭귄의 번식지를 돌아다니면서 찌꺼기를 주워 먹는 청소동물로 살아간다. 기회가 생기면 무력한 새끼도 잡아먹고, 다친 성체도 죽여서 먹곤 한다. 위험에 처하면, 악취를 풍기는 기름을 적에게 뿜는다.

옅고 짙은 깃털
깃털은 색깔이 옅은 부위도 있고 짙은 부위도 있다. 꼬리와 날개는 짙은 갈색이지만, 머리는 거의 흰색이다.

통 모양 콧구멍
모든 풀마갈매기처럼 부리는 아홉 개의 판으로 이루어지며, 부리 윗부분을 따라 통 모양의 콧구멍이 있다.

흰턱바다제비
학명: *Procellaria aequinoctialis*
사는 곳: 남극해
길이: 최대 58cm

주로 검은색이지만 부리 밑에 하얀 반점이 있곤 하며, 바다에서 크릴, 작은 물고기, 오징어를 사냥한다. 수면 바로 밑에 있는 먹이를 잡는다. 그 과정에서 염분도 많이 먹으므로, 다른 바다제비들처럼 통 모양의 콧구멍과 연결된 염분 분비샘으로 남는 염분을 배출한다.

통통한 몸
흰턱바다제비는 몸이 크고 통통하다.

옅은 색깔의 부리

남극도둑갈매기
학명: *Catharacta maccormicki*
사는 곳: 남극 대륙
길이: 최대 55cm

악명 높은 약탈자로서, 다른 바닷새가 물고기를 잡아서 번식지로 돌아올 때 달려들어서 빼앗는다. 여름에 남극 대륙 해변에 둥지를 틀고, 남반구의 겨울에는 멀리 북태평양과 북대서양에서 지낸다.

반짝이는 하얀색
몸은 주로 갈색이지만, 날개에 독특한 하얀 얼룩이 있다.

흰풀마갈매기
학명: *Pagodroma nivea*
사는 곳: 남극 대륙
길이: 최대 40cm

이 아름다운 새는 새하얄 뿐 아니라, 남극 대륙의 눈이 쌓인 곳에서 주로 번식한다. 새 중에서 가장 남쪽까지 퍼져 있으며, 얼어붙은 남극점 상공에서도 목격된다. 바다에서는 주로 총빙 사이에서 먹이를 구하고 빙산에서 쉰다.

새하얀 깃털

> 윌슨바다제비는 **지구에서 가장 수가 많은 바닷새** 중 하나일 것이다.

파닥거리는 날개
바다제비는 독특하게 파닥거리면서 먹이를 찾아서 물 위에서 정지 비행을 한다.

검은눈썹앨버트로스
학명: *Thalassarche melanophris*
사는 곳: 남극해
길이: 최대 93cm

남반구에 널리 퍼져 있으며 다른 종들에 비해 작은 편이지만, 마찬가지로 날갯짓을 거의 하지 않은 채 몇 시간 동안 노련하게 파도 위를 난다. 외딴 섬에서 집단으로 번식하며, 쌍마다 새끼 한 마리씩 기른다.

솜털로 덮인 새끼

윌슨바다제비
학명: *Oceanites oceanicus*
사는 곳: 전 세계 바다
길이: 최대 20cm

명금류만 한 크기에 약해 보이지만, 지구에서 가장 험하고 바람이 센 바다에서도 산다. 남극 대륙 주위의 바위섬에서 수백만 마리가 둥지를 튼다. 발로 수면을 두드려서 먹이를 찾아 모이는 작은 동물성 플랑크톤을 먹는 신기한 습성이 있다.

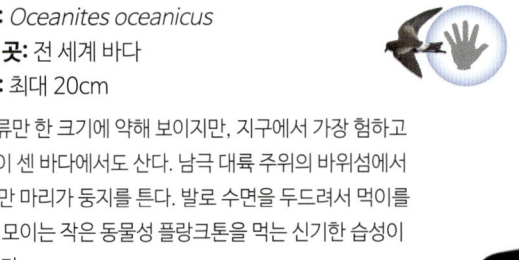
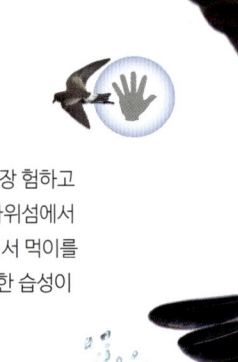

6만 마리 명금류만 한 작은바다쇠오리가 하루에 먹는 요각류의 수.

호사북방오리
학명: *Somateria spectabilis*
사는 곳: 북극권 해안
길이: 최대 63cm

북극해 주위의 모든 연안 물에서 겨울을 나는 잠수하는 바다오리다. 잠수하여 게와 조개 같은 저서동물을 잡아먹는다. 봄에는 육지로 올라와서 눈이 녹아서 생긴 호숫가에 둥지를 튼다.

위장한 암컷

극지 바닷새

극지에서, 특히 남극 대륙이라는 얼어붙은 사막 주변에서는 육지보다 바다에 먹이가 훨씬 더 풍부하다. 이 풍부한 생물들을 먹기 위해서 다양한 바닷새들이 몰려든다.

많은 바닷새는 한 해의 대부분을 바다 위에서 지내다가 봄에 해변으로 와서 둥지를 짓고 알을 낳고 새끼를 키운다. 바닷새는 대개 해양 동물을 사냥하지만, 청소동물도 있고 숨어 있다가 다른 새의 먹이를 훔치는 종도 있다.

화려한 번식깃이 난 수컷

긴꼬리도둑갈매기
학명: *Stercorarius ongicaudus*
사는 곳: 북극권, 아남극권
길이: 최대 53cm

포식자이자 약탈자다. 다른 대다수 도둑갈매기처럼 다른 새가 바다에서 사냥하고 돌아올 때 먹이를 빼앗는다. 하지만 많은 도둑갈매기와 달리, 날렵하고 우아하게 생겼다. 좁고 끝이 뾰족한 날개와 긴 채찍 같은 꼬리 장식깃이 있다. 캐나다 북극 지방에서 번식하지만, 북반구 겨울에는 적도 남쪽의 더 따뜻한 바다에서 지낸다.

북극제비갈매기
학명: *Sterna paradisaea*
사는 곳: 북극권과 남극 대륙
길이: 최대 36cm

이 우아한 바닷새는 북극권에서 번식하고, 북반구의 겨울에는 남극 대륙 주위의 바다에서 지낸다. 따라서 해마다 동물 중에서 가장 먼 거리를 이주한다.

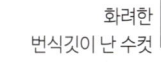

채찍 꼬리
암수 모두 다 자라면 긴 꽁지깃을 지닌다.

큰부리바다오리
학명: *Uria lomvia*
사는 곳: 북극권, 북대서양, 북태평양
길이: 최대 43cm

바다오리는 펭귄의 북극판이다. 마찬가지로 물속에서 날개를 저어 헤엄치면서 사냥을 한다. 하지만 펭귄과 달리 날 수 있다. 큰부리바다오리는 현생 바다오리 중에서 가장 크다. 북극해와 맞닿은 깎아지른 절벽 위에 빽빽하게 둥지를 짓고서 집단 번식을 한다.

작은바다쇠오리
학명: *Alle alle*
사는 곳: 북극권, 북대서양, 북태평양
길이: 최대 20cm

이 작은 새는 큰부리바다오리의 친척이며, 같은 방식으로 물속에서 사냥한다. 빠르게 날개를 치면서 물 위에서 낮게 난다. 북극권 섬의 해변에서 집단 번식을 한다. 바위 틈새나 밑에 쌍쌍이 둥지를 튼다.

북극흰갈매기
학명: *Pagophila eburnea*
사는 곳: 북극권
길이: 최대 48cm

온몸이 새하얀 깃털로 덮인 유일한 갈매기다. 추운 북극해 이남에서는 거의 목격되지 않으며, 겨울에 총빙 가장자리에서 사냥을 하고 여름에 얼음이 녹은 북극권의 해안 지역에서 번식을 한다. 물고기 같은 동물을 잡아먹기도 하고, 북극곰이 먹고 남긴 잔해도 먹는다.

독특한 적응 형질
알은 반점이 있고 끝이 뾰족하며, 색깔은 하얀색에서 파란색까지 다양하다.

뭉툭한 날개

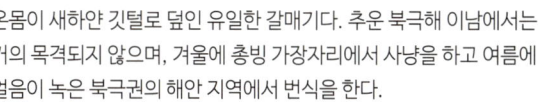

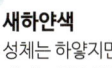
새하얀색
성체는 하얗지만, 새끼는 검은 반점이 있다.

맵시 있는 수영 선수

남극 대륙의 해빙 사이 틈새로 잠수를 하는 황제펭귄은 힘들이지 않고 수중 세계를 자유롭게 돌아다닌다.

떠 있는 얼음 밑으로 550미터 이상 잠수할 수 있고, 물고기, 오징어 등의 먹이를 잡는다. 황제펭귄은 바닷새 중에서 가장 깊이 잠수한다. 몸에 산소를 간직할 수 있는 특수한 적응 형질 덕분에 놀라울 만치 오래 물속에 머물 수 있다. 20분 넘게 잠수하기도 한다.

바다와 우리

아름다우면서 풍부한 세계의 바다는 인류에게 식량, 에너지, 여가 장소 등 많은 중요한 자원을 제공한다. 그러나 이 드넓지만 취약한 바다는 기후 변화, 심한 오염 등 인간이 미치는 여러 가지 해로운 영향 때문에 심각하게 위협받고 있다.

인간의 영향

바다는 인류의 삶과 생존에 더할 나위 없이 중요하다. 바다는 지구의 기후 조절을 도울 뿐 아니라, 식량, 교통, 무역, 에너지 측면에서도 중요한 역할을 맡고 있다. 바다는 무한한 자원처럼 보일지 모르지만, 사실은 그렇지 않다. 해양 생물은 오염으로 죽어 가며, 남획으로 일부 어류 종은 멸종 위기에 처해 있다. 과학자들은 앞으로 해양 생물을 더 잘 보호할 수 있도록 바다를 더 잘 이해하려고 노력하고 있다.

해안의 마을과 도시

인류 문명이 생겨났을 때 바다는 편리한 교통과 교역로를 제공했다. 그래서 해안을 따라 마을이 생겼다. 작은 어촌뿐 아니라 중요한 교역 중심지도 생겨났다. 오늘날 세계 인구의 3분의 1은 해안에 살며, 이 비율은 점점 높아지고 있다. 뉴욕과 상하이(아래) 등 세계에서 가장 큰 10대 도시 중 여덟 곳이 해안에 있다.

해양 자원

바다는 우리가 매일 의지하는 자원을 풍부하게 지니고 있다. 앞바다에서 채굴하는 석유와 천연가스는 자동차의 연료와 난방 연료로 쓰이며, 금속은 산업에 쓰인다. 해양 생물은 우리에게 식량뿐 아니라, 의약품, 화장품 같은 제품의 원료도 제공한다.

무기물과 금속

오랜 세월 인류는 바닷물을 증발시켜서 소금을 얻었다. 사진은 타이이 염전에서 소금을 채취하는 장면이다. 바다에는 다른 자원들도 풍부하며, 우리는 이제야 겨우 그 자원들을 이용하기 시작했다. 바다에서 채취하는 모래, 자갈, 석회석은 건설 산업의 핵심 원료이며, 금과 다이아몬드도 해저에서 캐낸다. 게다가 해저에는 구리, 니켈, 티타늄 같은 금속이 든 망간 단괴와 열수 분출구의 검은 연기 기둥도 있다. 미래에 심해 개흙은 휴대 전화와 컴퓨터에 들어가는 희귀 금속의 공급원이 될 것이다.

어업

초기 인류 조상은 해안에서 바닷말과 조개를 채집하고, 물고기를 잡고, 물범을 사냥했다. 더 뒤에는 배를 타고서 낚시를 했고, 단순한 민물 양식도 시작했다. 지금은 32억 명이 동물성 단백질 섭취량의 20퍼센트를 해산물로부터 얻으며, 해양 어류 양식도 늘어나고 있다. 상업적 어획량은 연간 7900만 톤이 넘으며, 전 세계에서 사람들은 해산물을 전보다 더 많이 먹고 있다.

1961년: 9kg   2017년: 20.5kg

일 인당 연평균 어류 섭취량

에너지원

현대 석유 탐사는 100여 년 전에 육지에서 시작되었지만, 곧 앞바다의 얕은 물로도 나아갔다. 현재 석유와 천연가스의 절반 이상은 깊은 바다 밑에서 나오고, 수심 최대 2,000미터인 해저에서 7,000미터 깊이까지 구멍을 뚫어서 채굴하고 있다. 상업용 에너지의 60퍼센트 이상은 지금도 석유와 천연가스에서 나오지만, 해안 풍력 농장(오른쪽)과 조력과 파력 발전 등 지속 가능한 에너지원을 이용하는 사례도 전 세계에서 늘고 있다.

해상 화물 운송

바다는 2,000년 넘게 중요한 교역로였다. 현재 자동차에서 장난감, 석유, 옷에 이르기까지 온갖 화물을 실은 5만 척이 넘는 화물선이 전 세계의 바다를 오간다. 높은 파도에도 견딜 수 있는 초대형 유조선과 대형 컨테이너선은 지금까지 만들어진 배 중 가장 크다.

수중 케이블

1858년 최초로 대서양 횡단 전신 케이블이 깔렸다. 오늘날의 바다 밑에는 통신 케이블, 석유와 가스 수송관 등 다양한 설비들이 많이 설치되어 있다. 인터넷 데이터의 99퍼센트는 에베레스트산 높이보다도 더 깊은 바다 밑까지 깔려 있는 전 세계의 해저 케이블을 통해 전송된다. 케이블은 특수한 배를 이용해서 깔며, 문제가 생기면 무인 잠수정을 통해서 조사한다.

해양 여가 활동

관광은 세계에서 가장 큰 산업 중 하나로서, 세계 무역의 10퍼센트를 차지한다. 많은 관광객이 햇빛 가득한 해변, 해양 스포츠, 요트를 찾는다. 스노클링과 다이빙을 하기 위해서 먼바다의 섬과 화려한 산호초도 찾는다. 승객이 6,000명 넘게 타는 원양 크루즈선은 남극 대륙과 남태평양 등 가장 외진 곳까지도 항해한다.

위험에 처한 바다

급속한 인구 증가, 북적거리는 해안, 석유와 금속 채굴, 세계 무역, 활기찬 관광업은 모두 세계의 바다에 심각한 영향을 미치고 있다. 엄청난 양의 쓰레기, 하수, 플라스틱이 바다로 버려진다. 바다는 따뜻해지고, 산소가 줄어들고, 더 산성을 띠어 간다. 해양 생태계는 허약하며, 산호초는 죽어 가고, 자원은 한정되어 있다. 바다는 유례없는 수준의 위협을 받고 있다.

오염

발트해, 지중해, 흑해처럼 어느 정도 닫혀 있는 바다나 황해와 동중국해처럼 거대 도시와 산업 시설이 가까이 있는 바다는 오염될 위험이 가장 높다. 하수(오른쪽), 기름, 독성 화학 물질, 비료에 심하게 오염되어서 해양 생물이 거의 다 죽었거나 죽어 가는 곳도 있다. 카스피해와 북아메리카 오대호 같은 내해는 100년 이상 오염이 지속되면 복원이 어려울 것이다.

서식지 상실

산호초와 맹그로브 습지는 가장 빠르게 사라져 가고 있는 두 해양 서식지다. 모든 해양 종의 약 2분의 1이 이 두 서식지에 산다. 이 서식지들은 이미 30퍼센트 이상 사라졌고, 50퍼센트가 위험에 처해 있다.

기후 변화

지구 온난화는 바다에 엄청난 영향을 미친다. 수온이 올라가면 산호초가 사라지고 날씨가 더 극적으로 변한다. 빙하와 빙원이 녹으면 해수면이 올라가서 저지대의 섬과 국가에 피해를 끼친다.

보전

인류가 바다에 끼치는 부정적인 영향은 빠른 조처를 통해 줄일 수 있다. 미국 캘리포니아의 채널 제도(오른쪽)처럼 세계에는 생명과 자원을 보호하기 위해 지정한 해양 보호 구역 수천 곳이 있지만, 빨리 더 많이 늘려야 한다. 유출된 기름띠 제거, 플라스틱 쓰레기 수거, 해변 청소도 세계의 바다를 보호하는 데 도움을 준다.

166 바다와 우리 · 유정 굴착 장치

50% 지난 10년 동안 해저에서 발견된 석유와 가스의 비율.

1,600곳 오늘날 바다에 있는 유정의 평균 수.

유정 굴착 장치

집, 공장, 교통수단에 동력을 제공하는 에너지는 대부분 석탄, 석유, 천연가스 같은 화석 연료에서 나온다. 석유와 가스 중 3분의 1 이상은 바다 밑에서 채굴하고 있다.

석유와 가스는 수백만 년 전에 죽은 플랑크톤들이 모래와 실트에 묻혀서 엄청난 열과 압력으로 변형되어 생겼다. 유정 굴착 장치는 이런 귀한 연료를 채굴하는 데 쓰인다. 해안의 채굴 장치는 인류가 구조물 중 가장 큰 편이다.

인장 계류식 석유 플랫폼

유정 굴착 장치는 종류가 많다. 인장 계류식 플랫폼은 수심이 200~2,000미터인 물에서 쓰는 부유 구조물이다. 강한 케이블로 해저에 매어 있다. 해저 깊은 곳에 있는 원유를 수직으로 긴 관을 통해 플랫폼으로 퍼 올린다. 이들 유조선이나 수송관을 통해 해안으로 안전하게 가공한다. 플랫폼에서는 하루 24시간 사람들이 혹독한 조건에서 장치를 계속 가동하고 있다.

헬기 — 사람들을 유정을 오갈 때 헬기로 이동한다.

생활 구역 — 한 장치는 최대 500명까지 수용할 수 있다. 이들은 대개 2교대로 근무하며, 장치에서 4주를 일한 뒤에는 육지로 가서 4주 동안 지낸다.

헬기 착륙장

구멍점 — 파이프를 통해 퍼 내리는 대로 바다 속 깊은 곳에 구멍점이 있다.

굴착 탑 — 해저 유정을 파고 석유를 더 올리는 데 쓰는 장치다.

연소 탑 (플레어 스타)

가스 플레어 — 유정에 가스를 운반할 시설이 없을 때, 석유 위에 갇힌 가스는 태운다. 하지만 폐기물과 오염을 줄이기 위해서 지금은 이 가스를 모으는 사례가 늘고 있다.

가청기는 배에 있는 화물을 플랫폼으로 풀어 올린다.

떠 있는 기둥 — 네 개의 거대한 기둥이 물 위에는 플랫폼을 받친다.

고정 장치 — 떠 있는 플랫폼을 강철 케이블로 해저에 고정시킨다.

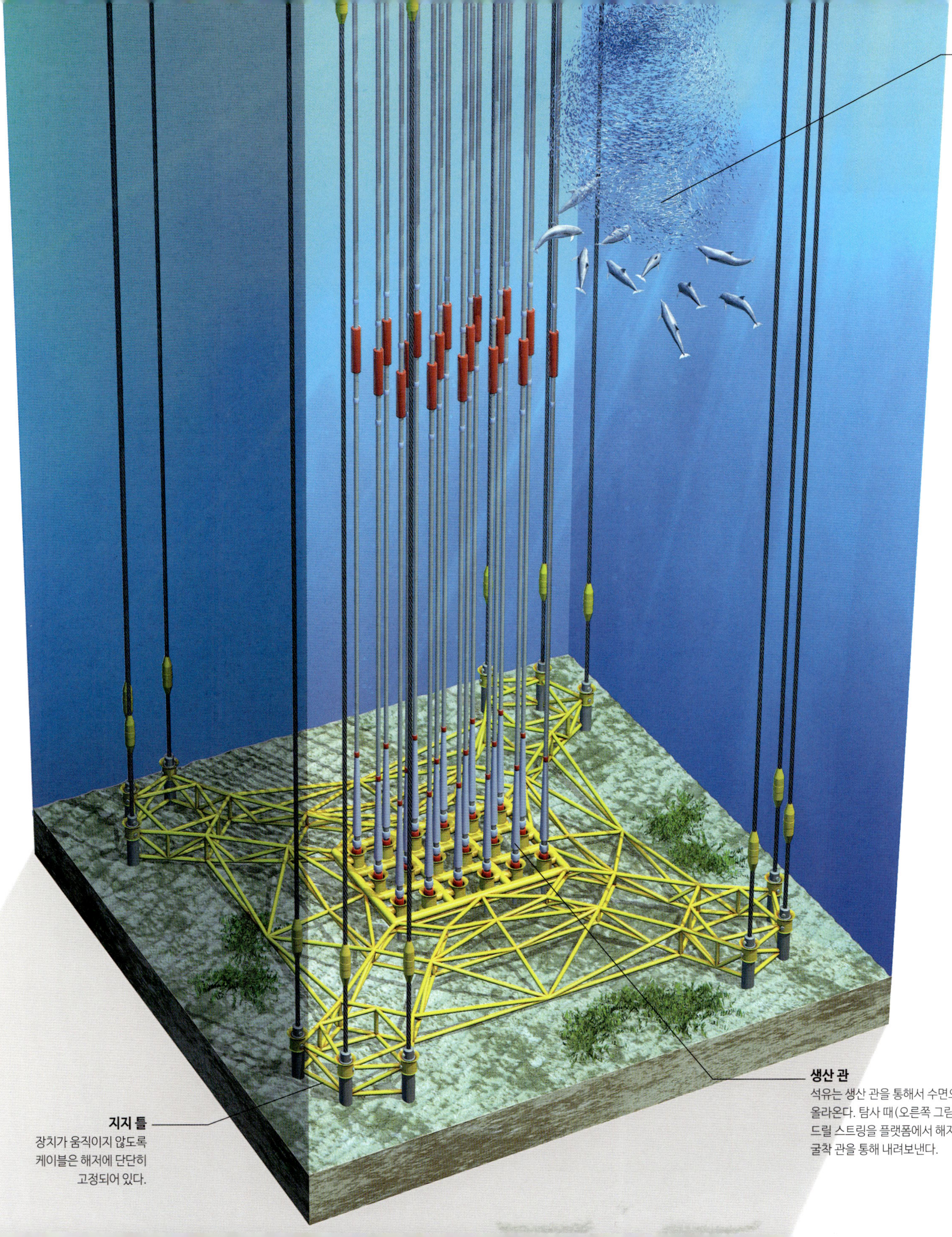

30일 육지로 돌아오지 않고 해상 유정 장치에서 머물 수 있는 최대 시간. **5억 배럴** 초거대 유전에 매장된 석유의 최소량. **1000만~2000만 년** 석유나 가스가 형성되는 데 걸리는 평균 시간.

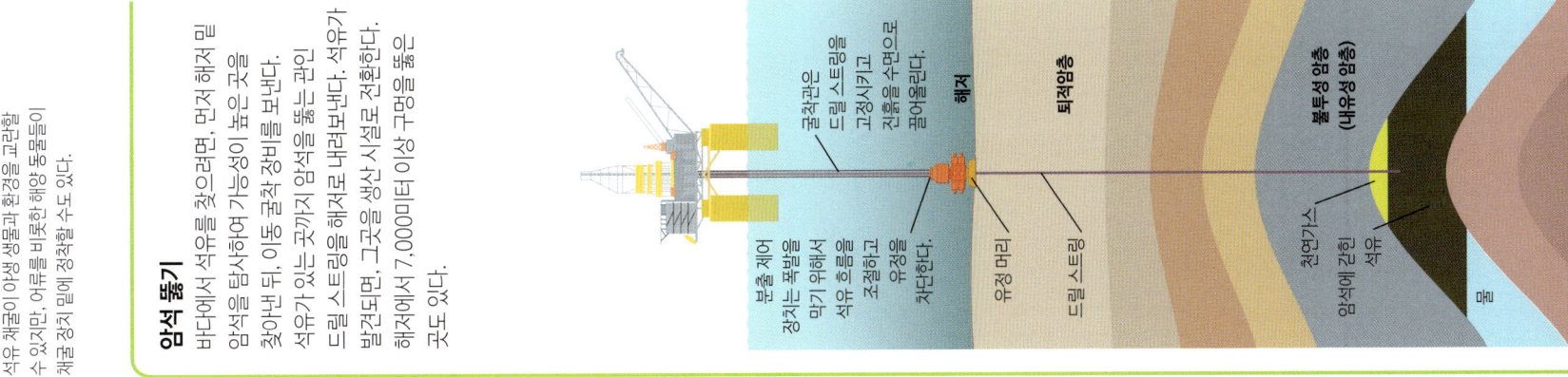

암석 뚫기
바다에서 석유를 찾으려면, 먼저 해저 밑 암석을 탐사하여 가능성이 높은 곳을 찾아낸 뒤, 이동 굴착 장비를 보낸다. 석유가 있는 곳까지 암석을 뚫는 관인 드릴 스트링을 해저로 내려보낸다. 석유가 발견되면, 그곳을 생산 시설로 전환한다. 해저에서 7,000미터 이상 구멍을 뚫은 곳도 있다.

해양 생물 — 석유 채굴이 야생 생물과 환경을 교란할 수 있지만, 이류를 비롯한 해양 동물들이 채굴 장치 밑에 정착할 수도 있다.

생산 관 — 석유는 생산 관을 통해서 수면으로 올라온다. 탐사 때(오른쪽 그림)에는 드릴 스트링을 플랫폼에서 해저까지 굴착 관을 통해 내려보낸다.

지지 틀 — 장치가 움직이지 않도록 케이블로 해저에 단단히 고정되어 있다.

풍력

바다에 부는 바람의 에너지인 풍력은 석탄 같은 화석 연료보다 더 깨끗하고 안전하고 지속 가능하다.

풍력 발전소, 즉 풍력 농장은 풍차의 바람개비 같은 회전 날개를 단 높은 강철 탑들이 죽 늘어서 있는 곳이다. 날개는 바람을 받아서 회전할 때 발전기도 돌림으로써, 이 역학 에너지를 전기로 바꾼다. 해상 풍력 농장은 육상 풍력 농장보다 더 효율적이다. 바다가 육지보다 바람이 더 강하고 더 꾸준히 불기 때문이다.

풍력 농장
사진과 같은 해상 풍력 농장은 해안선에서 30킬로미터 이내의 얕은 바다에 설치된다. 가장 규모가 큰 농장은 100기가 넘는 터빈이 있으며, 하부 구조물은 해저에 박혀 있다. 해상 변전소는 이 전력을 본토의 전력망으로 보낸다.

설치선
이 특수한 터빈 설치 선박은 내려서 해저에 고정시키는 금속 '다리'가 있다. 배에 탄 기술자들은 이틀 이내에 터빈을 설치할 수 있다. 그런 뒤 다리를 걷어 올리고 다음 터빈을 설치할 곳으로 이동한다.

나셀
탑 꼭대기에 있으며 회전 날개의 운동을 전기로 바꾸는 발전기가 이 안에 들어 있다.

기중기
설치선에 있는 거대한 기중기는 터빈 부품을 끼울 위치까지 들어올린다.

회전 날개
날개의 각 날은 길이가 최대 81미터로, 세계에서 가장 큰 여객기인 에어버스 A380의 날개폭과 비슷하다.

설치 준비가 된 탑

주탑
탑은 강철로 된 원통이며, 높이 100미터에 달하기도 한다.

접근 사다리
사람은 배를 타고 가서 이 사다리를 통해 올라가 유지 관리를 한다.

전력 케이블
각 터빈에서 생기는 전력을 변전소로 보낸다.

하부 구조물
터빈이 흔들리지 않도록 모노 파일이라는 강철 구조물을 해저에 깊이 박은 뒤, 콘크리트로 고정한다.

조력

움직이는 물도 전기 생산에 쓰인다. 조석은 엄청난 재생 에너지원이 될 수 있나. 조력 댐이라는 낮고 커다란 댐(사진)을 설치하여 조석의 힘으로 전기를 생산한다. 그러나 빠르게 흐르는 물, 즉 조류에 터빈을 놓는 방식이 더 널리 쓰인다.

파력

파도의 힘을 이용하여 전기를 생산하는 방식은 아직 덜 개발되어 있다. 2000년에 스코틀랜드 해안에서 최초로 소규모 파력 발전이 이루어졌다. 물에 뜬 원통(사진)을 써서 파도의 운동으로 모터를 돌리는 방식이었다. 모터가 발전기를 돌려서 전기를 생산한다.

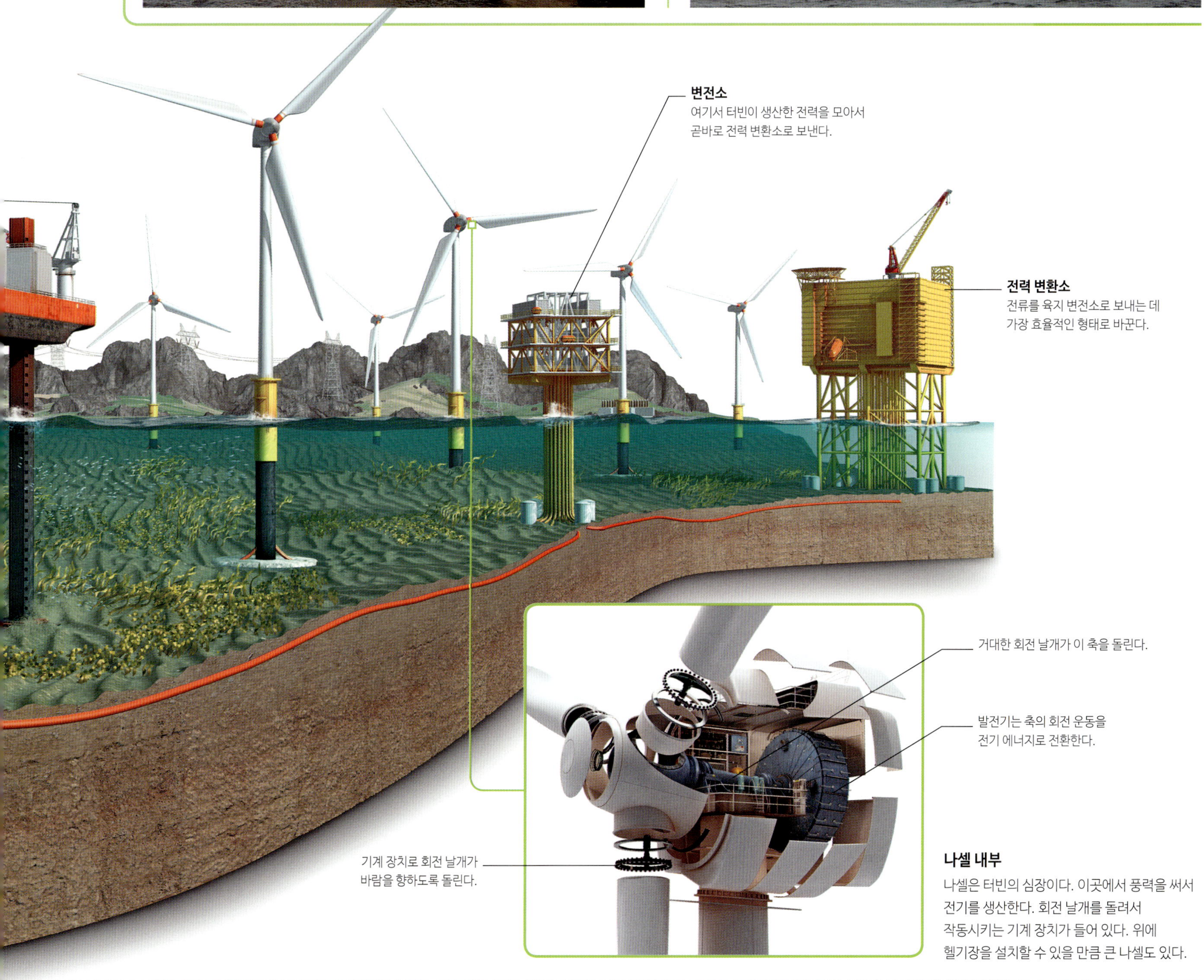

변전소
여기서 터빈이 생산한 전력을 모아서 곧바로 전력 변환소로 보낸다.

전력 변환소
전류를 육지 변전소로 보내는 데 가장 효율적인 형태로 바꾼다.

거대한 회전 날개가 이 축을 돌린다.

발전기는 축의 회전 운동을 전기 에너지로 전환한다.

기계 장치로 회전 날개가 바람을 향하도록 돌린다.

나셀 내부
나셀은 터빈의 심장이다. 이곳에서 풍력을 써서 전기를 생산한다. 회전 날개를 돌려서 작동시키는 기계 장치가 들어 있다. 위에 헬기장을 설치할 수 있을 만큼 큰 나셀도 있다.

양식

전 세계에서 사람들은 생선을 점점 더 많이 먹고 있다. 우리가 먹는 생선의 약 절반은 야생에서 잡는 것이 아니라 양식장에서 기르는 것이다.

어류 양식(양어)은 세계에서 빠르게 성장하고 있는 식량 산업 중 하나다. 내륙에서 민물 어류를 기르는 양식장도 많지만, 양식 어류의 약 35퍼센트는 해안을 비롯한 바다에 조성한 양식장에서 기른다. 어류뿐 아니라 굴과 홍합 등 다양한 패류, 바닷말도 양식한다.

2870만 톤 바다 양식장에서 한 해에 생산되는 바닷고기의 양.

양식하는 어류
이 양식장에서 기르는 물고기는 유럽농어다. 방어류도 널리 양식된다. 양분이 풍부한 사료를 먹으면서 잘 자란다.

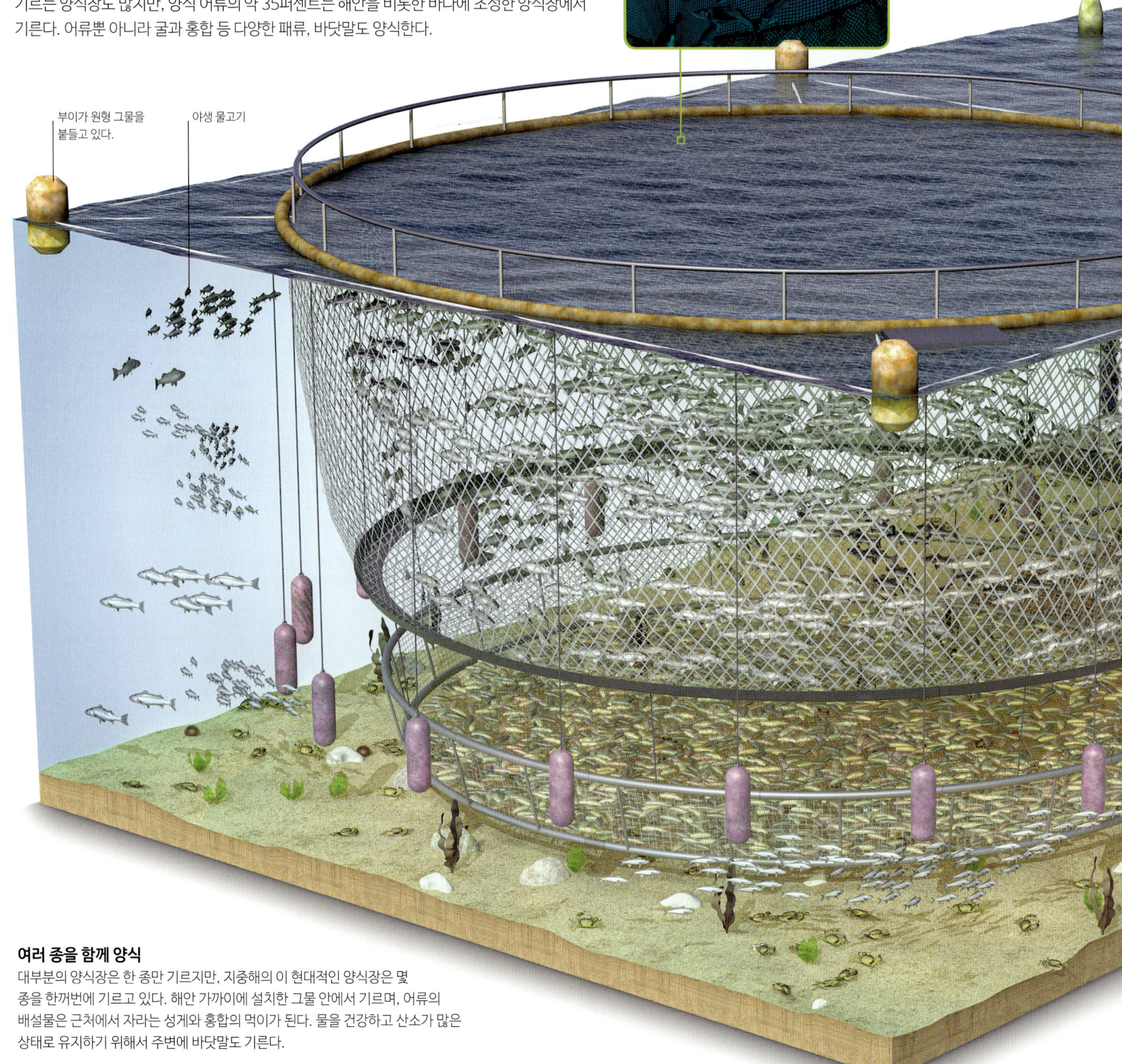

부이가 원형 그물을 붙들고 있다.

야생 물고기

여러 종을 함께 양식
대부분의 양식장은 한 종만 기르지만, 지중해의 이 현대적인 양식장은 몇 종을 한꺼번에 기르고 있다. 해안 가까이에 설치한 그물 안에서 기르며, 어류의 배설물은 근처에서 자라는 성게와 홍합의 먹이가 된다. 물을 건강하고 산소가 많은 상태로 유지하기 위해서 주변에 바닷말도 기른다.

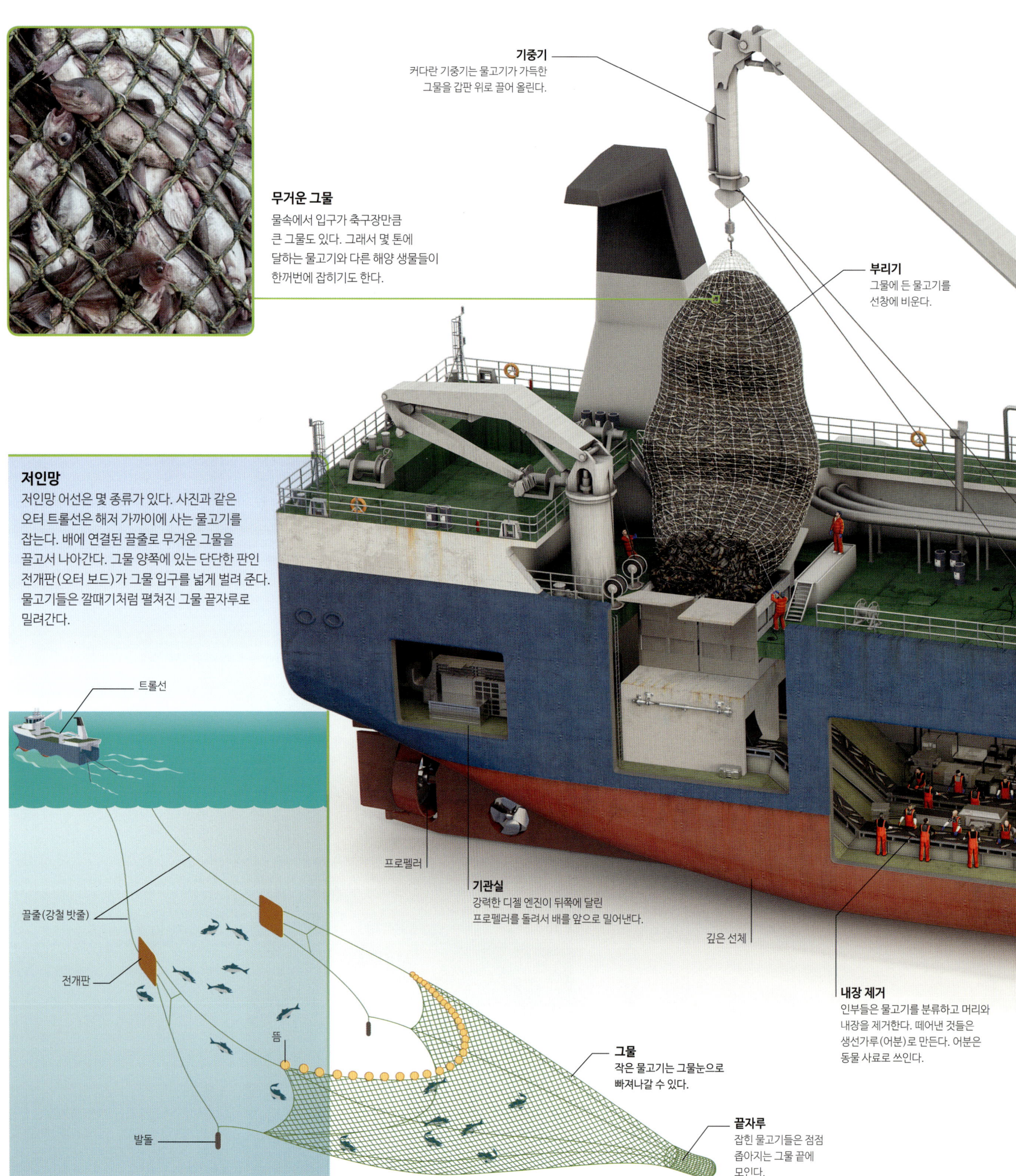

460만 척 전 세계에서 작업하는 **어선**의 수. 어선의 **80퍼센트** 이상은 길이가 12미터가 안 되는 **작은 배**다.

144m 세계에서 **가장 큰 어선**인 아넬리스일레나호의 길이.

173

저인망 어선

튼튼한 저인망 어선(트롤선)은 커다란 그물을 물에 담근 채 거친 바다를 헤치면서 긴 항해를 한다. 한번 그물을 드리워서 수천 마리의 물고기를 잡을 수 있다.

2018년 전 세계의 바다에서 잡힌 물고기는 7930만 톤이다. 어선은 작고 단순한 배에서 커다란 원양 가공선에 이르기까지 다양하다. 가공선은 잡은 물고기를 가공하고 냉동하는 시설을 갖추고 있어서 몇 주씩 바다에 머물 수 있다.

가공 냉동 트롤선
먼바다를 돌아다니는 이 어선은 커다란 그물을 끌면서 물고기를 잡아서 선창에 부린다. 수심에 따라서 잡는 어종이 달라서 그에 맞는 다양한 크기의 그물을 끈다. 항해하는 동안 갑판 아래에서는 생선을 자르고, 가공하고, 포장하고, 냉동한다.

레이더
레이더 항해 장비는 안개가 자욱할 때 다른 배와 부딪치지 않게 돕는다.

수면실
침대와 개인 물품 보관함이 있으며, 30~50명이 생활한다. 길면 6주까지도 바다에서 지낸다.

조타실
조타실은 배를 조종하고 날씨와 일기 예보를 살펴보는 곳이다.

식당
선원들이 먹고 쉬는 곳이다.

껍질을 벗기고 살점 뜨기
껍질을 벗기고 뼈를 발라내 팔기 알맞은 형태로 살점을 뜬다. 머리만 자르고 통째로 저장하는 종류도 있다.

포장하여 저장된 생선
생선은 잡으면 몇 시간 이내에 포장하여 선창 깊숙이 자리한 냉동고에 저장한다. 배가 항구로 돌아올 때까지 그곳에 보관한다.

모든 어종의 3분의 1은 현재 **남획되고 있다.** 어류가 번식하는 속도보다 더 많이 잡는 바람에 수가 줄어들고 있다.

장대 낚시

스리랑카의 이 어부들은 넝쿨로 발판을 묶은 나무 장대 위에 앉아 단순한 막대기와 줄로 몇 시간씩 낚시한다.

이 독특한 낚시 방식은 제2차 세계 대전 이후에 식량이 부족해지고 좋은 어장이 남획으로 물고기가 줄어들자, 일부 어부들이 새로운 곳을 찾으면서 시작되었다. 처음에는 난파선 위에서 낚시를 했지만, 나중에는 긴 장대 위에서 잡는 식으로 바뀌었다.

배

사람들은 아마 원시적인 뗏목을 타고서 6만 년 전부터 바다 위를 돌아다녔을지 모른다. 오늘날 예인선부터 유조선, 범선, 잠수함에 이르기까지 다양한 배가 바다 위를 돌아다닌다.

10만 척에 달하는 세계의 선단 중 절반 이상은 무역품을 운반하는 상선이고, 약 10퍼센트는 해군 함정이다. 나머지는 크루즈선과 어선이다. 유조선과 컨테이너선처럼 가장 큰 배들은 많은 연료와 무거운 화물을 가장 효율적으로 운반한다.

121km/h 2012년 경주용 요트 베스타스세일로켓 2호가 세운 범선 속도 세계 기록.

컨테이너선
속도: 최대 37km/h
길이: 최대 400m

배의 지휘실인 선교에는 언제나 한 명 이상의 고급 선원이 지키고 있다.

쾌속정
속도: 최대 160km/h
길이: 최대 15m

작고 힘센 모터를 단 배는 낚시나 경주 같은 스포츠와 관광용으로 널리 쓰인다. 1978년 스피릿오브오스트레일리아호가 항해 속도 세계 최고 기록을 세웠다. 터보 제트 추진 방식을 써서 시속 511.1킬로미터의 속도로 나아갔다. 지금의 쾌속정들은 물이 잔잔할 때 평균 시속 160킬로미터의 속도로 나아갈 수 있다.

선외기가 추진력을 일으킨다.

경주용 요트
속도: 최대 120km/h
길이: 최대 15m

선체가 가벼운 중간 크기 범선으로, 긴 돛대에 커다란 돛이 달려 있다. 주말 경주에서 올림픽 경기에 이르기까지, 요트 경주는 매우 인기가 높다. 7만 2,000킬로미터를 항해하는 오션 레이스는 가장 힘겨운 스포츠 중 하나다.

스피나커라는 커다란 돛으로 바람을 받는다.

예인선
속도: 최대 27km/h
길이: 최대 30m

튼튼하고 힘센 예인선은 항구와 강어귀에서 쓰인다. 다른 배를 밀고, 당기고, 끌어서 필요한 곳으로 이동시킨다. 커다란 배를 예인선 여러 척이 힘을 모아서 옮기기도 한다.

예인선은 끌줄과 인양기 같은 장비를 갖추고 있다.

수색 구조선
속도: 최대 74km/h
길이: 최대 35m

해양 수색 구조대는 해안과 심해 작업에 필요한 다양한 배를 몬다. 빠르고 튼튼하면서 기동성이 뛰어나고, 거친 바다에서도 운항할 수 있는 배들이다. 심한 파도에 뒤집혀도 다시 바로 서는 배도 많다.

밝은 탐조등

호버크라프트
속도: 최대 137km/h
길이: 최대 58m

공기를 아래로 뿜어서 만드는 공기방석을 타고 물, 땅, 개펄, 해변, 부빙 위를 달리는 배다. 선풍기를 통해 공기를 밑으로 뿜어서 배를 들어 올린다. 예전에는 여객선으로 널리 쓰였지만, 지금은 주로 군사용이나 관광용으로 쓴다.

스커트가 공기가 빠져나가지 않게 막는다.

458.45m 지금까지 건조된 배 중 가장 큰 유조선인 자르바이킹호의 길이.

1만 9,000개 세계에서 가장 큰 상선에 실린 컨테이너의 수.

177

바다의 진정한 거인인 컨테이너선은 상하지 않는 온갖 물품이 든 거대한 강철 컨테이너들을 차곡차곡 실으며, 건설 재료와 석탄 같은 흐트러지는 화물을 대량으로 운반하기도 한다. 특수한 항구에만 들어갈 수 있고, 약 10킬로미터에 걸쳐서 천천히 속도를 줄여서 멈춘다.

항공 모함
속도: 72km/h
길이: 최대 342m

가장 큰 전함이며 대개 해군 함대에서 가장 중요한 배로 많은 항공기가 뜨고 내릴 수 있는 거대한 해상 항공 기지다. 폭격기와 전투기뿐 아니라, 헬기와 정찰기도 싣고 있다.

이륙을 돕기 위해 갑판이 기울어져 있다.

크루즈선
속도: 최대 56km/h
길이: 최대 362m

크루즈 여객선은 카리브해나 인도양의 섬, 노르웨이의 피오르, 남극 대륙의 얼어붙은 바다 등 이국적인 곳까지 관광객들을 실어 나르면서 호화로운 휴가를 즐기게 해 준다. 승객 6,000명과 승무원 2,000명을 실을 수 있는 세계에서 가장 큰 배에 속한 크루즈선도 있다.

대형 범선
속도: 최대 27km/h
길이: 최대 111m

선체가 나무로 되어 있고 높이 솟은 돛대에 커다란 돛을 단 대형 범선은 400년 넘게 탐험, 교역, 전쟁, 과학적 발견에 쓰여 왔다. 1800년대 중반부터 서서히 강철로 된 선체를 지닌 증기선으로 대체되어 왔지만, 지금도 관광과 경주용으로 만들어지곤 한다.

잠수함
속도: 37km/h
길이: 최대 175m

잠수함은 한 번에 몇 달씩 물속을 돌아다닐 수 있다. 밸러스트 탱크에 물이나 공기를 채워서 잠수 깊이를 조절한다. 잠수함은 제1차 세계 대전 이래로 해전에서 중요한 역할을 해 왔다. 지금은 핵미사일 같은 중무장도 하고 있다.

장비를 완전히 다 갖춘 대형 범선은 두세 개의 돛대에 사각돛이 달려 있다.

사령탑
선체에서 튀어나온 이곳에는 항해와 통신 장비가 있다.

해양 관측선(해양 탐사선)
속도: 최대 37km/h
길이: 최대 210m

지난 250년 동안 많은 해양 탐사가 이루어져 왔다. 대부분의 해양 관측선은 실험실과 특수 장비를 갖추고 있으며, 수중 탐사용 작은 무인 잠수정까지 있는 배도 있다.

유조선
속도: 37km/h
길이: 최대 458m

유조선은 크기가 다양하며, 지금까지 만든 것 중 가장 긴 배는 뉴욕 엠파이어스테이트빌딩 높이보다 더 긴 것도 있다. 축구장 네 개를 죽 이어 붙인 것과 비슷한 길이이다. 이런 초대형 유조선은 액체를 운반하도록 설계되었고, 400만 배럴이 넘는 원유를 실을 수 있다.

극지 탐사선 데이비드애튼버러경호

오염

800만 톤 한 해에 바다로 들어오는 플라스틱의 양.

해가 갈수록 인간의 활동이 늘어나면서 지구의 바다는 오염에 점점 더 취약해지고 있다. 온갖 해로운 물질들이 바다로 쏟아지면서 해양 생물들을 위협하고 해양 생태계의 미묘한 균형을 교란하는 것이다.

오염은 대기 오염부터 플라스틱 쓰레기까지 다양한 형태를 취한다. 오염 물질의 종류에 따라 확산의 정도가 다르긴 하지만, 대량으로 쏟아지면 바다에 피해가 생긴다. 유전에서 자연적으로 조금씩 스며 나오는 원유는 금방 분해되어서 별 해를 끼치지 않지만, 유조선 사고 등으로 대량 유출된 기름의 피해는 심각하다. 처리되지 않은 하수와 농경지 유출수는 고농도의 양분이 녹아 있어 조류의 양을 폭발적으로 늘린다. 또 이러한 오염수는 질병을 일으키는 병원체도 바다로 퍼뜨린다. 살충제와 산업 폐기물에 든 독성 화학 물질은 먹이 사슬을 통해 몸 안으로 들어와 해양 생물의 몸에 쌓일 수 있다.

오염 중심지
인구 밀도가 높은 해안 지역에서는 다양한 해양 오염 물질이 배출되어 바다에 해를 끼친다. 물에 씻기거나, 바람에 날리거나, 버리거나, 사고로 유출됨으로써 많은 오염 물질이 결국 바다로 흘러든다.

방류
처리되지 않은 하수는 조류 대발생을 일으킬 수 있다. 그러면 조류의 독성 물질에 해양 생물들이 죽기도 한다.

밀려온 쓰레기
해양 오염 물질은 파도에 실려서 다시 해변으로 밀려와 해안을 오염시킨다.

공장
온실가스를 배출하여 지구 온난화와 해양 산성화를 일으키며, 독성 화학 물질이 든 폐수를 흘려보낼 수도 있다.

하수관
어떤 지역에서는 처리하지 않은 하수를 땅속에 묻힌 관을 통해 그대로 바다로 배출함으로써, 물과 생물을 오염시킨다.

금광
광석에서 금을 추출하는 데 쓰이는 사이안화물과 비소 같은 독성 화학 물질은 폐수에 섞여서 바다로 흘러들 수 있다.

공중 살포
공중에서 해로운 살충제를 뿌릴 때 바람에 날려서 바다로 들어올 수 있고, 유출수에 섞인 비료는 해로운 조류 대발생을 일으킬 수 있다.

쓰레기섬
육지에서 버리는 플라스틱 쓰레기 등은 물에 쓸려 강을 거쳐서 바다로 흘러들 수 있다. 바다로 흘러든 쓰레기는 환류라는 순환하는 해류에 실려 한곳에 모여서 떠 있는 거대한 쓰레기섬을 만들기도 한다. 카리브해의 로아탄섬을 뒤덮고 있는 이 엄청난 쓰레기들이 그렇다. 플라스틱 쓰레기는 대개 분해되는 데 500년까지도 걸리므로, 해양 생물들에게 큰 문제를 일으킨다. 해양 동물을 가두고 죽이며, 식물성 플랑크톤에 닿을 햇빛을 차단함으로써 광합성에 지장을 준다. 게다가 플라스틱 쓰레기는 분해되어 미세 플라스틱이 된다. 이 아주 작은 플라스틱 조각들은 먹이 사슬로 들어가서 생물의 몸에 쌓일 수 있다.

플라스틱 오염

필리핀 베르데섬 해협의 쓰레기로 뒤덮인 물에서 일회용 플라스틱 컵에 갇힌 게가 빠져나오려 애쓰고 있다.

이곳은 매년 새로운 종이 수십 가지씩 발견될 만큼 생물 다양성이 가장 높은 곳에 속한다. 하지만 바다로 들어오는 쓰레기가 점점 늘어나 많은 해양 생물들이 위험에 처했다. 생물들은 플라스틱 쓰레기에 갇히거나, 얽히거나, 질식해 죽어 간다. 바다를 떠다니는 쓰레기들은 바다에 생계를 의지하는 200만여 명의 주민에게도 피해를 준다.

182　바다와 우리 ○ 기후 변화

30% 지난 250년 동안의 해양 산성도 증가율.

기후 변화

바다는 아주 넓지만, 인간이 지구와 기후에 일으키는 변화는 수면 아래에 심각한 피해를 일으키고 있다.

우리가 숲을 베고 석탄과 석유 같은 화석 연료를 태움에 따라, 대기 중 이산화 탄소 농도는 증가하고 있다. 이산화 탄소는 온실가스다. 태양의 열을 가두기 때문이다. 열을 더 많이 가둘수록, 지구와 그 바다는 점점 더워지고, 바다는 더욱 산성을 띠게 된다. 기후 변화는 해안을 물에 잠기게 하고 날씨 양상을 바꿀 뿐 아니라, 많은 해양 생물의 생존을 어렵게 만들고 있다. 장엄한 산호초 군락을 만드는 산호도 그렇다.

전 세계 바다는 매일 **2000만 톤**의 이산화 탄소를 흡수한다.

해양 산성화
바닷물은 산업화가 시작되기 전보다 지금 훨씬 더 산성을 띠고 있다. 숲을 없애고 에너지, 교통, 산업에 쓸 화석 연료를 태움에 따라서 이산화 탄소가 증가하여 바닷물에 더 많이 녹아들어서다. 이산화 탄소가 더 많이 녹을수록 바다는 더 산성을 띤다. 바닷물의 산은 해양 생물의 껍데기와 반응해서 광물을 녹인다. 그래서 껍데기가 더 얇아지고 약해지며, 껍데기를 만들기도 더 어려워진다.

숲 파괴
농경지, 공장, 주택을 짓기 위해서 숲을 없앨수록, 대기에 흡수되는 이산화 탄소는 줄어들고 대기로 뿜어지는 이산화 탄소는 늘어난다.

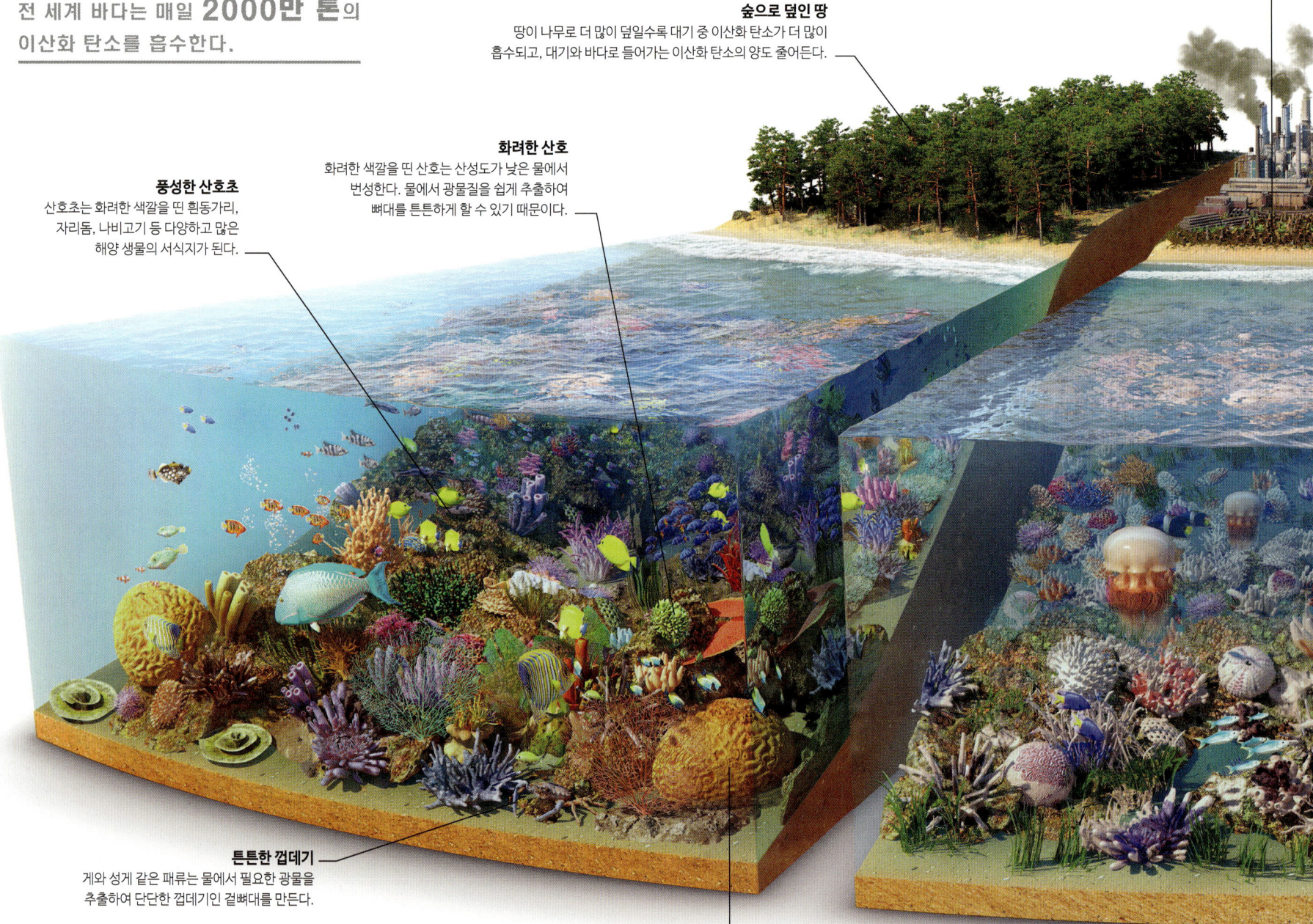

숲으로 덮인 땅
땅이 나무로 더 많이 덮일수록 대기 중 이산화 탄소가 더 많이 흡수되고, 대기와 바다로 들어가는 이산화 탄소의 양도 줄어든다.

화려한 산호
화려한 색깔을 띤 산호는 산성도가 낮은 물에서 번성한다. 물에서 광물질을 쉽게 추출하여 뼈대를 튼튼하게 할 수 있기 때문이다.

풍성한 산호초
산호초는 화려한 색깔을 띤 흰동가리, 자리돔, 나비고기 등 다양하고 많은 해양 생물의 서식지가 된다.

튼튼한 껍데기
게와 성게 같은 패류는 물에서 필요한 광물을 추출하여 단단한 껍데기인 겉뼈대를 만든다.

상호 이익
산호는 몸속에 사는 조류를 보호하고 조류로부터 영양소를 얻는다. 조류는 빛 에너지를 써서 이산화 탄소로부터 먹이를 만든다.

1 건강한 바다
석탄, 석유, 가스를 널리 사용하기 전, 대기와 바다의 이산화 탄소 농도는 더 낮았다. 즉 바다도 산성을 훨씬 덜 띠었다. 이런 환경에서 산호를 비롯한 해양 생물들은 뼈대를 비롯한 단단한 구조물을 만들고 유지할 수 있었고, 어류도 번성했다.

2 현재
더 따뜻한 바닷물에는 산소가 더 적어서 어떤 동물들은 살아가기 더 어려워진다. 온도 변화가 해류를 교란하면 이주 양상도 영향을 받을 수 있다. 물이 더 산성을 띨수록 껍데기와 경산호는 더 약해지고, 어류를 비롯한 해양 동물들의 알도 제대로 발달하지 못할 수 있다.

4750억 톤 산업 혁명이 시작된 이래로 바다가 흡수한 이산화 탄소의 양.

25% 산호초에 사는 해양 생물 종의 비율.

기후 교란

바다는 기후 조절을 돕는다. 이산화 탄소를 흡수하여 온실 효과를 줄이고, 따뜻한 열대의 물을 차가운 극지방의 물과 순환시킴으로써 기후가 극단적으로 흐르는 것을 막는다. 바닷물이 더 따뜻해지면 허리케인 도리언(오른쪽 사진) 같은 강력한 폭풍이 생길 가능성이 높아지고 기후가 교란될 수 있다.

해수면 상승

해수면이 계속 올라가면 전 세계의 많은 저지대 섬, 해안 도시와 마을은 물에 잠길 수 있다. 해수면은 빙원과 빙하가 녹고, 바닷물이 더 따뜻해져서 팽창함으로써 상승한다. 사진은 태평양의 투발루섬에서 물에 잠긴 곳을 소년이 자전거를 타고 가는 모습이다.

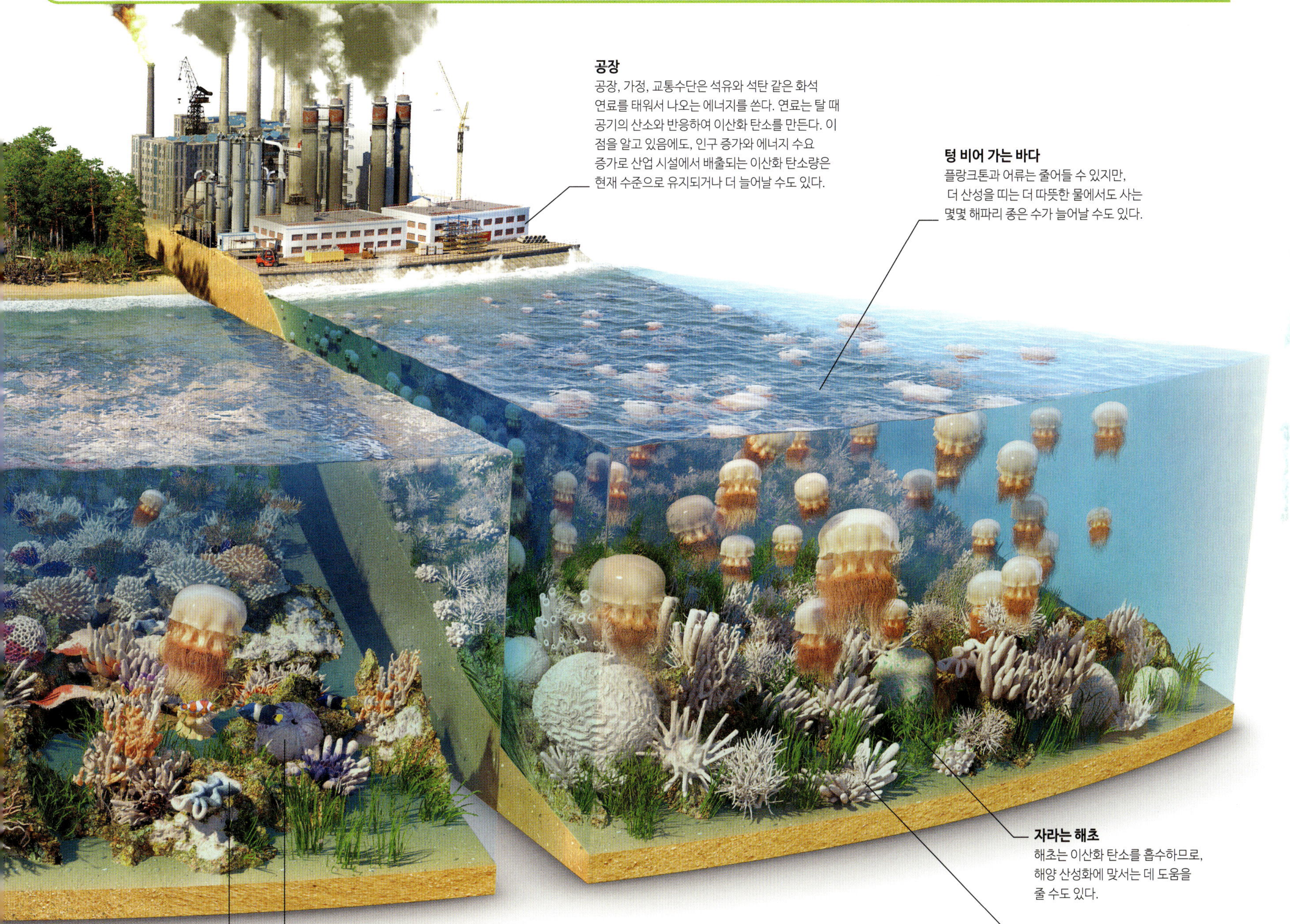

공장
공장, 가정, 교통수단은 석유와 석탄 같은 화석 연료를 태워서 나오는 에너지를 쓴다. 연료는 탈 때 공기의 산소와 반응하여 이산화 탄소를 만든다. 이 점을 알고 있음에도, 인구 증가와 에너지 수요 증가로 산업 시설에서 배출되는 이산화 탄소량은 현재 수준으로 유지되거나 더 늘어날 수도 있다.

텅 비어 가는 바다
플랑크톤과 어류는 줄어들 수 있지만, 더 산성을 띠는 더 따뜻한 물에서도 사는 몇몇 해파리 종은 수가 늘어날 수도 있다.

자라는 해초
해초는 이산화 탄소를 흡수하므로, 해양 산성화에 맞서는 데 도움을 줄 수도 있다.

죽어 가는 산호
수온이 올라가면 백화 현상이 일어난다. 산호가 스트레스를 받으면, 몸에 사는 조류를 내보냄으로써 선명했던 색깔을 잃는다. 조류의 도움을 받지 못하므로 산호는 죽을 수도 있다.

약해진 껍데기
물이 더 산성을 띠면 성게 같은 동물들의 껍데기와 단단한 겉뼈대는 약해지고 더 부서지기 쉬워진다.

3 미래 예측
화석 연료를 계속 태우고 이산화 탄소 배출량 증가 속도가 느려지지 않는다면, 바다는 2100년쯤에 150퍼센트 더 산성을 띨 수 있다. 그렇게 되면 산호, 패류 등 껍데기를 지닌 해양 생물들은 살아가기가 힘들 수도 있다. 반면에 해파리처럼 몸이 부드러운 동물은 번성할 수도 있다.

부서진 산호초
백화 현상과 산성화로 산호초는 복원되지 않을 만큼 손상될 수도 있다. 뼈대를 만들 수가 없기 때문이다. 즉 생물이 가득한 서식지를 더 이상 유지할 수 없다는 뜻이다.

바다 관측

바다는 오염, 기후 변화, 남획의 위험에 처해 있다. 미래 세대를 위해 바다를 보전할 수 있는 방법 중 하나는 먼저 바다를 이해하는 것이다.

세계의 바다를 이해하려면 먼저 잘 지켜보아야 한다. 그러나 바다는 너무나 크기에 쉬운 일이 아니다. 바다는 지표면의 71퍼센트를 덮고 있으며, 수심이 1만 900미터를 넘는 곳도 있다. 이 엄청난 바다를 살펴보기 위해서 과학자들은 점점 더 많은 첨단 기술의 도움을 받고 있다. 덕분에 다양한 해역과 수심에서 대량의 자료를 모아서 시간별로 분석하여 현재 어떤 변화가 왜 일어나고 있는지를 살펴본다.

5,000개 영국 해변에서 길이 1.6킬로미터마다 보이는 **플라스틱 쓰레기**의 수.

바다 모니터링
바다를 보호하고 보전하기 위해서 과학자들은 다양한 장치로 바다에 관한 중요한 정보를 모으고 있다. 고정식 부표와 검조기부터 수천 킬로미터를 돌아다닐 수 있는 무인 관측 장치에 이르기까지 다양한 기기를 쓰고 있다. 수온과 물의 화학적 특성도 측정하고, 수중 로봇으로 해양 생물을 가까이에서 관찰하기도 한다.

검조소 옆의 탑은 바람과 기온을 관측한다.

소피(SoFi)
물고기를 닮은 이 부드러운 로봇은 해양 생물들을 놀라게 하지 않으면서 산호초를 돌아다닌다. 감지기와 고성능 동영상 카메라가 얕은 곳에 사는 산호의 상태를 찍고 지켜본다.

검조소
이 측정소는 주변 물의 높이를 측정하고 기록한다. 조석 때의 해수면 높이를 정확히 기록한다. 바람과 기온도 함께 측정하는 곳도 있다.

오르내릴 때 옆쪽에 달린 지느러미의 각도를 바꾼다.

해변 청소
바다와 해안 공동체를 지켜보는 이들이 과학자만은 아니다. 전 세계에서 해변을 청소하려는 노력이 이루어지고 있다. 사진은 인도네시아의 우중블랑 마을의 해변에서 학생들이 플라스틱 병과 비닐봉지 등 쓰레기를 줍고 있는 모습이다.

상어 인식표 달기
이 어린 흑기흉상어 같은 동물은 몸에 인식표를 달아서 지켜볼 수 있다. 인공위성을 통해서 인식표의 위치, 방향, 수심을 알 수 있어서, 연구자들은 상어의 이주, 섭식, 번식 습성을 더 상세히 알 수 있다.

제1 지느러미에 붙인 인식표

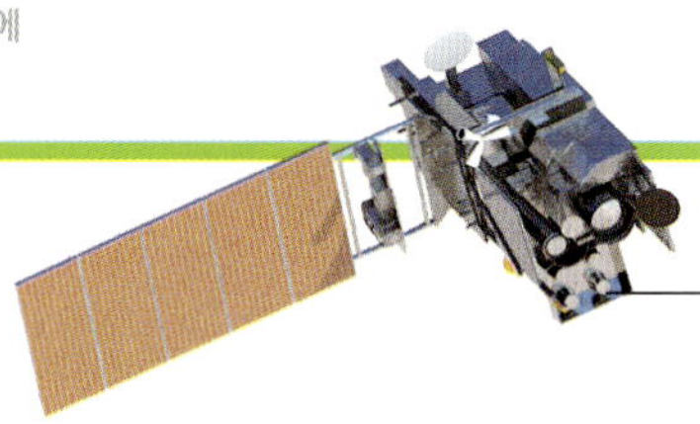

4,078개 2020년 3월 기준으로 바다에 뿌려진 아르고 플로트의 수.

80% 아직 완전히 관측되고 지도로 작성되지 않은 바다의 면적.

185

위성 감시
인공위성은 수면을 감시하는 데 쓰인다. 바다에서 나오는 열에너지를 측정하고, 이 데이터를 모으면 기후 변화 연구에 유용한 지구의 해수면 온도 지도를 작성할 수 있다.

아르고 플로트
이런 수온과 염도 측정 장치들은 수천 개가 연결되어 지구 전체에 네트워크를 이룬다. 각 플로트는 열흘 주기로 수심 2,000미터 아래까지 내려간다. 다시 올라오면 위성을 통해 지상의 연구자에게 데이터를 전송한다.

조사선
이 배는 부표와 플로트, 수중 로봇을 띄울 수 있다. 또 니스킨 채수기가 든 로제트라는 원형 틀을 써서 수심별로 물을 채집할 수 있다.

스마트 부이
태양 전지판에서 동력을 얻는 이 부이에는 수면 위의 바람과 날씨 조건을 측정하는 감지기들이 가득 들어 있다. 물에 잠긴 감지기들은 산성도와 산소 농도 같은 바다의 화학적 특성을 측정한다.

에코보이저
운동 감시기와 음파 탐지기를 써서 경로에 장애물이 있는지를 감지하는 에코보이저는 보잉의 무인 잠수정이다. 과학자들은 이 장비를 써서 깊은 해저의 상태를 관측하고 지켜본다.

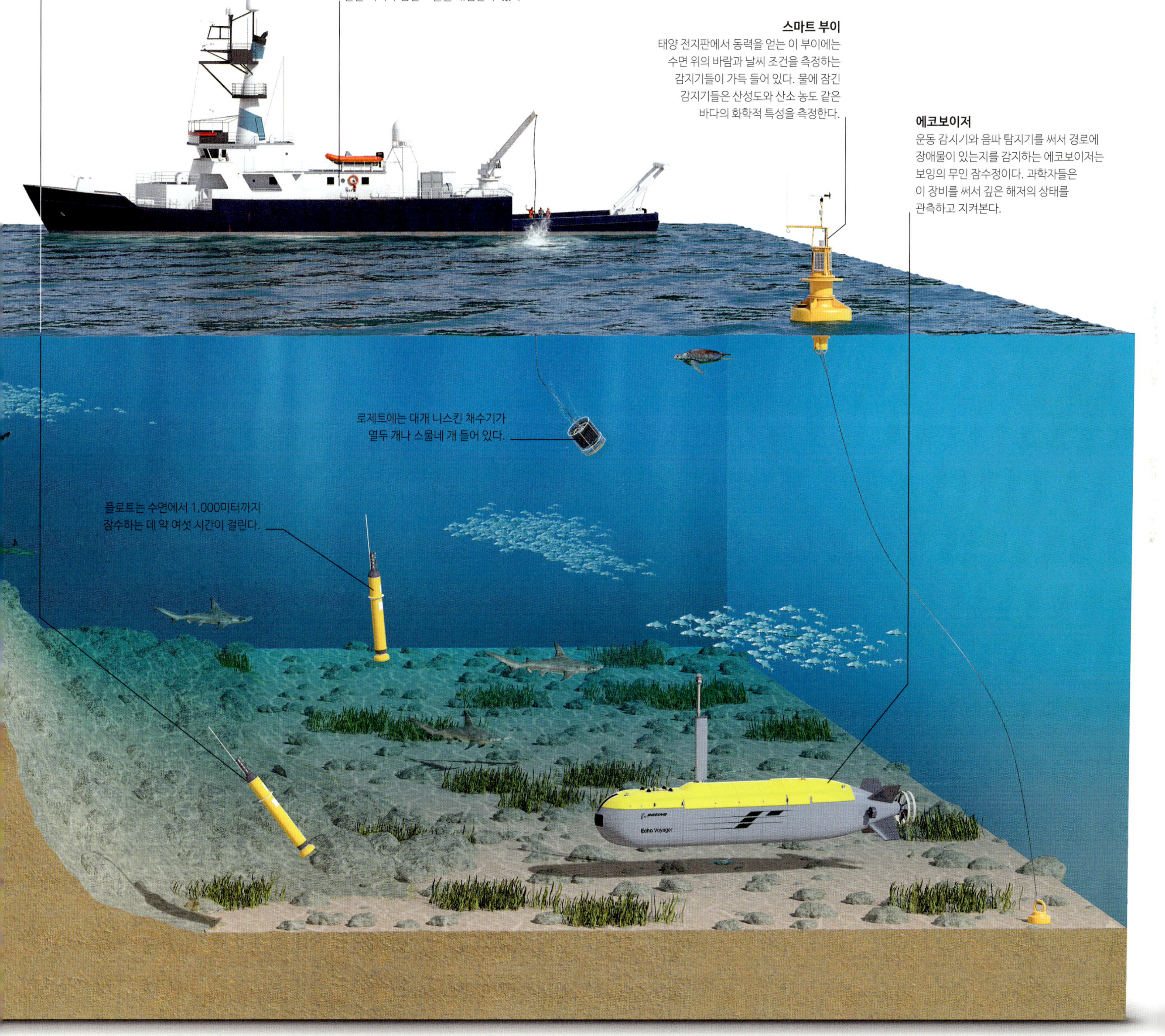

로제트에는 대개 니스킨 채수기가 열두 개나 스물네 개 들어 있다.

플로트는 수면에서 1,000미터까지 잠수하는 데 약 여섯 시간이 걸린다.

바다 지도

인류는 늘 세계의 바다를 탐사하고 지도에 담아 왔지만, 최신 기술 덕분에 이 드넓은 영역을 유례없는 수준으로 보고 이해할 수 있게 되었다. 열대 태평양에서 추운 북극해에 이르기까지, 오대양은 저마다 독특한 지리적 특징을 보인다. 서식지와 그곳의 생물 역시 독특하다.

전 세계 대양

세계의 대양은 지구 전체를 감싸고 있는 하나로 연결된 드넓은 물을 크게 5대 해역으로 나눈 것이다. 북극해, 대서양, 인도양, 태평양, 남극해다. 이 대양들의 일부인 연해는 더 작은 바다로 묶을 수 있다. 대개 일부가 육지로 둘러싸인 물이다.

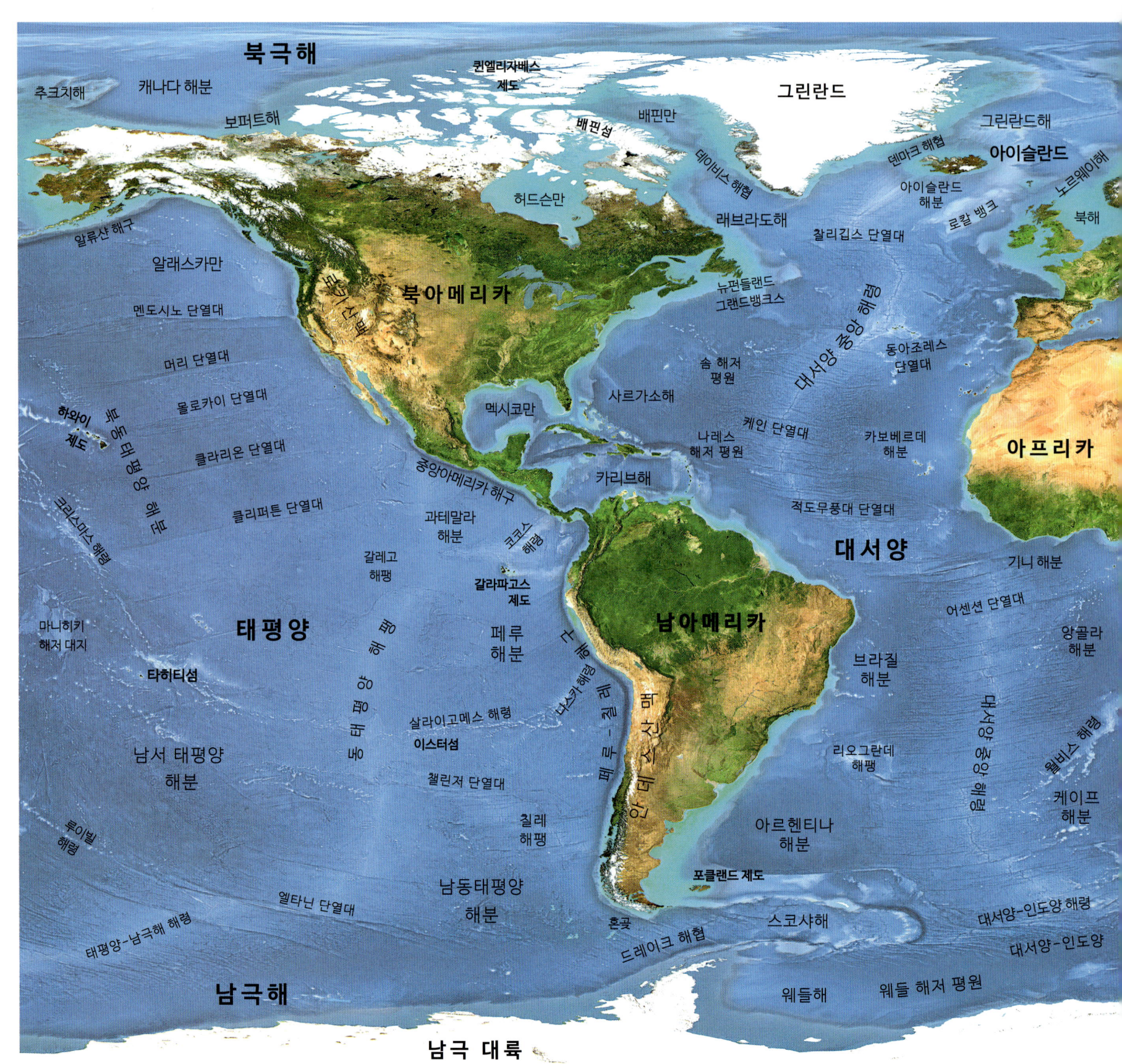

태평양은 가장 크면서 가장 깊은 대양이기도 하다. 또 **해안선**도 약 13만 5,665킬로미터로 가장 길다.

대양 면적
동아시아에서 아메리카 서부 해안까지 펼쳐진 태평양은 대양 표면의 대다수를 차지한다. 다른 대양들은 면적이 더 작다.

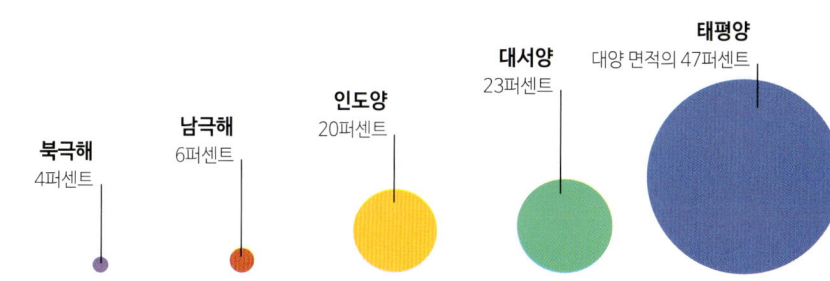

북극해 4퍼센트 · 남극해 6퍼센트 · 인도양 20퍼센트 · 대서양 23퍼센트 · 태평양 대양 면적의 47퍼센트

190 바다 지도 · 북극해

1500만km² 북극해에서 겨울에 해빙으로 덮이는 면적.

대양 기초 자료
북극해
면적: 12,173,000km²
평균 수심: 990m
가장 깊은 곳: 5,608m

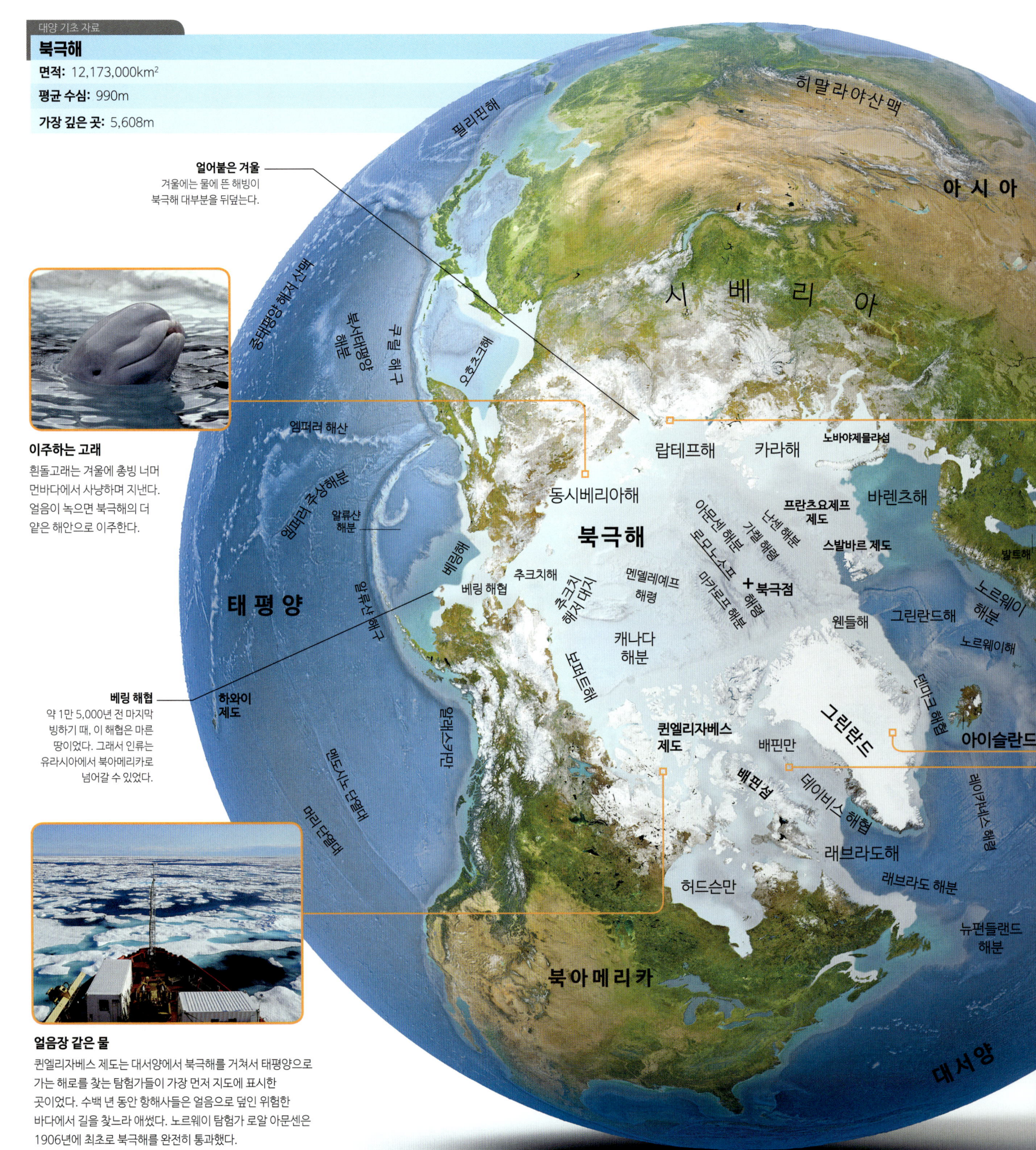

얼어붙은 겨울
겨울에는 물에 뜬 해빙이 북극해 대부분을 뒤덮는다.

이주하는 고래
흰돌고래는 겨울에 충빙 너머 먼바다에서 사냥하며 지낸다. 얼음이 녹으면 북극해의 더 얕은 해안으로 이주한다.

베링 해협
약 1만 5,000년 전 마지막 빙하기 때, 이 해협은 마른 땅이었다. 그래서 인류는 유라시아에서 북아메리카로 넘어갈 수 있었다.

얼음장 같은 물
퀸엘리자베스 제도는 대서양에서 북극해를 거쳐서 태평양으로 가는 해로를 찾는 탐험가들이 가장 먼저 지도에 표시한 곳이었다. 수백 년 동안 항해사들은 얼음으로 덮인 위험한 바다에서 길을 찾느라 애썼다. 노르웨이 탐험가 로알 아문센은 1906년에 최초로 북극해를 완전히 통과했다.

13% 10년마다 북극해 여름 해빙이 줄어드는 속도.

1,500명 1912년 원양 여객선 **타이태닉호**가 배핀만에서 남쪽으로 흐르던 **빙산**에 부딪혔을 때 **사망한 사람의 수**.

북극해

북극해는 북극점을 중심으로 펼쳐져 있고 사실상 북아메리카와 유라시아에 둘러싸여 있다. 세계의 대양 중에서 가장 작다. 겨울이면 수면이 얼어붙어서 드넓은 빙판이 된다.

해저는 북극점 근처 가켈 해령에서 팽창하고 있다. 지각판들이 당겨져서 서로 멀어지는 곳으로 가켈 해령은 깊은 바다 옆에 있다. 북극해는 대륙에서 뻗어 나온 얕은 대륙붕이 에워싸고 있고, 대륙붕에는 섬들이 점점이 흩어져 있다. 섬들은 겨울에 해빙을 통해 연결된다. 여름에는 해빙이 녹아서 북극점을 중심으로 한 비교적 작은 면적에만 남아 있다. 이 면적도 점점 줄어들고 있다.

줄어드는 얼음
기후 변화로 1970년 이래, 북극해 상공의 연평균 기온이 섭씨 3도나 올랐다. 그 결과 겨울 해빙이 더 얇아지고 덜 형성된다. 여름에는 더 빨리 녹으면서 북극점 주위에 계속 남아 있는 얼음 면적도 줄어들고 있다. 머지않아 여름이면 북극점까지 북극해 해빙이 다 녹을 수도 있다.

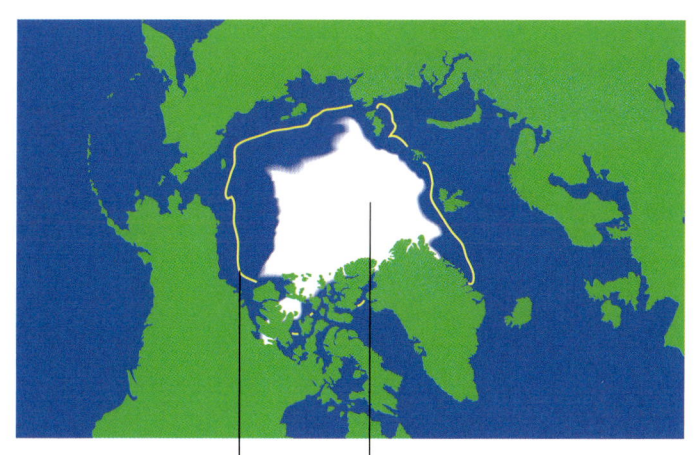

더 추웠던 시기 여름에도 이 남쪽까지 해빙이 남아 있었다.

녹아 사라짐 흰색은 2019년 9월의 해빙 면적을 나타낸다.

레나 삼각주
여섯 개의 거대한 강이 북극해로 민물을 쏟아 낸다. 매킨지강, 유콘강, 오브강, 예니세이강, 콜리마강, 레나강이다. 왼쪽은 랍테프해로 흘러드는 레나강을 찍은 위성 사진이다. 많은 강물 때문에 북극해는 대양 가운데 가장 덜 짜다.

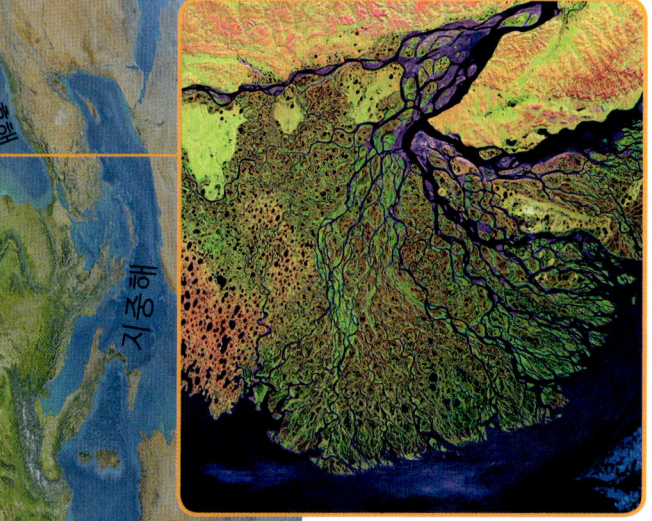

세계 꼭대기
1958년 핵 잠수함 노틸러스호는 최초로 총빙 밑으로 북극점을 통과했다. 더 최근에 비슷한 핵 잠수함들은 북극점의 얼음을 뚫고 수면까지 올라올 수 있었다.

북극해의 섬
북극해에는 노바야제믈랴섬, 스발바르 제도, 퀸엘리자베스 제도, 배핀섬, 그린란드 (왼쪽) 같은 섬들이 흩어져 있다. 바위투성이에 얼음으로 덮여 있어서, 식생이 드물다.

움직이는 물
동쪽에서 불어오는 바람에 밀려서 북극해에서는 해류가 시계 방향으로 빙빙 돈다. 이 중 일부가 갈라져서 차가운 북극 횡단류가 되어 그린란드로 향한다. 대륙 해안을 따라 반대 방향으로 흐르는 해류도 있다. 해빙은 해류에 실려서 북극점을 가로질러 남쪽의 따뜻한 물로 향하면서 녹는다.

  한류

빙산
그린란드에서는 육지에서 해안으로 흘러내리는 빙하에서 빙산이 생겨난다. 배핀만에서는 빙산이 래브라도 해류를 타고 남쪽으로 흘러 데이비스 해협을 거쳐 북대서양까지 내려온다. 지나가는 배에 충돌할 수도 있다.

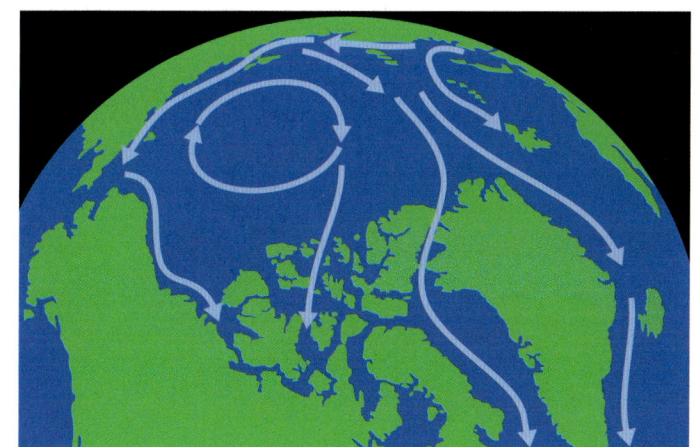

바다 지도 · 대서양

16,000km 지구에서 가장 긴 산맥인 대서양 중앙 해령의 길이.

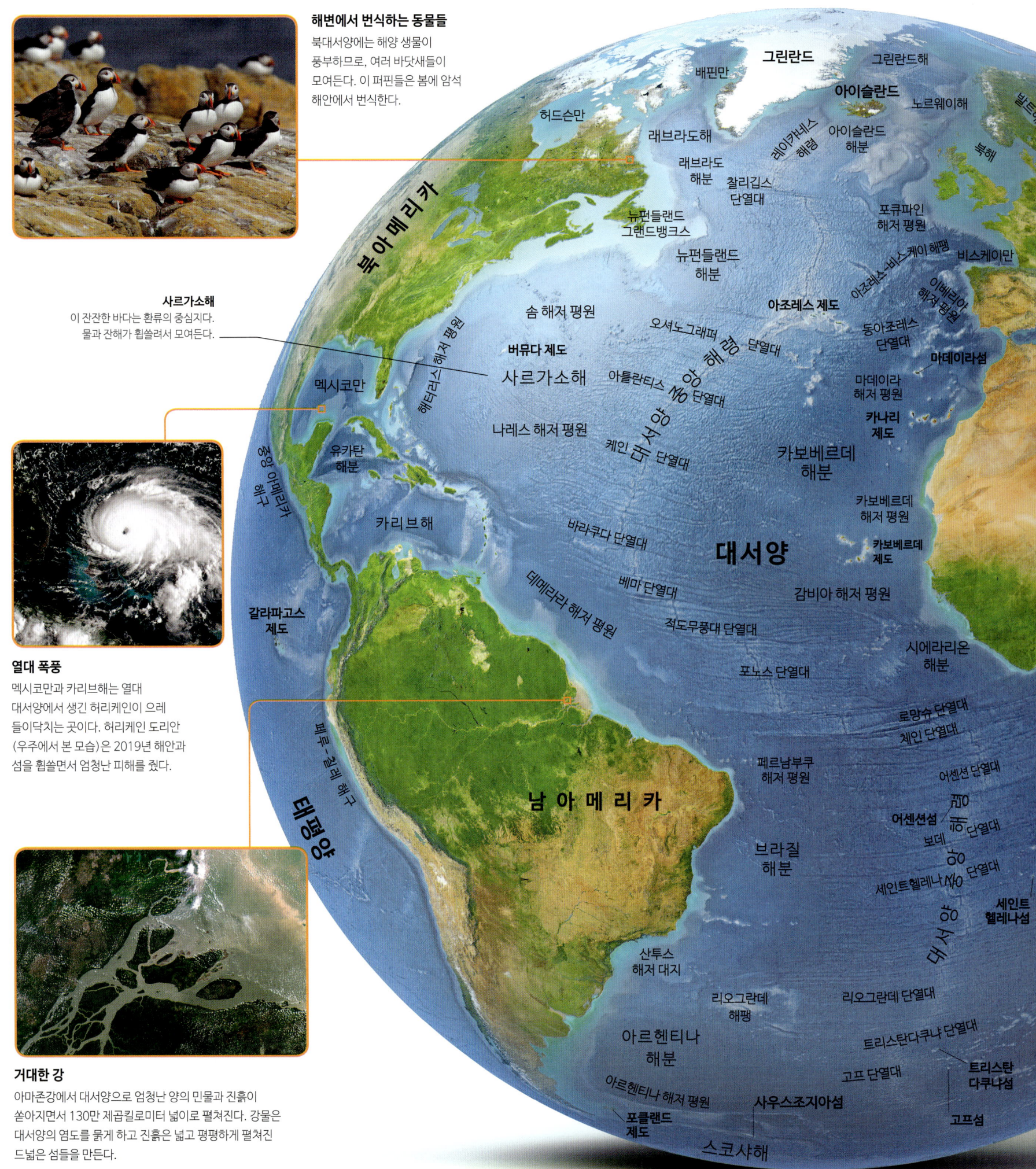

해변에서 번식하는 동물들
북대서양에는 해양 생물이 풍부하므로, 여러 바닷새들이 모여든다. 이 퍼핀들은 봄에 암석 해안에서 번식한다.

사르가소해
이 잔잔한 바다는 환류의 중심지다. 물과 잔해가 휩쓸려서 모여든다.

열대 폭풍
멕시코만과 카리브해는 열대 대서양에서 생긴 허리케인이 으레 들이닥치는 곳이다. 허리케인 도리안 (우주에서 본 모습)은 2019년 해안과 섬을 휩쓸면서 엄청난 피해를 줬다.

거대한 강
아마존강에서 대서양으로 엄청난 양의 민물과 진흙이 쏟아지면서 130만 제곱킬로미터 넓이로 펼쳐진다. 강물은 대서양의 염도를 묽게 하고 진흙은 넓고 평평하게 펼쳐진 드넓은 섬들을 만든다.

연간 2.5cm 대서양이 넓어지는 평균 속도.   **305km/h** 기록상 가장 강력했던 대서양 허리케인의 최대 풍속.

대양 기초 자료
대서양
면적: 106,400,000km²
평균 수심: 3,300m
가장 깊은 곳: 8,605m

대서양

차가운 북극해의 가장자리에서 남극 대륙 주위의 남극해까지 뻗어 있는 드넓은 대서양은 세계에서 두 번째로 큰 대양이다. 그리고 해마다 조금씩 커지고 있다.

대서양은 약 1억 8000만 년 전 공룡의 시대에 고대 초대륙이 갈라지면서 생긴 틈새(열곡)에서 생겨났다. 이 열곡은 지금도 벌어지면서 아메리카를 유럽과 아프리카로부터 밀어내고 있다. 열곡에서는 지각 아래에 있는 녹은 암석이 솟아오르면서 화산성 대서양 중앙 해령을 형성한다. 이 해령은 뱀처럼 구불거리며 남북으로 대서양 전체에 걸쳐서 뻗어 있다.

지중해
대서양과 이어져 있는 여섯 개 바다 중 하나인 지중해는 거의 완전히 육지에 둘러싸여 있다.

기니만
만의 모양이 남아메리카의 해안선과 비슷하다. 고대에 대륙이 쪼개진 증거다.

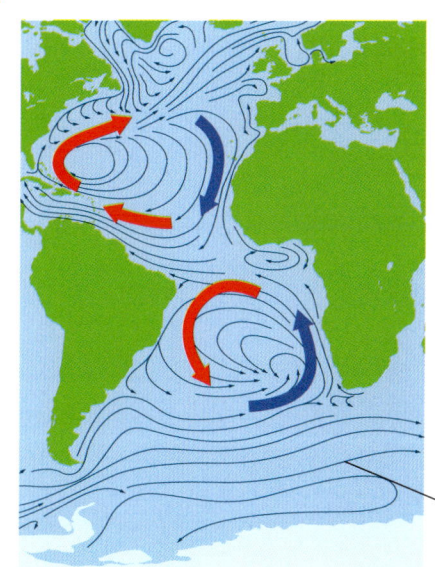

빙빙 도는 환류
북대서양과 남대서양에는 '환류'라는 빙빙 도는 거대한 해류 체계가 있다. 북반구에서는 시계 방향, 남반구에서는 시계 반대 방향으로 돈다. 그 결과 열대의 따뜻한 물이 서쪽으로 흐른다. 환류의 차가운 부분(그림에서 파란색)은 열대를 식히는 반면, 따뜻한 부분(빨간색)은 더 추운 지역을 덥힌다. 물과 떠다니는 쓰레기는 환류의 잔잔한 중심으로 향한다.

가느다란 화살표는 개별 해류의 방향을 나타낸다.

푸에르토리코 해구
대서양에는 해저가 가라앉아서 사라지는 심해 해구가 몇 군데밖에 없다. 푸에르토리코 해구는 그중 큰 곳이며, 카리브판 가장자리에서 해저가 가라앉는다. 이 활동으로 화산이 분출하곤 하며, 그 결과 몬트세랫(오른쪽) 같은 소앤틸리스 제도의 섬들이 생겨났다.

스켈레톤 해안
대서양의 차가운 벵겔라 해류는 아프리카 남서부를 지나 북쪽으로 흐르면서 그 위의 공기를 차갑게 만든다. 그 결과 습한 공기로 안개가 자욱해지면서 나미브 사막의 해안과 스켈레톤 해안이라는 황폐한 해안을 만든다. 이곳에는 안개 때문에 암초에 부딪혀서 침몰한 난파선들이 널려 있다.

대양의 아이슬란드
대서양 중앙 해령은 해저 화산이 죽 이어져 있는 형태다. 해령의 가장 북쪽 끝인 레이캬네스 해령은 매우 활동이 활발한 곳이며, 일부가 수면 위로 솟아서 아이슬란드가 되어 있다. 해령은 아이슬란드 중앙을 지나가면서 아이슬란드 곳곳에 활화산을 만든다. 그 결과 아이슬란드에서 화산암의 일종인 검은 현무암을 흔히 볼 수 있다(왼쪽).

바다 지도 · 인도양

100만km² 갠지스 삼각주 남쪽에 해저를 뒤덮은 거대한 벵골 선상지의 면적.

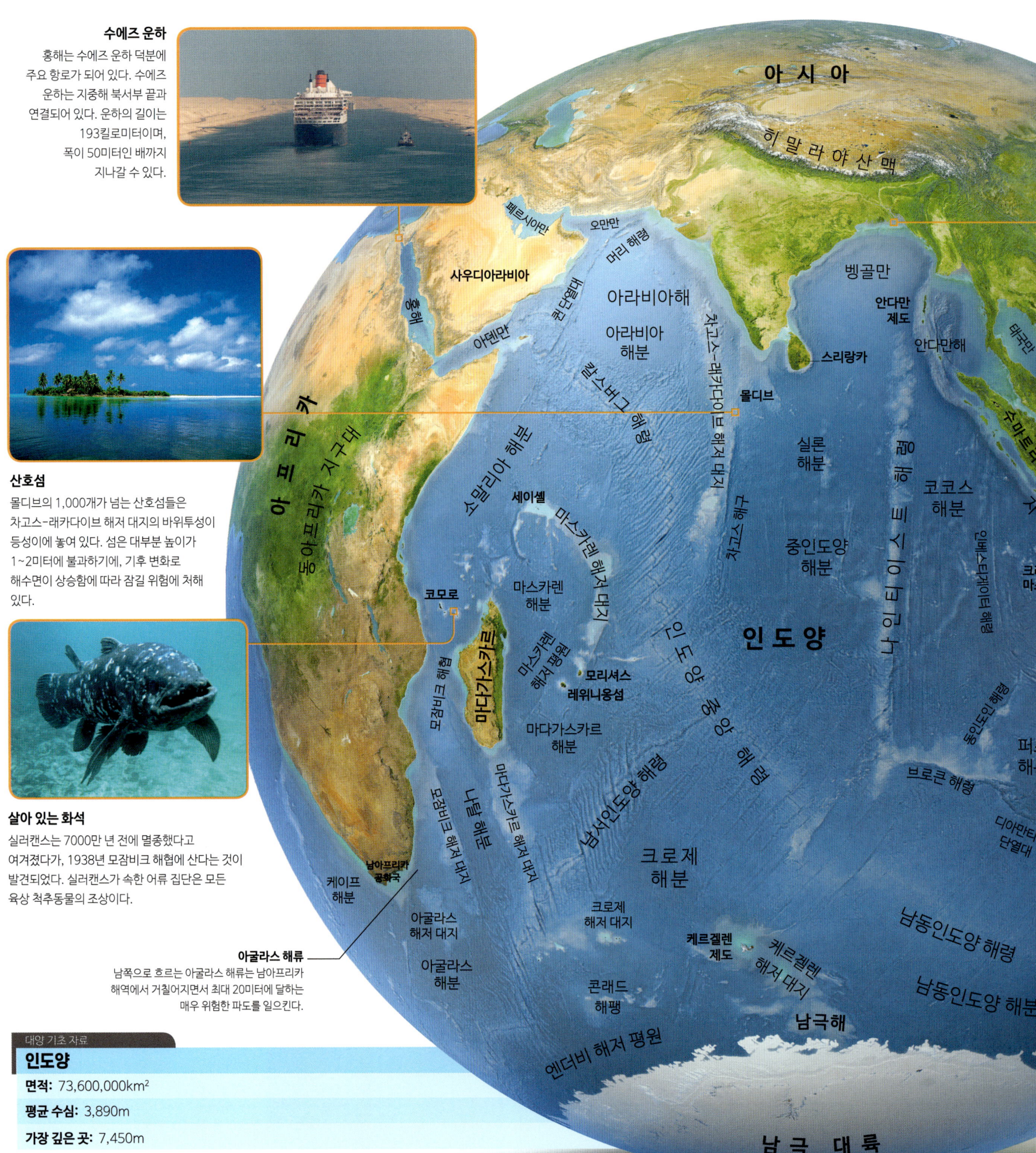

수에즈 운하
홍해는 수에즈 운하 덕분에 주요 항로가 되어 있다. 수에즈 운하는 지중해 북서부 끝과 연결되어 있다. 운하의 길이는 193킬로미터이며, 폭이 50미터인 배까지 지나갈 수 있다.

산호섬
몰디브의 1,000개가 넘는 산호섬들은 차고스-래카다이브 해저 대지의 바위투성이 등성이에 놓여 있다. 섬은 대부분 높이가 1~2미터에 불과하기에, 기후 변화로 해수면이 상승함에 따라 잠길 위험에 처해 있다.

살아 있는 화석
실러캔스는 7000만 년 전에 멸종했다고 여겨졌다가, 1938년 모잠비크 해협에 산다는 것이 발견되었다. 실러캔스가 속한 어류 집단은 모든 육상 척추동물의 조상이다.

아굴라스 해류
남쪽으로 흐르는 아굴라스 해류는 남아프리카 해역에서 거칠어지면서 최대 20미터에 달하는 매우 위험한 파도를 일으킨다.

대양 기초 자료
인도양
- 면적: 73,600,000km²
- 평균 수심: 3,890m
- 가장 깊은 곳: 7,450m

인도양

아시아의 남쪽에 놓인 인도양은 오대양 중에서 가장 따뜻하다. 이 수온은 주변 국가들의 기후에 극적인 효과를 미친다.

열대 해양에서 먼바다에는 대개 해양 생물이 상대적으로 적다. 따뜻한 표층수가 양분이 풍부한 아래쪽의 물과 섞이지 않아서다. 그러나 북인도양에서는 강한 계절풍이 일으키는 해류가 양분이 풍부한 물을 위로 끌어 올림으로써, 플랑크톤이 증식하고 많은 어류 등의 생물들이 살아간다. 아시아에서 흘러나오는 강물도 무기물이 풍부한 엄청난 양의 퇴적물을 벵골만으로 운반함으로써 풍성한 해양 생태계를 조성한다.

갠지스 삼각주
히말라야산맥에서 침식된 퇴적물은 갠지스강을 통해 바다로 운반되어서 갠지스 삼각주(위)를 형성한다. 해수면보다 높이 펼쳐진 이 삼각주는 물에 잠긴 벵골 선상지 위에 있다. 이 선상지는 알갱이가 작은 흙이 쌓여서 생긴 드넓은 층이며, 지각이 뒤틀릴 만치 무겁게 쌓여 있다.

팽창하는 바다

지각판들이 서로 떨어지는 곳에 위치한 인도양은 팽창하고 있다. 이 열곡을 따라서 중앙 해령이 형성되어 있는데, 북쪽으로는 홍해까지 뻗어 있다. 홍해 열곡은 아라비아를 아프리카에서 밀어냄으로써 홍해는 해마다 넓어지고 있다. 또한, 홍해 열곡은 아프리카를 쪼개고 있는 동아프리카 지구대(열곡대)와도 이어져 있다.

점선은 열곡의 위치를 가리킨다.

자바 해구
해저의 가장 북동쪽 가장자리는 아시아 밑으로 가라앉으면서 깊은 자바 해구를 형성한다. 세계에서 가장 화산과 지진 활동이 활발한 곳에 속한다. 크라카토아(위) 같은 화산을 분출시키고 2004년 큰 피해를 준 아시아 지진 해일도 일으켰다.

장마
여름에 아시아 여러 지역에서는 뜨겁고 건조한 공기가 인도양에서 오는 습한 공기에 밀려난다. 거대한 비구름이 형성되어 억수 같은 비가 쏟아지면서 범람이 일어나곤 한다(오른쪽). 겨울에는 차가운 공기가 내려오면서 건조한 공기를 남쪽으로 밀어서 바람 방향을 바꾸고 가뭄을 불러온다.

사이클론

저지대인 갠지스 삼각주는 위로 밀려오면서 깔때기 모양의 벵골만으로 밀려드는 열대 사이클론에 취약하다. 2008년 사이클론 나르기스는 엄청난 수해를 입혔다.

추운 경계선
남극 대륙을 도는 가장 큰 해류인 남극 순환 해류의 차가운 물은 인도양의 남쪽 경계선이 된다.

바다 지도 · 태평양

160만km² 태평양 쓰레기 섬의 크기. 떠다니는 쓰레기들이 모인 이 섬은 크기가 프랑스의 거의 세 배다.

열대 태풍
열대 태평양에서는 주기적으로 거대한 폭풍이 발생한다. 이 폭풍은 태풍 또는 열대 저기압이라고 불리며, 대서양 허리케인과 마찬가지로 엄청난 피해를 줄 수 있다. 기록상 가장 강력한 폭풍은 1979년 10월에 발생한 태풍 팁으로, 풍속이 시속 305킬로미터에 달했다.

알류샨 해구
해저가 알래스카 밑으로 가라앉는 곳이다.

마리아나 해구
수심이 거의 11킬로미터에 달한다.

산호초
남태평양의 해안에는 아름다운 산호초들이 있다(98~99쪽). 그레이트배리어리프는 온갖 다양한 동물이 사는 유명한 곳이며, 오스트레일리아 북동부 해안을 따라 2,300킬로미터에 걸쳐 뻗어 있다.

대양 기초 자료
태평양
- 면적: 141,120,000km²
- 평균 수심: 4,317m
- 가장 깊은 곳: 10,977m

태평양

가장 크고 가장 깊은 바다인 태평양은 세계 지표면의 약 3분의 1을 덮고 있으며, 지구의 거의 절반까지 펼쳐져 있다.

모든 대륙을 합친 것보다 더 크며, 세계의 대양과 바다의 총면적 중 거의 절반을 차지할 정도로 매우 크다. 그런데 예전에는 더욱 컸다. 대서양 같은 다른 대양들이 팽창하면서, 태평양은 조금씩 줄어들고 있다. 아메리카는 오스트레일리아, 일본, 중국과 점점 가까워지고 있다.

2만 5,000개 열대 남태평양에 있는 섬의 수. 오세아니아를 이루고 있다. **7억 1400만km³** 태평양의 바닷물 부피. 세계 바닷물 양의 약 절반이다.

켈프 숲
남북아메리카의 물이 차가운 해안에는 다시마의 일종인 거대한 켈프가 드넓은 숲을 이루고 있다 (74~75쪽). 물에 양분이 풍부하기 때문이다. 해저에서 수면까지 최대 50미터까지 엽상체가 자라는 이 숲은 어류, 바다사자, 해달 등 다양한 동물의 서식지다.

환태평양 불의 고리
태평양은 가장자리에서 해저가 갈라지면서 줄어들고 있다. 해양 지각판이 다른 지각판 밑으로 가라앉는 곳이다. 섭입이라는 이 과정으로 인해 뉴질랜드에서 칠레에 이르기까지 태평양의 가장자리를 따라 깊은 해구들이 고리처럼 둘러싸고 있다. 이 섭입 지대를 따라 적어도 450개의 화산이 있으며, 이 화산들은 태평양을 둘러싸는 '환태평양 불의 고리'를 이룬다.

갈라파고스 제도
이 화산섬들은 적도에 있지만, 차가운 페루 해류에 씻긴다. 이 물에는 양분이 풍부해서 플랑크톤, 어류, 바닷새가 번성할 수 있다. 바닷말을 뜯어먹는 바다이구아나도 산다.

열점 화산
화산은 대부분 지각판의 가장자리에서 생긴다. 그러나 태평양 해저에는 지각 아래 열점에서 분출하는 고립된 화산도 점점이 흩어져 있다. 열점은 맨틀에서 마그마가 유달리 뜨거운 고정된 점이다. 이 열점 위를 지각이 지나갈 때 잇달아 화산섬과 물속의 해산이 생긴다. 가장 긴 하와이안 엠퍼러 해저 산열은 6,000킬로미터에 걸쳐 뻗어 있다.

검은 연기 기둥
동태평양 해팽은 빠르게 팽창하고 있는 중앙 해령이며, 여기에는 검은 연기 기둥이라고 알려진 수중 온천이 점점이 늘어서 있다 (64~65쪽). 광물질이 풍부한 과열된 물이 차가운 검은 바다로 쏟아져나오는 곳이다. 검은 연기 기둥에는 놀라운 생물들이 살고 있으며, 이들은 햇빛 대신에 물에 있는 화학 물질에서 에너지를 얻는다.

바다 지도 · 남극해

3000만km³ 남극 대륙 빙원에 갇힌 물의 양.

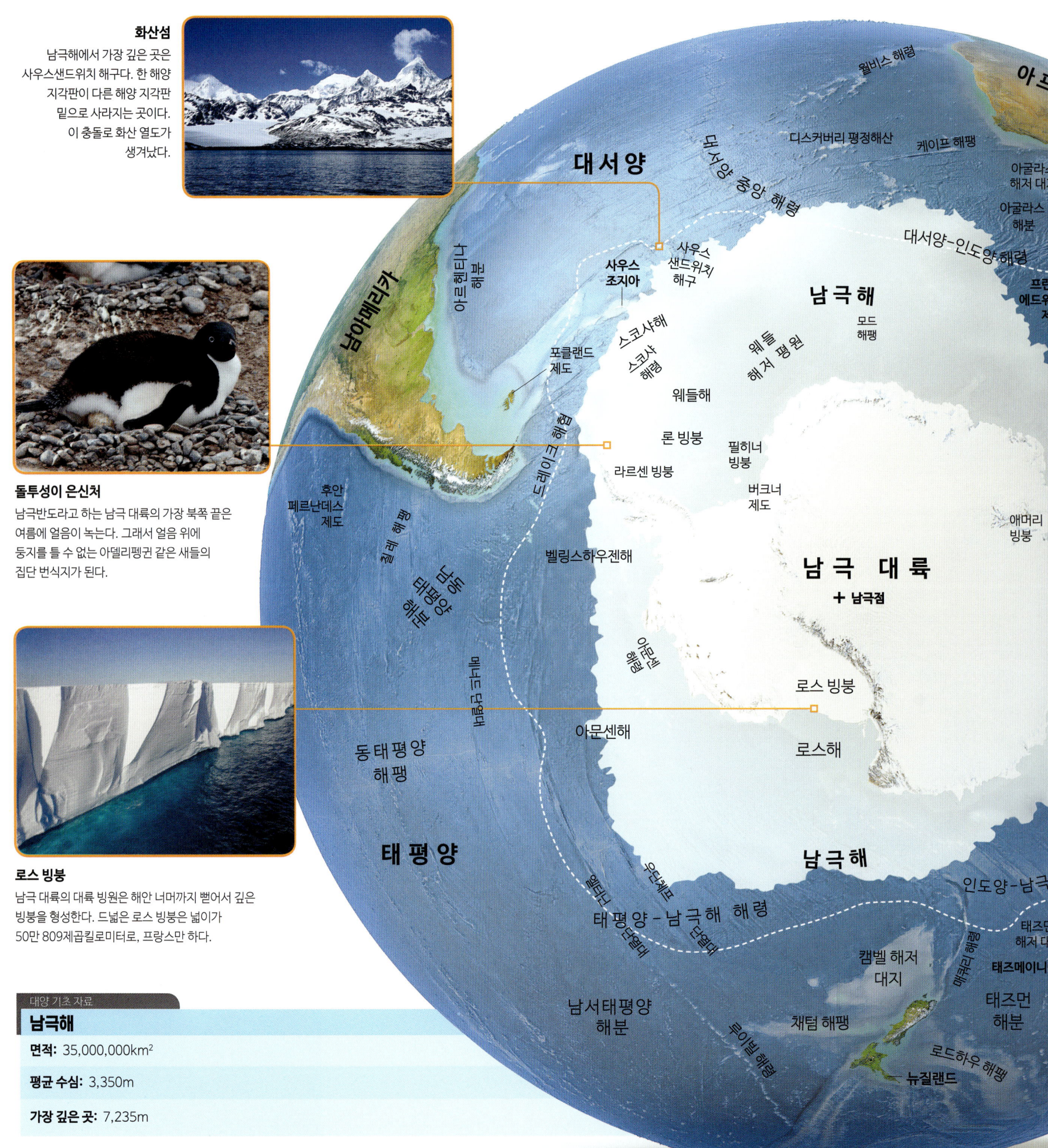

화산섬
남극해에서 가장 깊은 곳은 사우스샌드위치 해구다. 한 해양 지각판이 다른 해양 지각판 밑으로 사라지는 곳이다. 이 충돌로 화산 열도가 생겨났다.

돌투성이 은신처
남극반도라고 하는 남극 대륙의 가장 북쪽 끝은 여름에 얼음이 녹는다. 그래서 얼음 위에 둥지를 틀 수 없는 아델리펭귄 같은 새들의 집단 번식지가 된다.

로스 빙붕
남극 대륙의 대륙 빙원은 해안 너머까지 뻗어서 깊은 빙붕을 형성한다. 드넓은 로스 빙붕은 넓이가 50만 809제곱킬로미터로, 프랑스만 하다.

대양 기초 자료

남극해

- 면적: 35,000,000km²
- 평균 수심: 3,350m
- 가장 깊은 곳: 7,235m

남극해

얼어붙은 남극 대륙을 둘러싼 남극해는 가장 사납고 가장 차갑고 가장 다니기 힘든 대양이지만, 해양 생물로 가득하다.

남극 대륙의 해안을 제외하면, 남극해는 뚜렷한 경계가 없다. 북쪽 가장자리인 남극 수렴선은 차가운 남극 순환 해류가 남태평양, 남대서양, 남인도양의 더 따뜻한 물 아래로 가라앉는 곳이다. 이 경계는 눈에 보이지 않지만, 배를 타고 남쪽으로 향하는 이들은 뚜렷이 알 수 있다. 약 섭씨 6도였던 수온이 갑자기 거의 어는점까지 떨어지기 때문이다.

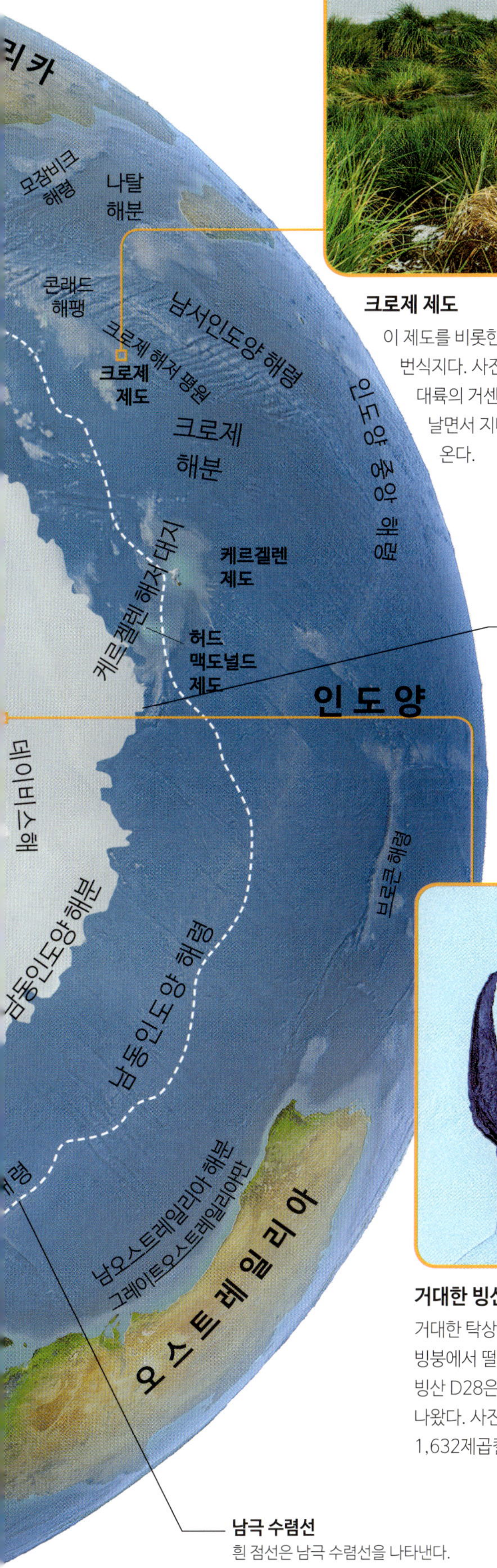

크로제 제도
이 제도를 비롯한 아남극권의 섬들은 앨버트로스의 번식지다. 사진의 나그네앨버트로스는 남극 대륙의 거센 바람을 타고서 생애 대부분을 날면서 지내지만, 둥지를 지을 때는 육지로 온다.

겨울 얼음
회색은 겨울의 해빙 면적이다.

거대한 빙산
거대한 탁상형(위가 납작한) 빙산은 남극 대륙의 빙붕에서 떨어져서 해류를 타고 떠다닌다. 사진의 빙산 D28은 2019년 에이머리 붕빙에서 떨어져 나왔다. 사진은 우주에서 본 모습이며, 면적은 1,632제곱킬로미터다.

남극 수렴선
흰 점선은 남극 수렴선을 나타낸다.

먹이가 풍부한 물
남극 순환 해류는 동쪽으로 대륙을 따라 돈다. 안쪽 경계인 대륙에 가까운 양분이 풍부한 깊은 물은 해저 쪽에서 수면으로 끌려 올라온다. 이 양분을 먹고 미세한 조류가 구름처럼 증식한다. 이 조류를 먹고 분홍색 크릴도 대량으로 불어난다. 크릴은 펭귄, 게잡이물범, 수염고래의 주식이다.

얼어붙은 바다
겨울에 남극해 상공에서 차가운 공기가 아래로 내려오면서 바다가 얼기 시작한다. 9월쯤이면 해빙 면적은 약 1800만 제곱킬로미터에 달한다. 이는 남극 대륙보다 넓은 면적이다. 봄에는 해빙이 녹기 시작해서 2월에는 면적이 260만 제곱킬로미터 이하로 줄어든다.

9월의 해빙 면적 | 2월의 해빙 면적

물에 잠긴 대륙
남극 대륙은 넓은 빙상에 깔려 있다. 빙상은 두께가 최대 4킬로미터에 달한다. 이런 대륙 빙하는 민물로 되어 있다. 사실 빙하는 지구의 민물 중 약 70퍼센트를 차지한다. 얼음 밑에 깔린 기반암은 해수면보다 낮아져 있으므로, 이 지도가 보여 주듯이 얼음을 빼면 대륙의 많은 부분이 물속에 잠겨 있다.

낱말 풀이

가슴지느러미
물고기의 몸 앞쪽 양옆에 달린 한 쌍의 지느러미. 방향을 잡는 데 쓰인다.

갑각류
게와 새우처럼 관절로 연결된 쌍을 이룬 다리와 단단한 겉뼈대를 지닌 종.

갓
해파리의 종처럼 생긴 근육질 몸통 부위.

강어귀
강과 바다가 만나는 곳.

개흙
갯바닥에 쌓여 있는 고운 흙. 점토 크기 입자로 이루어져 있다.

겉뼈대
갑각류와 곤충을 감싸고 있는 단단한 껍데기.

겹눈
일부 갑각류와 대다수 곤충이 지닌 눈. 각각 수정체를 지닌 낱눈이 많이 모여서 이루어진다.

경골어류
연골(물렁뼈)이 아니라 경골(굳뼈)로 이루어진 뼈대를 지닌 어류. 해양 어류의 약 90퍼센트가 속한다.

경랍 기관
고래 머리의 일부분으로 밀랍 성질의 기름으로 가득 차 있다.

고래류
고래와 돌고래.

고래수염
일부 고래의 입에 빽빽한 수염처럼 난 뻣뻣한 판들. 바닷물에서 작은 먹이를 걸러 먹는 데 쓰인다.

고착빙
해안에 육지와 결합해 얼어붙은 해빙.

관해파리
해파리와 비슷하게 생겼지만, 사실은 작은 개체들이 많이 모인 군체성 생물이다. 작은부레관해파리도 관해파리다.

광물질(무기물)
지구에서 자연적으로 생기는 고체 물질. 암석은 대부분 광물질로 이루어져 있다. 광물질은 바닷물에도 일부 녹아 있다.

광합성
식물, 조류, 일부 세균이 이산화 탄소와 물, 태양 에너지를 써서 자신의 먹이를 만드는 화학적 과정.

군체
함께 살아가는 동물 집단. 살파나 관해파리처럼 작은 생물들의 군체가 한 생물 개체처럼 행동하는 사례도 있다. 군체성 동물이라고 한다.

규조
식물성 플랑크톤을 이루는 단세포 조류의 한 종류.

극지 바다
지구의 양쪽 극지에 있는 아주 추운 바다.

기관
특정한 일을 하는 신체 조직의 집합. 위장과 심장도 기관이다.

기반암
겉흙의 아래에 놓여 있는 굳은 암석.

기생 생물
다른 생물인 숙주를 먹는 생물. 숙주는 약해지며, 죽기도 한다.

기후 변화
지구의 기후가 서서히 변하는 과정. 최근에는 인간 활동으로 빠르게 변해 왔다.

기후
장기간에 걸쳐서 한 지역에서 가장 흔하게 나타나는 날씨 조건.

꼬리지느러미
물고기의 꼬리를 이루는 지느러미.

난자
암컷의 생식 세포.

남세균
엽록소를 가지고 광합성을 하는 세균.

단열대
해저에서 해령을 가르고 지나가는 긴 골짜기로서, 골짜기 양쪽 지각의 깊이가 다르다.

단층
지각에 난 틈새. 이 틈새 양쪽의 암석들은 서로 어긋나게 위아래나 옆으로 움직인다. 이로 인해 지진이 생길 수 있다.

대기
지구를 둘러싸고 있는 공기층. 질소와 산소, 이산화 탄소 등으로 이루어져 있다.

대륙붕
해안의 얕은 바다의 밑바닥을 이루는 물에 잠긴 대륙 가장자리.

더듬이
물에서 움직임과 화학 물질을 검출할 수 있는 한 쌍의 감각 기관.

독소
독성을 띤 물질.

동물성 플랑크톤
아주 작은 동물들로서, 식물성 플랑크톤과 섞여서 물에 떠다니는 플랑크톤을 이룬다.

두껍질조개(부족류)
꼬막이나 홍합처럼 이음매로 연결된 두 개의 껍데기를 지닌 연체동물.

두족류
오징어, 문어, 갑오징어를 포함하는 해양 연체동물 집단.

뒷지느러미
꼬리 바로 앞 배 쪽에 있는 지느러미로, 헤엄칠 때 몸의 균형을 잡는 역할을 한다.

등딱지
게 같은 갑각류와 거북의 등을 덮은 단단한 껍데기.

등지느러미
해양 동물의 등에 나 있는 지느러미.

마그마
지표면 밑에 있는 뜨거운 액체 암석.

망막
눈 뒤쪽에 있는 빛을 감지하는 세포층.

맨틀
지구의 중심핵과 가장 바깥층인 지각 사이에 있는 층.

먹이 사슬
미생물에서 최상위 포식자에 이르기까지 생물들이 먹고 먹히는 관계로 이어진 것. 각 생물은 먹이 사슬의 다음 단계에 있는 생물에게 먹힌다.

먹이
다른 동물에게 먹히는 생물.

멸종
한 종의 마지막까지 남아 있던 생물이 지구에서 사라지는 것.

명왕누대
지구가 탄생한 약 46억 년 전부터 40억 년 전까지, 지질학적 증거가 거의 남아 있지 않은 시대로 하데스대라고도 한다.

무척추동물
등뼈가 없는 동물.

미끼
심해 아귀의 빛나는 '낚싯줄'처럼 동물이 먹이를 꾀기 위해 쓰는 신체 부위.

미세 플라스틱
플라스틱 쓰레기가 분해되어 생긴 아주 작은 조각. 해양 생물에게 몹시 해를 끼칠 수 있다.

반향정위
동물이 소리를 보내어 사물에 부딪혀서 돌아오는 메아리를 듣고서 그 사물의 위치를 알아내는 방법. 돌고래를 비롯한 여러 해양 동물이나 박쥐 같은 육상 동물이 쓴다.

발전기
운동을 전기 에너지로 바꾸는 장치.

방어피음
동물의 몸 색깔이 등 쪽은 짙고 배 쪽은 옅은 것. 이런 색깔 덕분에 위에서 내려다볼 때는 컴컴한 물과 섞여서 잘 안 보이고, 아래에서 올려다볼 때는 환한 수면과 어울려서 잘 보이지 않는다.

밸러스트
배가 가벼워 균형을 유지하기 어려울 때를 대비해 배의 바닥에 싣는 무거운 것. 물이나 자갈 등이 있다.

번식
생물이 자식을 만드는 과정.

베이트 볼
작은 물고기들이 포식자로부터 스스로를 지키기 위해서 서로 다닥다닥 모여서 헤엄쳐서 거대한 공처럼 보이는 것.

변환 단층
인접한 두 지각판이 수평으로 서로 어긋나게 움직이는 경계선.

복족류
고둥과 갯민숭달팽이를 포함하는 연체동물 집단.

부력
물에 뜨는 능력.

부리
일부 고래와 돌고래 같은 해양 포유류는 새의 부리와 비슷하게 주둥이가 튀어나와 있어서 부리라고 한다.

부빙
물에 떠 있는 얼음판.

부속지
더듬이, 팔다리 등 생물의 몸에서 튀어나와 있는 부위.

부수 어획물
다른 종을 잡기 위해 친 그물에 걸려서 함께 잡히는 어류 등 해양 생물. 죽었거나 죽어 가는 부수 어획물은 바다로 버려지곤 한다.

부식
물질이 화학 반응으로 삭는 것.

부이(부표)
물에 뜬 표시물로, 떠내려가지 않도록 대개 사슬이나 밧줄로 해저에 고정시켜 놓는다.

부착기
바닷말이 해저의 바위에 달라붙기 위해 쓰는 뿌리 비슷한 구조물.

붕빙
해면을 기준으로 높이가 2미터 이상이고, 표면이 평탄한 빙괴. 선반얼음이라고도 한다. 넓은 의미로는 여러 해를 넘긴 만빙이 발달하여 만들어진 것도 포함이 된다.

브리니클
밀도가 높은 바닷물을 뜻하는 브라인(brine)과 고드름(icicle)을 합친 말. 해빙이 만들어지면서 남은 소금 때문에 매우 짜고 차갑고 무거워진 바닷물이 가라앉으며 닿는 것을 모조리 얼려 버린다.

빙모
돔 모양의 영구 빙설. 면적은 대체로 5만 제곱킬로미터 이하로 대륙 빙하보다 규모가 작다.

빙붕
빙원이 바다 위로 뻗어 나간 부위.

빙산
빙하나 빙붕에서 쪼개져 나온 떠다니는 커다란 얼음 덩어리.

빙상
육지를 뒤덮은 아주 커다란 만년빙. 대륙 빙하라고도 한다.

빙원
지표면 전체가 두꺼운 얼음으로 덮여서 벌판처럼 보이는 곳. 빙원이 아주 넓을 때 빙상이라고 한다.

빙하
눈이 쌓여서 생긴 움직이는 얼음 덩어리. 강처럼 흐르는 빙하도 있다. 남극 대륙을 덮은 빙하처럼 드넓은 빙원을 이루는 것도 있다.

사이클론
지역에 따라서 허리케인이나 태풍으로도 불린다. 대양에서 생기는 기상 현상으로서, 바람이 빠르게 빙빙 돌고 많은 비를 뿌린다.

사체
죽은 동물의 몸.

사퇴
파도 때문에 해저에 모래가 쌓여 생겨난 것. 조류의 작용에 따라 이동할 수 있다.

산란
어류 같은 수생 동물이 번식할 때 알과 정자를 물에 뿜어내는 행동.

산소
지구 대기에 들어 있으며, 생명 활동에 필수적인 기체.

산호섬
산호모래로 된 낮은 섬.

산호초
산호가 만드는 수면 아래의 암석. 대개 햇빛이 비치는 얕은 물에서 자란다.

삼각주
강과 바다가 만나는 강어귀에 부채꼴로 펼쳐진 땅. 강물에 운반된 퇴적물이 쌓여서 생긴다.

새엽
물고기의 아가미 안에 있는 빗살 모양의 숨을 쉬는 기관.

생물 다양성
어느 지역에 얼마나 다양한 생물이 사는지 알려주는 지표. 종의 수로 나타낸다.

생물 발광
생물이 저절로 빛을 내는 것. 햇빛이 들어오지 못하는 컴컴하고 깊은 바다에 사는 동물들에게 종종 보인다.

생물
식물, 동물, 곰팡이, 세균 같은 살아 있는 존재.

생산자
햇빛 같은 에너지원을 써서 스스로 먹이를 만드는 생물.

생태계
서로서로 그리고 환경과 상호 작용하는 생물들과 그 환경을 함께 가리키는 말.

서식지
생물이 살아가는 곳.

석호
육지로 둘러 싸여서 바다와 거의 단절된 바닷물로 된 호수.

선교
배의 앞쪽 높이 솟아 있는 곳으로서, 선장이 이곳에서 지휘한다.

선사 시대
문자 기록 이전의 역사.

선상지
경사가 있는 산지의 좁은 골짜기를 흐르던 하천이 완만한 평지와 만나는 곳에 토사를 쌓아서 생긴 부채 모양의 지형.

섭금류
다리와 목, 부리가 길어서 물속에 있는 물고기나 벌레를 잡아먹는 새를 통틀어 이르는 말.

섭입
한 지각판이 다른 지각판의 밑으로 가라앉는 것. 섭입이 일어나는 곳에서 지각이 파괴된다.

세균
한 세포로 되어 있는 미생물 중 하나.

세포
생물의 최소 단위. 세균 같은 생물은 세포 하나로 이루어져 있다. 저마다 다른 기능을 하는 다양한 세포 수 조 개로 이루어져 있는 커다란 생물도 있다.

소비자
스스로 먹이를 만드는 생산자와 달리, 다른 생물을 먹어서 에너지를 얻는 동물.

쇄파
부서지는 파도.

수관
연체동물이 바닷물을 빨아들이거나 내뿜을 때 쓰는 관. 호흡하거나 추진력을 일으킬 때 쓴다.

수압식
물의 압력을 이용하여 힘을 얻는 방식.

수증기
기체 형태의 물. 증발이라는 자연적인 순환 과정을 통해 생긴다. 수증기는 바다와 강의 수면에서 물이 증발하면서 생기며, 대기로 올라가면서 식어서 물방울이 되어 구름을 만들고, 이어서 비나 눈이 되어 내린다.

숨구멍
고래의 머리 꼭대기에 있는 콧구멍. 이 구멍으로 수면에 올라와서 공기 호흡을 한다.

식물성 플랑크톤
해수면 가까이에 떠다니면서 광합성을 통해 스스로 먹이를 만드는 세균과 아주 작은 조류.

식생
어떤 지역에 나타나는 식물 군락의 특징을 가리키는 용어로, 그 지역의 기후 등 자연 조건을 반영하여 나타난다.

202 낱말 풀이

심층 해류
깊은 바다 속에서 해수의 밀도 차이에 의해 이동하는 해류.

실트
모래와 찰흙의 중간 크기인 암석 알갱이.

아가미
어류를 비롯한 동물이 물속에서 호흡하는 데 쓰는 기관.

아가미 갈퀴
어류의 아가미에서 튀어나온 구조물로서, 먹이 알갱이를 거르는 데 쓰인다.

암석권
지구의 바깥층. 맨틀의 굳은 윗부분과 더 바깥의 무른 지각으로 이루어져 있다.

압력
무언가를 미는 힘. 바다에서는 엄청난 양의 물이 모든 것에 압력을 가한다. 깊어질수록 위에서 누르는 물의 무게가 더 커져서 압력(수압)이 더 세진다.

양식
대개 식량을 얻기 위해 어류 등 해양 생물을 기르는 것.

어류
아가미로 호흡을 하며 헤엄치는 데 알맞은 몸을 지닌 동물 집단. 어류는 크게 경골어류, 연골어류(상어와 가오리), 무악어류(칠성장어)로 나뉜다.

엄니
크고 날카롭게 발달한 포유류의 이. 호랑이, 사자, 멧돼지 등의 엄니는 송곳니가 발달한 것이며, 코끼리의 엄니는 앞니가 발달한 것이다.

에너지
모든 생물이 살고 성장하는 데 필요한 것. 주로 태양 에너지 같은 에너지원에서 얻거나, 다른 생물을 먹어서 얻는다.

여과 섭식
물에서 작은 먹이를 걸러 먹는 방식. 수염고래는 많은 물을 입에 머금었다가 뿜어내면서 크릴 같은 작은 먹이를 걸러서 먹는다.

연골(물렁뼈)
탄력이 있는 질긴 고무 같은 물질로 된 뼈. 상어와 가오리 같은 어류는 뼈대가 경골이 아니라 연골로 되어 있다. 그래서 연골어류라고 한다.

연체동물
고동과 갯민숭달팽이, 조개, 문어 등으로 이루어진 동물 집단.

열곡
두 지각판이 서로 멀어지면서 지각에 틈새가 벌어지는 곳. 열곡에서는 새로운 지각이 생겨난다.

열대 해양
적도 주위의 바다로서, 물이 따뜻하다.

열수 분출구
극도로 뜨겁고 화학 물질이 풍부한 물이 솟아오르는 해저 틈새.

열점
맨틀이 유달리 뜨거운 지점으로서, 그 위를 지나가는 얇은 지각을 터뜨려서 화산을 분출시킨다.

영양 염류
생물이 살아가고 자라는 데 필요한 물질.

옆줄
물고기의 머리에서 몸통 끝까지 옆구리를 따라 이어져 있는 감각 기관. 물의 움직임을 검출하는 데 쓰인다.

온대 해양
차가운 극지 바다와 따뜻한 열대 바다 사이에 있는 바다.

외투막
연체동물의 몸을 감싸서 내장을 보호하는 근육질 막.

요각류
작은 갑각류 집단으로서, 많은 종이 해양 동물성 플랑크톤을 이룬다.

용승
해양 중간층의 찬 바닷물이 해면으로 솟아오르는 현상.

용승 해역
강한 해류가 깊은 곳의 물을 해수면으로 끌어 올리는 해역.

용암
화산 분출 때 지표면으로 흘러나오는 녹은 암석.

용융
암석이 뜨거워져 녹아 있는 상태.

위장
생물이 모습이나 색깔, 무늬를 써서 들키지 않게 환경과 잘 섞이는 능력.

유생
알에서 갓 깨어난 어린 동물.

유선형
물이나 공기에서 움직이기 쉽게 해 주는 모양.

육식 동물
다른 동물을 먹는 동물.

음파 탐지기
음파를 발사하여 돌아오는 메아리를 써서 물속에서 사물과 거리를 알아내는 장치.

이산화 탄소
대기에 적은 비율로 섞여 있는 기체. 물에도 조금 녹는다. 조류와 식물 등은 광합성을 통해서 물과 이산화 탄소로부터 먹이와 산소를 만든다.

이주
동물이 대개 해마다 번식지와 섭식지 사이를 정기적으로 오가는 행동.

인도-태평양
인도양과 태평양.

입팔
해파리류의 입 네 귀퉁이가 길게 늘어나서 이루어진 팔 모양의 구조. 구완이라고도 한다.

저서생물
바다, 하천, 호수 등 물 밑바닥에서 사는 생물을 통틀어 이르는 말.

적도
지구의 한가운데를 두르고 있는 가상의 원. 지구는 적도를 중심으로 남반구와 북반구로 나뉜다.

적응
생물이 진화하면서 자기 환경에 더 적합해지는 것.

절지동물
다리가 관절로 연결되어 있고 겉뼈대로 덮인 무척추동물.

정자
암컷의 난자와 수정되어서 새 개체로 자랄 수정란을 만드는 수컷의 생식 세포.

조간대
썰물과 밀물 때 해수면이 가장 낮아지는 지점과 가장 높아지는 지점 사이에 있는 해변.

조류 대발생
한 해역에서 조류가 아주 많이 불어나는 현상. 조류 대발생이 일어나면 다른 생물들에게 피해가 생길 수 있다.

조류(말류)
식물처럼 햇빛을 이용하여 광합성을 하는 생물로서, 대개 물에 산다. 눈에 안 보이는 단세포 조류도 많으며, 이런 조류는 식물성 플랑크톤을 이룬다. 또 미역과 다시마처럼 커다란 조류도 있으며, 이런 조류는 흔히 바닷말이라고 부른다.

조수 간만의 차
밀물 때와 썰물 때의 해수면 높이 차.

종
서로 번식하여 생식력을 지닌 자식을 낳을 수 있는 비슷한 생물들로 이루어진 집단.

주상해분
해저에 있는 가늘고 긴 계곡. 해구보다 폭이 넓고 얕다.

중력
물체가 다른 물체를 끄는 힘. 물체들이 서로 제멋대로 떠다니는 것을 막는다.

중심핵
지구의 가장 안쪽 층. 액체로 된 외핵과 고체로 된 내핵으로 이루어져 있으며, 둘다 철과 니켈로 이루어져 있다.

중앙 해령
지구 전체에 뻗어 있는 아주 긴 수중 산맥. 육지에 있는 그 어떤 산맥보다도 길다.

지각
지구의 가장 바깥에 놓인 암석층.

지각판
지구의 맨 바깥층인 암석권은 여러 개의 판으로 쪼개진 형태다. 각각을 지각판이라고 한다.

지진 해일
수중의 지진이나 화산 활동으로 순식간에 생겨난 거대한 파도. 지진 해일은 아주 빠르게 움직이며, 해안선에 닿으면 엄청난 피해를 일으킬 수 있다.

지진
단층 지역에서 두 지각판이 서로 맞닿아 미끄러질 때 땅이 몹시 뒤흔들리는 현상.

지질학
지구의 암석과 역사를 연구하는 학문.

진화
생물이 기나긴 세월 동안 세대를 거치면서 서서히 변하는 과정.

채수기
바다에서 물 시료를 채취할 때 쓰는 장비.

척추동물
등뼈를 지닌 동물.

청소동물
죽은 동물이나 유기물(다른 동물의 배설물 같은)을 먹고 사는 동물.

쳐오름
파도가 부서지면서 해변으로 물이 밀려드는 것. 밀려든 물이 내려가는 것은 쳐내림이라고 한다.

초식 동물
식물을 먹는 동물.

초호
산호초로 둘러싸여서 바다와 거의 단절된 바닷물로 된 호수.

촉수
해파리와 말미잘 같은 해양 동물의 몸에서 뻗어 나온 유연한 부속지. 감각을 느끼고 무언가를 움켜쥐는 데 쓰인다. 자포동물의 촉수에는 먹이를 마비시키거나 죽이는 자세포가 있다.

총빙
해변에 붙어 있지 않으면서 떠다니는 커다란 얼음 덩어리.

추진
뒤쪽으로 다른 것을 밀어서 앞으로 나아가는 행동.

치상돌기
상어의 피부를 덮고 있는 이빨 모양의 작은 비늘. 물의 저항력을 줄여서 상어가 빠르고 소리 없이 헤엄칠 수 있도록 돕는다.

침식
암석이 물이나 바람 같은 자연의 힘에 조금씩 깎여나가는 것.

케라틴
수염고래의 고래수염, 사람의 손발톱 같은 부위를 만드는 단단한 물질.

크릴
바다에 엄청나게 많이 떠다니면서 많은 해양 동물의 중요한 먹이가 되는 새우처럼 생긴 작은 갑각류.

터빈
바람이나 물의 힘으로 돌면서 전기 같은 에너지를 생산하는 장치.

테티스해
고생대 말기에서 신생대 초기까지 북반구 유라시아 대륙과 남반구 곤드와나 대륙 사이에 있었던 바다.

퇴적물
물에 운반되어 바닥에 쌓이는 암석 알갱이.

파식
파도에 의해서 일어나는 침식. 파도를 비롯한 바닷물의 움직임으로 육지가 부서지고 깎이는 현상을 통틀어 해식 작용이라고도 한다.

파저면
파도의 운동에 의해 해저에 있는 물질이 영향을 받는 최대 깊이.

판게아
대륙 이동설에서, 현재의 대륙들이 하나의 커다란 대륙을 이루고 있을 때의 이름. 독일의 지구 물리학자 베게너가 붙인 이름이다.

판피류
고생대 원시 어류로서 몸이 껍데기로 덮여 있으며 턱뼈를 가진 최초의 척추동물이다. 실루리아기에 나타나 페름기에 절멸하였는데, 현재의 어류와는 직접적인 관계가 없다.

포식자
다른 동물을 잡아먹는 동물.

포유류
체온이 일정하게 유지되는 항온 동물 중에서 새끼에게 젖을 먹이는 집단.

폴립
위쪽에 촉수들이 빙 둘러서 달려 있는 작은 통 모양의 동물. 많은 폴립은 해저에 서로 다닥다닥 붙어서 큰 군체를 이룬다. 산호의 폴립은 그렇게 모여서 산호초를 만든다.

표층류
해수면과 바람의 마찰로 발생하는 해류.

풍화
바람, 물, 공기를 만나서 암석이 작은 조각으로 부서지는 것.

플랑크톤
해류에 맞서 헤엄치는 대신에 물에 실려 떠다니는 아주 작은 생물들. 플랑크톤은 작지만 수가 아주 많다. 더 큰 동물들의 중요한 먹이가 된다.

피부밑 지방층
고래와 물범 등 일부 해양 포유류의 피부 밑에 있는 두꺼운 지방층. 차가운 물에서 체온을 보존한다.

한살이
동물이나 식물이 태어나서 어린 시절을 거치며 성장하여 자손을 남기고 죽을 때까지의 과정.

해구
대양 밑에 좁고 기다랗게 도랑 모양으로 움푹 들어간 부분.

해령
깊은 해저에서 길고 좁은 산맥 모양으로 솟아오른 부분.

해류
꾸준히 이어져서 흐르는 물. 대개 바람이 일으킨다.

해분(해양 분지)
대양의 물을 담고 있는 움푹 들어간 땅. 산맥도 있고 심해 해구도 있다.

해산
해저에서 솟아올랐지만, 수면 위까지 올라와서 섬이 되지는 않은 화산.

해저 산열
여러 개의 해산이 열을 이룬 것.

해팽
대양의 밑바닥에서 길고 폭이 넓게 도드라진 부분. 해령보다 경사가 완만하다.

허물 벗기(탈피)
동물이 피부, 털, 겉뼈대의 일부를 벗는 방식. 갑각류는 주기적으로 겉뼈대를 벗어야 더 크게 자랄 수 있다.

헤모글로빈
적혈구에 들어 있으며 산소를 운반하는 물질.

호흡
살아 있는 세포 안에서 먹이 분자에 저장된 에너지를 뽑아내는 화학적 과정. 호흡은 대개 산소를 이용하지만, 일부 세균처럼 산소를 쓰지 않는 호흡을 하는 생물도 있다.

화산
지각에서 뜨겁고 녹은 암석인 마그마가 지표면으로 뿜어지는 곳.

화석 연료
고대 생물의 잔해로부터 생긴, 쉽게 타면서 에너지를 내놓는 물질. 석탄, 석유, 천연가스는 화석 연료다.

화석
과거에 살았던 동식물의 잔해나 흔적이 보존된 것. 가장 흔한 화석은 묻힌 뼈가 수백만 년이 흐르는 동안 돌로 변한 것이다.

환류
원을 그리며 빙빙 도는 해류.

환초
초호를 둘러싸고 있는 고리 모양의 산호초.

황록공생조류
산호 같은 해양 동물의 조직 안에 사는 조류.

찾아보기

굵은 글씨로 표시된 숫자는 해당 항목이 중요하게 다뤄진 페이지를 나타냅니다.

ㄱ

가공 냉동 트롤선 173
가뭄 195
가스 수송관 165, 179
가위살파 43
가켈 해령 191
갈라파고스 제도 197
갈매기
  북극흰갈매기 159
  웃는갈매기 133
  은갈매기 29
갈색앨퉁이 63
갈색얼가니새 118
갑각류 82~83, **84~85, 120~121**
갑오징어
  불꽃갑오징어 81
  유럽갑오징어 **78~79**
강 8
  강어귀 **128~129**
  대서양 192
  북극해 191
강어귀 **128~129**
개닛
  북방개닛 131
  케이프개닛 97
개복치 37
개펄(갯벌) **126~127**
갠지스 삼각주 195
갯끈풀 126, 127
갯민숭달팽이 80, 98
  파란갯민숭달팽이 42
거북 말 76
거북손 113
건설 산업 164
검은머리물떼새 127
검은 연기 기둥 65, 164, 197
검은제비갈매기 118, 119
검은집게제비갈매기 133
검은터번고둥 112
검은해오라기 133
게
  농게 120, 125
  대게 143
  모래농게 120
  붉은바위게 121
  소라게 119
  야자집게 120
  연안 **120~121**
  엽낭게 120
  유럽녹색꽃게 126
  유령달랑게 120
  자주풀게 112
  크리스마스섬홍게 120
  파란병정게 120
  흰열수구게 65
게바강 강어귀 **128~129**
겹눈 83
경골어류 47
고등어 33
고래 74
  꼬마긴수염고래 53
  꼬마향유고래 53
  대왕고래 **144~145**
  민부리고래 53, 66
  범고래 **148~149**
  북대서양긴수염고래 53
  수염고래 144, 199
  지방 147
  참거두고래 53
  향유고래 **60~61**
  혹등고래 53
  흰돌고래 53, 190
고래류 **52~53**
고래잡이 144
고착빙 139
공기 오염 178
공기주머니, 바다코끼리 150
공룡 15
공생 관계 105
공작갯가재 **82~83**
공작넙치 **88~89**
공중 살포 178
곶 114
관광 165
관측 184~185
관해파리
  대왕관해파리 43
  민들레관해파리 64
광물질 64, 164
광산 178
광수용기 83
광합성 32, 34, 36, 72, 76
구름 9, 11, 26, 27
구애 38
군인고기 99
굴 170
규조 37, 137, 141
그레이트배리어리프 118, 196
그린란드 191
그물 179
극관 얼음 11
극지 바닷새 **158~159**
극지 여름 68, 69
금속 164
기니만 193
기생 생물 38, 100, 101
기후 변화 182~183
기후 변화 76, 138, 152, 155, 165, **182~183**, 184
극지방 137, 191
기후
  극지방 136
  해류 22, 193
긴코나비고기 98
껍데기
  갑각류 82~87
  바다거북 123
  소라게 119
  해양 산성화 182, 183
꼬까도요 118

ㄴ

나뭇잎해룡 90
나미브 사막 193
나셀 168, 169
난파선 **106~107**, 179
날개
  나그네앨버트로스 54, 55
  펭귄 157
날씨
  극단적 114, 165
  변화 양상 182
  열대 저기압 **26~27**
남극 대륙 69, 136, 138, 198~199
남극반도 198
남극 수렴선 199
남극이빨고기 141
남극점 158, 198
남극해 13, 136, 188~189, **198~199**
남극 순환 해류 195, 199
남세균 36, 37
남획 184
납작돔 124
내해 8
냉수 분출구 33
노란입술바다뱀 102
노바야제믈랴섬 191
놀래기
  목수놀래기 102
  청소놀래기 **100~101**
뇌산호 98, 99
눈 9
눈
  갑오징어 78
  공작갯가재 82, 83
  공작넙치 88, 89
  귀상어 93
  눈 이동 88, 89
  대왕쥐가오리 38
  바다코끼리 151
  배럴아이 59
  오징어 61
  큰꼬치고기 46

ㄷ

다람쥐고기 99
단세포 생물 14, 36~37
단층 17
달 주기 72
달과 조석 28, 29
담황색띠무늬뜸부기 119
대기 10, 11, 182
대량 멸종 12, 15
대륙 10, **12~13**
대륙 지각 16, 17, 19
대륙붕 16, 72
대서양 188~189, **192~193**
  형성 12
  확장 13, 193
대서양 중앙 해령 193
대서양가자미 91
대서양골리앗참바리 102
대서양날치 48
대서양대구 91
대서양새조개 127
대서양청어 49
대서양통구멍 91
대서양퍼핀 130
대왕고래 **144~145**
대왕쥐가오리 **38~39**
대형 범선 177
데이비스 해협 191
도둑갈매기
  긴꼬리도둑갈매기 159
  남극도둑갈매기 158
도미 29
돌고래
  긴부리참돌고래 96, 97
  까치돌고래 52
  모래시계돌고래 52
  범고래 **148~149**
  병코돌고래 52
  안경돌고래 52
  참돌고래 **50~51**
돌출제 111
돌진 섭식자 38
동갈치 124
동결 방지 단백질 142
동굴 114, 115
동물성 플랑크톤 35, 36, 69, 137
동아프리카 지구대 195
동태평양 해팽 197
돛새치 34
되돌림파 111
두꺼비고기 91
둥근오이빗해파리 42
둥근헛가지말 112
뒷부리장다리물떼새 133
등각류 62, 142
  거대등각류 140
  큰남극등각류 142
  큰턱벌레 101
등딱지 120, 121, 123, 143
딥시챌린저호 **66~67**
따개비 28, 29, 85

ㄹ

래브라도 해류 191
레나 삼각주 191
레이더 173
레이디엘리엇섬 118
레이캬네스 해령 193
로스 빙붕 138, 141, 198
로아탄섬 178
로켓히드라 42
리걸에인절피시 98
리미팅팩터 66

ㅁ

마그마 12, 16, 17, 18, 64, 197
마도요 133
마리아나 해구 17, 66, 196
마모 115
마우나케아 19
만다린피시 103
만새기 49
말뚝망둥어 124
말미잘 107
  남극거꾸로말미잘 141
  초록 113
  큰산호 **104~105**
맛조개 126
망치머리 92
매킨지강 191
맨틀 16, 17, 18, 19
맹그로브 숲 110, **124~125**
먹이 사슬 **34~35**
  기후 변화 182
  북극권 먹이 그물 137
  열수 분출구 64
  오염 178, 179

유광층 72
먹장어 34
메갈로돈 15
멕시코 만류 23
멕시코만 192
멜론 146, 149
멸치류 35
모래 해안 110, 111, 115, **118~119**
모래
  건설 산업 164
  산호 119
모래 언덕 111
모래톱 73
모자반 56, 112
모잠비크 해협 194
몬터레이만 74~75
몰디브 194, 195
무각거북고둥 143
무광층 32, **62~63**
무척추동물
  먼바다 42~43
  모래 해안 118
  산호초 98, 102
  이주 68
문어 106
  대왕문어 80
  덤보문어 63
  유리문어 42
  흉내문어 81
물 순환 8, 9
물범 **152~153**
  게잡이물범 153, 199
  고리무늬물범 152
  남극물개 153
  남방코끼리물범 153
  남아프리카물개 96
  두건물범 152
  로스해물범 152
  얼룩무늬물범 153
  웨들물범 140, 141, 153
  잔점박이물범 74
  켈프 숲 74
  턱수염물범 152
  하프물범 152
  해안 집단 번식지 137
  흰띠무늬물범 152
물수리 133
물
  대양 8~9
  수온 72, 99, 184, 185
  수증기 9, 10, 11
  조성 8
  지구 물의 기원 10
미끼 58, 62

미세 플라스틱 178
민물 8, 199

ㅂ

바다 지도 17
바다거미 140, 141
바다거북 121
  선사 시대 15
  초록바다거북 76, **122~123**
바다거북 122~123
바다돼지 63
바다사자 153
바다소 77
바다소풀 77
바다악어 124
바다오리 131
  작은바다쇠오리 159
  큰부리바다오리 159
  흰죽지바다비둘기 130, 131
바다의 눈 33
바다제비류
  남방큰풀마갈매기 158
  윌슨바다제비 158
  흰턱바다제비 158
  흰풀마갈매기 158
바다칠성장어 48
바다코끼리 **150~151**
바닷말 28, 29, 74
  산호말 113
  양식 170, 171
바닷새 130~131
바람
  관측 184
  열대 사이클론 26~27
  파도 25, 110
  해류 22
  해변 118
  해안 변화 111
  해안 침식 114
  활공 55
바렌츠해 137
바이퍼피시 58
반향정위 60, 146, 149
발광포 59
발전 116, 168~169
발트해 37, 165
발트해대양조개 127
방어
  가시 75, 90, 94, 99
  곤봉 83
  독 99
  먹물 81
  물 뱉기 121

역 조명 58
연막 58
위장 33, 59, 78, 88
침 42
방어피음 33, 92, 148
방조제 111
배 **176~177**, 179
  잠수정 66~67
  저인망 어선 **172~173**
  조사선 185
  컨테이너선 165, 176~177
  항공 모함 177
배핀만 136, 191
배핀섬 191
백악기 15
백화 현상 99, 183
뱀장어
  곰치 99
  얼룩무늬정원장어 90
  유럽뱀장어 69
  이빨붕장어 90
  체장메기 65
  칼꼬리물뱀 76
  풍선장어 62
버들갯지렁이 126
번식지 56, 68, 69
범고래 **148~149**
범람 183, 195
베르데섬 해협 180
베링해협 190
베이트 볼 96~97
벵겔라 해류 96, 193
벵골 선상지 195
벵골만 195
보라줄무늬원양해파리 **40~41**
보전 165, **184~185**
보초 18, 73
보태니컬 해변(캐나다) 112~113
부드러운 몸을 가진 생물 **42~43**
부레 47
부빙 138, 148
부서지는 파도 24, 25, **110**
부식 115
부이 170, 171, 185
부착기 75
부채뿔산호 98
부표 생물 33
북극 지방 69, 136, 138
북극곤들매기 137, 143
북극곰 137, **154~155**
북극점 136, 138, 191
북극제비갈매기 **68~69**, 159
북극해 13, 136, 188~189, **190~191**
북극횡단류 191

불가사리 140
  가시관불가사리 102
  바구니혹가지거미불가사리 103
  붉은쿠션불가사리 77
  자주불가사리 112
붉은털원숭이 125
붉평치 49
브리니클 140, 141
비 9, 10, 195
비너스빗고둥 81
비단등줄무늬개오지 81
빙붕 138, 198, 199
빙산 138, 139, 191, 199
빙상 165, 199
빙어 142
빙원 11, 137, 183, 191
빙하 139, 183
빙하기 11, 190
빛
  먼바다 32
  무광층 32, **62~63**
  약광층 32, **58~59**
  유광층 32, 72
  투과 8
빨간씬벵이 91
빨판상어 49
뿌리
  관목과 나무 118
  맹그로브 124, 125
  해초 77

ㅅ

사냥
  공작갯가재 82, 83
  귀상어 92
  범고래 148
  생물 발광 58
  일각돌고래 146, 147
사다새(펠리컨)
  페루펠리컨 132
  호주펠리컨 28
사르가소해 **56~57**, 69, 192
사슬두톱상어 95
사우스샌드위치 해구 198
사퇴 106, 107, 128
산갈치 49
산성화 165, 182, 183
산소
  극지 바다 142
  기후 변화 182
  맹그로브 125
  먼바다 32
  얕은 바다 72

켈프 75
해초 76
산호 73, 98, 99, 107
산호섬 **118~119**
산호섬 20, **118~119**, 194
산호초 98~99
  기후 변화 165, 182~183
  남태평양 196
  산호섬 118~119
  생물 12, 19, 100, **102~105**
  열대 바다 72
  종류 73
  초호 18, 73, 118
살아 있는 화석 87, 194
살충제 178
삿갓조개 28, 29
상어 **94~95**
  그린란드상어 143
  긴코톱상어 95
  난파선 107
  대서양전자리상어 95
  돌묵상어 94
  무태상어 96
  백기흉상어 99
  백상아리 95
  뱀상어 94
  뿔괭이상어 94
  사슬두톱상어 95
  산호초 98
  얼룩상어 95
  인식표 184
  쿠키커터상어 95
  큰귀상어 **92~93**
  토니너스상어 94
  황소상어 94
  흑기흉상어 94
새끼
  넙치 88
  대왕고래 145
  돌고래 50~51
  바다소 77
  육아실 72
새우
  공작갯가재 **82~83**
  딱총새우 103
  뱀타래유령새우 84
  옆새우 126
  청소새우 100
  할리퀸새우 84
생명
  극지 바다 **140~143**
  대량 멸종 12
  산호초 12, 19, 100, **102~105**
  선사 시대 **14~15**

206 찾아보기

조간대 113
최초 10, 11
해저 33
생물 발광 43, **58~59**, 62
생체 형광 95
생태계 178
서식지 12
  극지 바다 136, 137
  남극해 199
  대서양 192
  먼바다 33
  북극해 190
  상실 165
  얕은 바다 73
  인도양 195
  태평양 196, 197
서인도양 49
석유 매장량 164, 166
석유 수송관 165
석유 채굴 **166~167**
석호 19
석회비늘편모류 36
석회암 37, 115, 164
선사 시대 생물 **14~15**
선캄브리아대 생물 14
설치선 168
섬 16, 18~19
  강어귀 128
  북극해 191
  산호 18, 20, 73, 118
  초대륙 20
섭식
  사냥 참조
  산호 98, 99
  여과 38, 80, 99, 144
섭입 16
성게 74, 75, 99
  남극 대륙 141
  보라성게 113
  양식 170, 171
세가락갈매기 131
세가락도요 132
세계 해양 대순환 **22~23**
세균 33, 36, 58, 64, 65, 125
세발치 63
세이셸 제도 20~1
소금 8
쇠가마우지 132
수색 구조선 176
수송관 166
수심 66
수심대 32
수에즈 운하 194
수중 로봇 184, 185
수중 케이블 165
수직 이주 68, 69
순다르반스 124
숨구멍
  돌고래 50, 51

일각돌고래 146
숲 파괴 182
스발바르 191
스켈레톤 해안 193
스쿠버 다이버 66
습지 128
식물성 플랑크톤 34, 36, 72, 137
실러캔스 **194**
심층류 22, 23
심해류 139
심해수염아귀 62
심해저 평원 16

ㅇ

아가미
  아가미갈퀴 39, 94
아굴라스 해류 96, 194
아귀 **90**
아노말로카리스 14
아르코포카 15
아마존강 192
아메리카뿔호반새 132
아문센, 로알 190
아우터뱅크스 106, 107
아이슬란드 193
알 37, 122~123
암모나이트 15
암석 해안 110, 114~115
암석권 16, 18, 19
암초
  산호초 참조
  인공 산호초 107
압력
  먼바다 32
  무광층 62
  부레 47
  석유와 가스 매장량 166
  열대 사이클론 26, 27
  열수 분출구 64
  잠수 66~67
  해안 침식 115
애머리 빙붕 199
앨버트로스 137, 199
검은눈썹 158
  나그네 **54~55**
약광층 32, **58~59**
양식 **170~171**
어뢰 통로 107
어류
  극지 바다 142~143
  먼바다 **48~49**
  산호초 98~103
  선사 시대 14
  양식 **170~171**
  저서어류 **90~91**
어업 164
  가공 173
  남획 184

장대 **174~175**
저인망(트롤) **172~173**
얼음 8, 10, 136, 165
엄니
  바다코끼리 150, 151
  일각돌고래 146, 147
에너지
  먹이 피라미드 34
  지속 가능한 에너지 **168~169**
에코보이저 185
에피라 40
엠퍼러 해저 산열 197
여과 섭식 38, 80, 99, 144
여왕가리비 80
여왕수정고둥 76
역 조명 33, 58
연골 15, 93, 94
연체동물 78~79, **80~81**
열 지도 9
열대 저기압 **26~27**, 195
열수 분출구 33, **64~65**
열점 18, 19
열점 화산 197
염분 배출
  게 121
  맹그로브 125
염습지 111, 127
영양 염류
  극지 바다 137, 199
  얕은 바다 72
  오염 178
  태평양 197
  해류 22, 23
옆줄 97
예니세이강 191
예인선 176
오브강 191
오염 165, **178~181**, 184
오징어 34, 140
  발광오징어 59
  줄무늬파자마오징어 81
  콜로살오징어 61
  큰사마귀오징어 54, 142
  흡혈오징어 63
  흰꼴뚜기 81
오터 트롤선 172
오토이아 14
온도
  기후 변화 182~183
  뜨거운 바다와 차가운 바다 9
  물 22, 32, 72, 99, 137, 182, 184, 185
  지구 11
온실 효과 183
온실가스 182
외투막 78, 79, 80
요각류 36, 137
  북극노벌레 143
요트 경주 176

용승 23, 72
용암 10, 18
원유 누출 106, 165, 178, 179
위성 감시 185
위장 33, 59
  갑오징어 78
  공작넙치 88
윈드서핑 25
유공충 37
유광층 32, 72
유럽농어 170
유영 생물 33
유정 굴착 장치 **166~167**
유조선 166, 177
유콘강 191
육돈바리 74
음파 탐지기 17
의사소통
  돌고래 50
  바다코끼리 150
  범고래 149
  산호초 73
  일각돌고래 146
  향유고래 60
이빨고래 144, 199
이빨
  귀상어 93
  바이퍼피시 58
  범고래 149
  일각돌고래 147
  큰꼬치고기 46
  향유고래 61
  화석 15
이산화 탄소 11, 34, 64, 75, 76
이상 파랑 25
이주 **68~69**
  게 120
  계절 72, 92
  고래 53, 145, 190
  기후 182
  대왕고래 145
  북극제비갈매기 68~69, 159
  상어 92, 184
  생애 마지막 69
  정어리 **96~97**
  푸른바다거북 123
  흰돌고래 190
인간의 영향 13, **164~165**
  오염 **178~179**
인공 위성 184, 185
인도양 13, **188~189**, **194~195**
인도왕뱀 124
인도호랑이 125
일각돌고래 **146~147**

ㅈ

자갈 115
자리돔 98

자바 해구 195
작은검은갯지렁이 126
작은바다쇠오리 159
작은부레관해파리 33, 42, 49
잘피실고기 91
잠수 106, 107, 165
잠수정 **66~67**
잠수함 66, 177
  핵 잠수함 191
장다리물떼새 133
장대 낚시 **174~175**
장마 195
저서생물 33
저인망 172
저인망 어선 **172~173**
전기 감각기 92, 93
전복 113
절벽
  바닷새 집단 번식지 **130~131**
  침식 **114~115**
정어리 **96~97**
정어리 떼 **96~97**
조간대 28~29, 112~113, 120, 127
조간대
  강어귀 **128~129**
  개펄 **126~127**
  맹그로브 숲 **124~125**
  모래 해안 118~119
  생명 113, 120~123
  침식 **114~115**
  해안 110~111
조개류
  맛조개 126
  발트해대양조개 127
  큰흰조개 65
조력 169
조류 대발생 37, 178
조류(말무리) 36, 37, 121, 137, 199
  남극해 140, 141
  대발생 37, 178
  먹이 사슬 34
  먼바다 32
  산호초 98, 99, 100, 102, 119
  얕은 바다 72
조류
  극지 바닷새 137, **158~159**
  바닷새 무리 **130~131**
  해안새 **132~133**
조사선 185
조석 **28~29**, 118
  감시 184
  강어귀 128
  밀물과 썰물 110
  염습지 127
  조석 이주 68, 69
  폭풍 해일 26
조석 웅덩이 **112~113**
  모래 해안 118~119
  조석 웅덩이 112~113

해안 110~111
조수웅덩이물수배기 113
좀비벌레 63
줄무늬강담복 103
중국주벅대치 102
중력 28, 29
중생대 193
쥐가오리 38
증발 9
지각판 12, 16, 17, 19, 27, 195
지구 온난화 138
지구와 바다의 형성 10~13
지구 중심핵 10
지구 지각 10, 12, 18, 19, 64
지느러미발
　돌고래 51
　바다거북 123
　바다소 77
　바다코끼리 150
　일각돌고래 146
지속 가능한 에너지 168~169
지중해 13, 193
지진 17, 26, 27, 195
　지진 해일 26, 27
지진 해일 26, 27, 195
지축 136
진화 14~15
진흙고둥 127
집단 번식 137, 192, 198, 199

ㅊ
차고스-래카다이브 해저 대지 194
참갯지렁이 127
참돌고래 50~51
챌린저해연 66~67
천연가스 164, 166
청소놀래기 100~101
청소동물
　극지 바닷새 159
　먼바다 33, 34
　얼음 밑 140, 141
　해안의 게 120, 121
청소새우 100
쳐올림 25
초대륙 20
초대형 유조선 165
초록청개구리 118
초심해층 32
촉수
　갑오징어 79
　말미잘 105
　산호 폴립 99
　오징어 60, 61
　해파리 40, 41
총빙 138, 139, 146, 148, 150, 152, 191
침식 114~115
　해안 111, 114~117

화산섬 19

ㅋ
카리브판 193
카리브해 192
캄브리아기 대폭발 14
캐머런, 제임스 66
컨테이너선 165, 176~177
케라틴 123, 144
켈프 숲 72, 74~75, 197
콜로살오징어 60~61
콜리마강 191
콧구멍
　귀상어 93
　나그네앨버트로스 54
　바다코끼리 151
쾌속정 176
퀸엘리자베스 제도 190, 191
크로제 제도 199
크루즈선 165, 177
크릴 137, 144, 199
　남극 크릴 141, 142, 144
큰귀상어 92~93
큰꼬치고기 46~47
큰붕어오리 133
큰불우렁쉥이 43
큰에메랄드암치 142
큰푸른왜가리 113
키아스모돈 62
킬라우에아 19

ㅌ
탄산 칼슘 98, 99, 119
탄소 포획 76
태양
　기후 변화 137
　물 순환 9
　조석 29
　태양 에너지 136
태평양 13, 188~189, 196~197
태풍 26, 165, 196
터빈 168, 169
턱
　대왕고래 114
　바이퍼피시 58
　큰꼬치고기 46
테티스해 13
토마토그루퍼 100
톱상어 125
　긴코톱상어 95
통신 케이블 165
퇴적물 16, 72, 111, 129, 195
투구게 86~87
둥소상어 48
트리에스테 66

ㅍ
파도 24~25
　구조 24
　부서지는 파도 24, 110
　폭풍 해일 26
　해변 111, 118
　해안 침식 114~117
파도타기 25
파랑비늘돔 98, 99, 118, 119
파력 116, 169
판게아 12
팔라우앵무조개 81
페루 해류 197
펭귄 137, 156~157, 199
　마카로니펭귄 156
　바다코끼리 150
　바위뛰기펭귄 157
　북극곰 154~155
　아델리펭귄 156~157, 198
　임금펭귄 156
　자카스펭귄 96
　젠투펭귄 157
　턱끈펭귄 157
　펭귄 156
　황제펭귄 156, 160~161
폭풍 해일 26, 111
폭풍
　기후 변화 183
　열대 저기압 26~27, 196
　태풍 26, 165, 196
　해안 침식 116
　허리케인 26, 165, 183, 192, 196
폴립
　관벌레 65
　끈벌레 140, 141
　산호 72, 73, 98, 99
　폼페이벌레 64
　해파리 40
표본 67, 184~185
푸른바다거북 76, 122~123
푸에르토리코 해구 193
풍력 농장 164, 166, 168~169
풍화 111
플라스틱 오염 165, 178, 179, 180~181, 184
플랑크톤 32, 33, 36~37, 68, 69, 144
플랑크톤 섭식 동물 38
피부
　상어 92
　색깔 변화 78~79, 88
피카소쥐치 103

ㅎ
하수 165, 178
하와이 제도 197
학치
　에메랄드학치 77

이빨학치 91
할리퀸쥐치 103
항공 모함 177
해구 16~17, 32, 193, 195, 196, 198
해달 74, 75
해령 17, 193, 197
해류 22~23
　기후 183
　남극해 199
　북극해 191
　산호섬 119
　얼음이 일으키는 139
　이주 양상 96
　인도양 194, 195
해마 76
해면동물 80, 98, 107
　큰화산해면 142
해변 118~119
　청소 165, 184
　형성 111
해빙 136, 138~139, 191, 199
　기후 변화 137
　포식자 154~155
해빙 139
해산 19
해삼 171
　유영해삼 43
해수면 13
　남극 대륙 199
　상승 114, 165, 183
해안 보호 111
해안 빙하 138, 139
해안선
　변화 111, 114~115
　소실 111
해안의 게 120~121, 126
해양 보호 구역 165
해양 스포츠 165
해양 지각 16, 17, 19
해저 16~17
　생활 33
해저 협곡 16
해초 밭 72, 73, 76~77, 183
해파리 한살이 40
해파리
　검은관해파리 63
　남극 대륙 140
　달걀해파리 42
　보라줄무늬원양해파리 40~41
　상자해파리 44~45
　유령해파리 143
핵 잠수함 191
핵폐기물 179
햇빛 8, 34, 36, 72, 76, 99, 140
향유고래 60~61
허드슨만 136
허리케인 26, 165, 183, 192, 196
헤엄치는 방식
　공작넙치 88

어류 47
투구게 87
헬리오트로피움 118
현무암 193
호버크라프트 176
호사북방오리 159
호주흰따오기 28
호흡
　돌고래 50, 51
　물범 140, 155
　일각돌고래 146
홍어류
　대서양홍어 91
　청홍어 48
홍합
　뉴질랜드초록입홍합 80
　양식 170, 171
　진주담치 127
　캘리포니아홍합 112
홍해 195
화물선 107, 165
화산 10, 16, 193, 195, 197
화산 먹이 사슬 64
화산섬 18~19, 73, 193, 197, 198
화석 14, 15
화석 연료 166, 182, 183
화학 물질 64, 65
　독성 178
환류 22, 23, 56, 193
환초 18, 73, 118
환초 18, 73, 119
환태평양 불의 고리 197
환형동물
　개펄 126, 127
　초록폭탄심해갯지렁이 43
　크리스마스트리갯지렁이 102
　화살벌레 36
황다랑어 49
황록공생조류 99
후각 54, 93, 94, 155
흰동가리 104~105
흰배바다수리 118, 124

도판 목록

The publisher would like to thank the following people for their assistance in the preparation of this book
Rachael Grady and Kit Lane for design assistance; Ann Baggaley, Ashwin Khurana, Georgina Palffy, and Selina Wood for editorial assistance; DTP designer Rakesh Kumar, Jackets Editorial Coordinator Priyanka Sharma, and Managing Jackets Editor Saloni Singh; Nic Dean for picture research; Hazel Beynon for proofreading; and Helen Peters for the index. Special thanks to Clive Gifford for additional text.

The publisher would like to thank the following for their kind permission to reproduce their photographs:

(Key
a-above; b-below/bottom; c-centre; f-far; l-left; r-right; t-top)

1 Fotolia: Strezhnev Pavel (c/ocean background). **3 Fotolia:** Strezhnev Pavel (cb/ocean background). **15 Alamy Stock Photo:** Ryan M. Bolton (tr); B Christopher (tc). **20-21 Martin Harvey Photography:** (c). **25 Alamy Stock Photo:** James O'Sullivan (br). **naturepl.com:** Philip Stephen (tr). **31 Fotolia:** Strezhnev Pavel (ca/sea background). **33 Dorling Kindersley:** Linda Pitkin (cr/shark). **34 Alamy Stock Photo:** Paulo Oliveira (cl). **NOAA:** (tc). **36 Science Photo Library:** Carolina Biological Supply Co, Visuals Unlimited (cl); Steve Gschmeissner (bl). **36-37 Nat Geo Image Collection:** David Liittschwager (c). **37 Alamy Stock Photo:** blickwinkel (cr); Underwater (tr). **ESA:** (br). **38 Shutterstock:** Sergey Uryadnikov (tl). **39 Doug Perrine:** (br). **47 Alamy Stock Photo:** RDW-Underwater (bl). **48 123RF.com:** Naveen kawa (clb/size comparison). **49 Dorling Kindersley:** Professor Michael M. Mincarone (tr). **50 Alamy Stock Photo:** BIOSPHOTO (br). **53 Dorling Kindersley:** Harry Taylor / Natural History Museum, London (cla/size comparison). **56-57 TandemStock.com:** Christian Vizl. **59 Science Photo Library:** Michael Ready / Visuals Unlimited, Inc. (tr). **65 Ocean Networks Canada:** (tr). **69 Alamy Stock Photo:** Zacarias Pereira da Mata (bc). **mauritius images:** Alaska Stock Doug Lindstrand (tr). **Nat Geo Image Collection:** Maria Stengel (br). **naturepl.com:** Nick Upton (bl). **70 Fotolia:** Strezhnev Pavel (cl/sea background). **73 Alamy Stock Photo:** Jane Gould (cl); Seaphotoart (tl); Rasmus Loeth Petersen (clb); Scubazoo (bl). **Ambient Recording GmbH / ambient.de:** (cr). **naturepl.com:** Georgette Douwma (bc, br). **74 Alamy Stock Photo:** Arterra Picture Library (clb); pzAxe (bl); Amy Cicconi (cl); ITAR-TASS News Agency (tl). **75 Alamy Stock Photo:** Richard Mittleman / Gon2Foto (tr). **Getty Images:** Brent Durand (br); Steven Trainoff Ph.D (cr). **77 Kevin W. Conway:** (br). **78 Alamy Stock Photo:** Nature Picture Library (bl). **naturepl.com:** Alan James (cl). **79 123RF.com:** tudor antonel adrian / tony4urban (cr). **81 Dorling Kindersley:** Linda Pitkin (tc/size comparison). **83 naturepl.com:** Constantinos Petrinos (br). **84 Alamy Stock Photo:** Reinhard Dirscherl (c). **Dorling Kindersley:** Linda Pitkin (cla). **85 Dreamstime.com:** Andrey Armyagov / Cookelma (clb/size comparison). **86-87 Alamy Stock Photo:** Nature Picture Library (c). **88 Alamy Stock Photo:** Ethan Daniels (br); Beth Swanson (bl). **89 Alamy Stock Photo:** Dennis Sabo (br). **92 Science Photo Library:** Ted Kinsman (cra). **94 Alamy Stock Photo:** ImageBROKER (bl/size comparison). **95 Alamy Stock Photo:** dotted zebra (bc). **Dorling Kindersley:** Terry Goss (cr/size comparison). **99 Alamy Stock Photo:** mauritius images GmbH (br); RGB Ventures (cr). **100 Alamy Stock Photo:** WaterFrame (tl). **Dreamstime.com:** Soren Egeberg (cl). **101 Prof. Nico J. Smit:** (br). **103 123RF.com:** Visarute Angkatavanich / bluehand (c). **104-105 Getty Images:** Reinhard Dirscherl / ullstein bild (c). **110 Alamy Stock Photo:** Bill Brooks (ca/both); Harold Stiver (cl); Jesse Kraft (bl). **111 Alamy Stock Photo:** Arterra Picture Library (bc); maisie hill (c); Nature Picture Library (bl); blickwinkel (cb); Nikolay Mukhorin (br). **112 naturepl.com:** Visuals Unlimited (tc). **113 Getty Images:** ankh-fire (cr). **116-117 Shutterstock:** Eduardo Sousa (c). **118 Alamy Stock Photo:** Chris Ison (tl). **119 Getty Images:** apomares (cr). **Shane Gross:** (br). **120 Alamy Stock Photo:** Nature Picture Library (br). **121 123RF.com:** Marek Poplawski / mark52 (tr). **Shutterstock:** Michael Nolan / Splashdowndirect (bc). **123 Alamy Stock Photo:** Nature Picture Library (bc); Martin Strmiska (tl). **124 Alamy Stock Photo:** Henry Ausloos (cla). **125 Alamy Stock Photo:** EyeEm (br). **Getty Images:** Home-brew Films Company (bc). **naturepl.com:** Pete Oxford (tr). **126 Alamy Stock Photo:** blickwinkel (bc). **127 Alamy Stock Photo:** blickwinkel (br). **128-129 NASA:** (c). **130 Alamy Stock Photo:** mark Colombus (tl). **131 Alamy Stock Photo:** All Canada Photos (tr); ImageBROKER (tc). **Getty Images:** Education Images (bc). **133 Dorling Kindersley:** E. J. Peiker (cb/size comparison). **134 Fotolia:** Strezhnev Pavel (cl/sea background penguin, cr/sea background algae). **136 Dreamstime.com:** Aomvector (c/3 globes). **NASA:** Goddard Media Studios (bc, br). **137 ESA. Getty Images:** Gallo Images (bl). **138 naturepl.com:** Doug Allan (tl). **139 Alamy Stock Photo:** blickwinkel (bl). **141 Alamy Stock Photo:** Minden Pictures (tc). **Andrill Project, University of Nebraska-Lincoln:** (tr). **145 naturepl.com:** Mark Carwardine (br). **146 Alamy Stock Photo:** Minden Pictures (tl). **148 123RF.com:** Simone Gatterwe / Smgirly (bc). **149 Alamy Stock Photo:** Nature Picture Library (tr). **150 Alamy Stock Photo:** Michael S. Nolan (bl); WaterFrame (tl). **Dreamstime.com:** Vladimir Melnik / Zanskar (cr/size comparison). **151 Alamy Stock Photo:** Arterra Picture Library (tr). **153 Alamy Stock Photo:** Gianni Marchetti (bl). **Dorling Kindersley:** Alan Burger (cl/size comparison, tc/size comparison). **154-155 naturepl.com:** Steven Kazlowski. **156 Dorling Kindersley:** Hanne Eriksen / Jens Eriksen (clb/size comparison). **Dreamstime.com:** Jan Martin Will (tl/size comparison). **157 123RF.com:** leksele (tr/size comparison). **Dreamstime.com:** Eric Chen / Heartwarmer (cr/size comparison); Jan Martin Will (bc). **158 Dorling Kindersley:** Hanne Eriksen / Jens Eriksen (bl/size comparison). **159 123RF.com:** jager (cr/size comparison). **Dreamstime.com:** Luis Leamus (crb/Arctic Tern). **160-161 Nat Geo Image Collection:** Paul Nicklen (c). **164 Alamy Stock Photo:** Nigel Cattlin (bl); Niels Quist 2 (br). **165 Alamy Stock Photo:** agefotostock (bc); Lee Rentz (br); Justin Chevallier (cb); Global Warming Images (crb); **Getty Images:** bfk92 (cla); Mint Images (clb); cmturkmen (cra). **166 Alamy Stock Photo:** STOCKFOLIO® (tc). **168 Alamy Stock Photo:** Martin Lüke (cl). **169 Alamy Stock Photo:** Ange (tl). **kollected.com:** (bc). **Wave Energy Scotland:** Pelamis Wave Power Ltd (tr). **170 Alamy Stock Photo:** WaterFrame (tr). **171 Alamy Stock Photo:** agefotostock (br). **172-173 TurboSquid:** 3dshtorm / Dorling Kindersley (c). **172 naturepl.com:** Jeff Rotman (tl). **173 Getty Images:** Universal Image Group (bl). **174-175 Magnum Photos:** Stev McCurry (c). **178 Caroline Power:** (bl). **179 Alamy Stock Photo:** agefotostock (br); Jens Metschurat (bc). **naturepl.com:** Jordi Chias (tr). **180-181 Greenpeace:** Noel Guevara (c). **183 Getty Images:** Mario Tama (tr). **NASA:** Christina Koch (tc). **184 Alamy Stock Photo:** Cultura Creative Ltd (bc). **Getty Images:** Zikri Maulana / SOPA Images / LightRocket (bl). **186 Alamy Stock Photo:** Universal Images Group North America LLC (cr). **Getty Images:** (cl). **190 Alamy Stock Photo:** mauritius images GmbH (cla). **Getty Images:** The Washington Post (bl). **191 Alamy Stock Photo:** NASA (cl); US Navy Photo (cr). **Getty Images:** Karlheinz Irlmeier (clb); Hubert Stadler (bl). **192 Alamy Stock Photo:** Susan & Allan Parker (tl). **Getty Images:** (cl); Universal Images Group (bl). **193 Alamy Stock Photo:** Jon Arnold Images (br); Lubos Paukeje (bc). **194 Alamy Stock Photo:** Stock Connection Blue (cla); Guido Vermeulen-Perdaen (tl). **Science Photo Library:** Peter Scoones (clb). **195 Alamy Stock Photo:** Eddie Gerald (br); Universal Images Group North America LLC (tl); Tjetjep Rustandi (clb); Filip Jedraszak (crb). **196 Alamy Stock Photo:** ImageBROKER (cl); NG Images (tl). **197 Alamy Stock Photo:** Photo Resource Hawaii (br); Jeff Rotman (tc); Science History Images (bc). **naturepl.com:** Tui De Roy (c). **198 Alamy Stock Photo:** Martin Almqvist (tl); Michel & Gabrielle Therin-Weise (cla); Nature Picture Library (clb). **199 Alamy Stock Photo:** Juniors Bildarchiv GmbH (tl); National Geographic Image Collection (ca). **ESA**

Cover images: Front and Back: **Dreamstime.com** Allexxandar; Front: **Alamy Stock Photo:** Stephen Frink Collection / Masa Ushioda cb; **Dreamstime.com:** Andreykuzmin t/ (Ocean surface), Richard Brooks cra, Linda Bucklin c/ (Shipwreck), Valentyna Chukhlyebova cb/ (Diver), Digitalbalance clb, Taviphoto tr; Back: **123RF.com:** Mike Price / mhprice clb, Willyambradberry c; **Dreamstime.com:** Seadam bc; **Nat Geo Image Collection:** Paul Nicklen cra; Spine: **Alamy Stock Photo:** Stephen Frink Collection / Masa Ushioda (Turtle); **Dreamstime.com:** Richard Brooks (School of fish)

All other images © Dorling Kindersley
For further information see

www.dkimages.com